AF451196

El poder de una caricia

Regrabar y sanar mi niño interior

❧ ❧ ❧

Víctor Caraveo

Chihuahua, Chihuahua, 2017

El poder de una caricia
Regrabar y sanar mi niño interior

Primera edición: Diciembre 2017

ISBN: 978-607-29-0859-8

Victor_592@hotmail.com
Tel. Cel. (614) 349 9499

Impreso y hecho en México
Printed and made in Mexico

*"Los niños a los que tanto admiras
por su aptitud para disfrutar de la vida
no son criaturas extrañas a ti.
Llevas uno de esos niños en tu interior"*.

Wayne W. Dyer

Índice

CUARTA PARTE

Agradecimientos

La realización de este libro fue posible gracias al apoyo de las personas que de una u otra manera contribuyeron para el logro de este objetivo, convirtiéndose asimismo en un instrumento que ayudará a potencializar la metodología Psicosomática Humanista, que yo le llamo Bio-Regrabación. Va mi agradecimiento en primer lugar al Dr. Guillermo Villatoro Chacón (QEPD), por su valiosa información en sus seminarios de Medicina Psicosomática invaluable para el conocimiento de sí mismo.

El Dr. Villatoro, Médico Psicosomático reconocido a nivel internacional, por más de 35 años estuvo al servicio de la Medicina Psicosomática, basada en el Análisis Transaccional del Dr. Eric Berne, el genio creador de esta teoría. El Dr. Villatoro define las *"Caricias Positivas"* como la medicina de Primer Mundo, originada en Austria, con Alexander Lowen y la Bioenergética. Las *Caricias Positivas* son un estímulo subliminal, un vehículo para amar y ser amado. Después de un proceso de vida y muerte interior, se nace a otro estado del ser. Agradezco también todos los formadores que me han enseñado la Descodificación Biológica, no quiero nombrar a nadie para no olvidarme de ninguno/a, con la esperanza de que ellos o ellas se reconozcan. Un agradecimiento muy especial a mi hija la Dra. Rosa Guadalupe Mendoza Zuany. Sin su preciada ayuda, este libro sería sin duda más difícil de leer. Seguí un gran número de consejos, en particular la simplificación y redacción de los conceptos, para que fueran así más comprensibles al lector. Y finalmente a todos mis amigos y a todas las personas que vienen a las terapias grupales de quienes aprendo siempre algo nuevo y me hacen crecer como psicoterapeuta… ¡Gracias!

Introducción

Partiendo de la premisa de que todo ser humano debe amar en libertad, vivir en libertad y reconocer al niño que lleva dentro, este libro será un excelente compañero que nos guiará paso a paso en el proceso de aprendizaje para liberarnos de todas aquellas *programaciones* del inconsciente que nos limitan; será percibir todo aquello que hemos hecho para que nuestra vida sea como hasta ahora y, rescatar y proteger a ese *Niño Interior* lastimado que todos llevamos dentro.

Con esta metodología rápida y efectiva, moriremos para *"nacer de nuevo"* pero, ¿qué es lo que muere en nosotros? Las *creencias* que nos impiden ser auténticos, libres. Estoy absolutamente convencido de que este sistema psicosomático-humanista, de trabajar en cada persona ese *Niño Interior* que vive en cada uno de nosotros, es la manera más rápida y poderosa de realizar cambios significativos y duraderos en el individuo.

¿Cómo lograrlo? Con la magia de las *Caricias Positivas*. Pero para esto, es necesario sanar nuestro *Niño Interior herido* desde el dolor original pero de forma integral, porque de otra manera solamente cambiaríamos un conflicto por otro. Por ejemplo, personas que sufren de alcoholismo, dejan la bebida para simplemente cambiar de adicción; también lo pueden cambiar por un conflicto psicológico o de comportamiento.

En realidad, todos los seres humanos tenemos mucha magia; el problema es que la utilizamos para tener broncas con nuestra pareja, con nuestros hijos, con nuestra familia, con la sociedad, con mi trabajo, con mi cuerpo. Aquí ustedes van a conocer y a aprender a utilizar esa magia para ser libres; a vivir en el amor, sanar el cuerpo, el alma, el rol pareja, el rol familiar, el rol social y el rol laboral.

A través de la magia que van a conocer –si lo toman en serio–, se van a quitar las cosas que ahora les hacen sentir mal. En unas cuantas semanas ustedes van a morir y van a renacer a esa magia. No es lo mismo estar en la vida "ahí pasándola", "ahí llevándola", que vivir la vida.

Desde niños estamos *programados* por nuestra familia y por la sociedad, por la educación e incluso por la cultura. Sin embargo eso solo está en nuestra mente; es necesario comenzar a *"conocerse a sí mismo"* para quitarle todo el poder a esas *programaciones* y dejar así que la armonía y el amor fluyan en nuestra persona y en todos aquellos a quienes amamos, y con quienes convivimos en nuestra cotidianidad. Si la armonía y el amor se filtran en nuestro interior, dejaremos de anhelar el amor y la felicidad en otras personas porque ya estará en nosotros.

Vivimos constantemente atados al pasado y eso nos llena de culpas, remordimientos y depresiones, o vivimos con miedo, ansiedad y angustia por un futuro que todavía no existe. No nos damos cuenta que solo hay vida en el ahora, ¡eso es lo que importa porque es la *realidad*!, ¡la vida es aquí y ahora!

Una cosa es estar consciente de mi verdad, mis *creencias*, y otra muy distinta "darme cuenta" de la *realidad*. Pero ya es momento de diferenciarlas porque lo que percibimos no es la *realidad* sino la proyección de nuestros *programas* inconscientes llamados *"creencias"*, que fueron grabadas en mi Pequeña Infancia.

Cuando observamos una apariencia, yo la veo como verdad pero esa no es la *realidad*: vemos nuestra verdad pero no vemos la *realidad*. La primera está en la *mente consciente*. La segunda en la *mente inconsciente*. Dicho de otra manera, la toma de conocimiento no tiene nada que ver con la toma de conciencia.

Tener conocimiento de algo es decir: "ya lo sé". Pero con eso no se consigue nada ya que se está en la *mente*

　　　　　　　　　　　Víctor Caraveo

consciente, y el inconsciente no entiende de razonamientos. Tener consciencia es un saber interno: la persona siente la transformación es su fisiología y en el plano emocional. Cuando la persona está en plano mental, se niega vivir en la *realidad* y se pierde en explicaciones.

El conocimiento es "darme cuenta" de que algo que pensaba era de una manera, es de otra muy diferente. Ejemplo: Puedo pensar que mi vida depende del libre albedrío y "darme cuenta" de que la *realidad* la vivo con base en *programas* heredados inconscientemente de la familia, de la educación, de la cultura, de la sociedad, etcétera. El principal objetivo es comprender que todo lo que me hace sentir mal es enfermedad. Es necesario primero el conocimiento porque de lo contrario será muy difícil que sanemos. Hay que saber cómo funciona la máquina desde su estructura y qué problemas tiene porque si no, ¿cómo la vas a arreglar?

Tomar conciencia es comprender que lo que nos pasa no es por casualidad sino por esos *programas* o *creencias* heredados –como señalé antes– de la familia, de la sociedad, de la educación, la cultura, etcétera, y que tus problemas tienen que ver más con tus padres y tu familia porque son conflictos que involucran sentimientos. Lo seres humanos somos emocionales y lo más importante en esta vida es cómo me siento.

Aquí, ustedes se harán una regrabación porque van a aprender a sentirse bien. Yo soy el responsable de cómo me siento. ¡Yo soy el único responsable de todo lo que me sucede! Y para darse cuenta de ello hay que ser muy honesto; una persona honesta es la que no se miente a sí misma. En unas cuantas semanas ustedes van a morir pero van a renacer a esa parte maravillosa que existe en nuestro interior; a ser triunfadores y lograr el amor, la salud y el éxito en la vida.

En la Terapéutica Psicosomática Humanista Integral que propongo, el objetivo es resolver los conflictos en todos sus roles: pareja, familiar, social, laboral, físico y mental. ¿Cómo? Haciendo una regrabación integral de los *programas* (*creencias*).

El lenguaje del libro es a partir de una narrativa fluida, el cual es tomado de la vida real y se utilizan también imágenes con el propósito de hacer intimidad con el lector, quien encontrará palabras como: "jodidos", "pendejos", "chingados", "cabrones", etcétera. Sin embargo, esto será necesario para conseguir una relación más humana y real, con lo que seguramente usted comprenderá y entenderá y, que justificará su uso en este texto.

Hablemos del respeto: Yo no les voy a decir que ustedes andan mal en esto o aquello; ustedes se darán cuenta solitos. Y les digo esto porque… ¡vaya que sabemos poco de lo que es el respeto! Por ejemplo, supongamos que a Juana –mi pareja– le gustan mucho las espinacas y a mí no. Como ven, a Juana sí le gustan pero a Juan no. ¿Y qué es lo que yo hago? –Juan, como ser humano que soy–. ¿Qué es lo que hacen ustedes, la mayoría de las veces? Me la paso diciéndole: "¿pero cómo te pones a comer esas porquerías? Pareces conejo; mejor come carne, come pollo, carnitas… Te lo digo por tu bien…". Y jode y jode todos los días le digo lo mismo, hasta que llega el momento en que ya la tengo hasta el gorro y entonces ella me dice: "¡oyeme ya me tienes harta!".

Y cuando ella me dice eso, ¿cómo me siento?, ¿bien o mal? Pues me siento mal, ¡pero me hago pendejo! ¡No me doy cuenta! Me siento mal pero luego le digo: "oye, pero si yo te lo digo por tu bien; me haces sentir mal, no me respetas". Claro que le digo todo eso para no "darme cuenta" de la *realidad:* ¿quién es el que no está respetando?, ¿quién es el responsable de que yo me sienta mal?, ¿Juana o yo? ¡Yo! El responsable de sentirme mal soy yo, porque siempre la estoy jode y jode, y no la respeto. Pero no me doy cuenta. "Siempre soy el que tiene la razón". ¿Se entendió? Entonces toda la

                                    Víctor Caraveo

vida estoy sintiéndome mal... "por culpa de los demás". Me refiero a Juana en este ejemplo. Estoy hablando de mi esposa, mi mamá, mi hermana, mi hija, mi amiga, etcétera. ¿Ya les cayó el veinte? ¿Respetan ustedes? Más adelante veremos detalladamente todo lo referente al respeto.

El libro está estructurado en cuatro secciones. En la primera parte vemos el *sentido biológico* de las enfermedades y el comportamiento; un descubrimiento del Dr. Ryke Geerd Hamer, *La nueva medicina germánica*, en los años ochenta. De ahí surgió la Descodificación Biológica con el francés Christian Fléche y su teoría que nos enseña a escuchar nuestro cuerpo; un escuchar biológico, no psicológico, que nos ayuda a encontrar asimismo el *sentido biológico* de la enfermedad y el comportamiento, partiendo de la premisa de que nuestras enfermedades y comportamientos tienen un *sentido biológico*; no un "por qué" sino un "para qué me enfermo". Hay otro *sentido psicológico* que son nuestras *programaciones* (*creencias*) en donde se encuentra el conflicto emocional. Es importante tomar conciencia del problema que tengo desde el *sentido biológico*, para luego ir a buscar el *sentido psicológico*; el problema emocional, para realizar un buen diagnóstico y para no enfermarnos. Esta parte preventiva es importantísima y en este libro te vas a dar cuenta de lo que puedes hacer para no llegar a la enfermedad, tanto física como de comportamiento.

La tarea de los psicoterapeutas es ayudar al consultante a encontrar esas emociones que están bloqueadas, pero no sólo la emoción que corresponde a un síntoma, sino a todas las programaciones, creencias, grabadas en nuestra *mente inconsciente*. Para resolver un problema, sea el que sea, tanto si se trata de un problema de salud, de comportamiento o psicológico, hay que darnos cuenta de que comprender es solamente intelectual y nosotros lo que vamos a buscar son emociones que han sido rechazadas; a eso le llamamos "*toma de conciencia*". Por lo tanto, la toma de conocimiento no tiene nada que ver con la *toma de conciencia*; desde mi perspectiva, todas las enfermedades deben ser tratados de forma integral: la parte médica alopática y la terapéutica.

La Psicoterapia debe tratar los conflictos estructurales de toda la historia de la persona y para ello es indispensable el conocimiento de sí mismo. En la metodología que comparto en este libro, es como cuando vas al médico y te manda a sacar unas radiografías, aquí va a ser igual, y las herramientas que vas a conocer, te van a servir para "darte cuenta" cómo andas en todos los aspectos; solo así puede haber una *toma de conciencia* y hacer una regrabación integral en todos tus roles: pareja, familiar, social, laboral, físico y mental. Van a caer los veintes uno tras otro. En esta psicoterapia está integrado el *sentido biológico* de las enfermedades y comportamiento; Proyecto Sentido Gestacional, Pequeña Infancia, Árbol Genealógico Familiar.

En la segunda parte del libro se estudia el Proyecto Sentido Gestacional, que es desarrollado por el psico-oncólogo francés, Marc Fréchet. Este consiste en la información consciente o inconsciente que transmite la mamá al bebé desde la concepción, el embarazo, el nacimiento y hasta el primer año de vida aproximadamente. Aquí vamos a investigar todo lo que ocurría a la mamá en su entorno; sus problemáticas, sus emociones, sus deseos, etcétera. También explica los "*mandatos*" que graba el bebé en su inconsciente durante este periodo. Se resumiría como: *"Todo lo sucedido en esa fase puede estar influenciando mi vida el día de hoy"*.

La tercera parte del libro trata de la Pequeña Infancia, de los 0 a los 7 años de edad y hasta la actualidad; es decir, donde se estructura la personalidad. Esta metodología fue desarrollada por el Dr. Eric Berne, el genio creador del Análisis Transaccional, quien analizó primero la *realidad* y luego hizo la teoría, de manera que hay muy pocas probabilidades

Víctor Caraveo

de que lo que se verá aquí, no sea real. En esta parte estudiaremos las herramientas para hacer una regrabación integral de nuestros *programas* inconscientes (*creencias*). Las *Caricias Positivas* es la herramienta principal para quitarnos esas *programaciones* y sanar a nuestro *niño interior.*

La cuarta parte del libro aborda el Árbol Genealógico Familiar. En los años ochenta un grupo de psicoanalistas inició el estudio del Árbol Genealógico Familiar; uno de ellos fue Anne Ancelin Shützenberger (1985) con su libro *¡Ay, mis abuelos!,* en el que señala que la información inconsciente del clan familiar es donde cada miembro guarda una memoria que se hereda y donde la teoría científica nos dice que la heredamos de nuestros ancestros, según la Epigenética Conductual que ha sido investigada en la Universidad de McGill de Montreal, Canadá. En este apartado podrán comprender los *programas* heredados del Árbol Genealógico Familiar y empezarán a tomar conciencia de la afinidad que tienen con sus ancestros, y que tal vez pueden estar repitiendo o actuando de manera contraria con respecto a algún problema que ellos no pudieron o no supieron resolver. La Psicoterapia Humanista que comparto en este libro tiene como base el Análisis Transaccional que estudia la estructura de la personalidad y trata los conflictos del ser humano en forma integral, como ya lo mencioné, en todos sus roles: pareja, familiar, social, laboral, físico y mental. Mi propuesta es la integración de la Biología y la Psicosomática Humanista, a lo que llamo: Bio-Regrabación.

Parábola

La doble tragedia
de Rudy Revolvin

Basada en 'La extraña vida de Iván Osokin'

PD Ouspensky

Hubo una vez un hombre llamado Rudy Revolvin. Su vida fue dolorosa y trágica. Murió frustrado y su alma fue a parar al Valle de la Oscuridad.

El Señor de la Oscuridad, viendo que Rudy era un Adulto con un *niño herido*, estimó que podía acrecentar la oportunidad de volver a vivir su vida –sucede que el Señor de la Oscuridad tenía la misión de mantener la penumbra e incluso de acrecentarla si podía– y le dijo entonces que no dudaba que cometiera exactamente los mismos errores otra vez, y que sufriría exactamente la misma tragedia que antes. Después le informó que tenía una semana para aceptar o rechazar su proposición.

Rudy reflexionó larga y profundamente. Era obvio para él que el Señor de la Oscuridad le estaba tendiendo una trampa.

Naturalmente volvería a cometer los mismos errores porque no tendría los recuerdos de lo que había vivido en su vida anterior. Sin tales recuerdos no tendría manera de evitar sus errores.

Cuando finalmente compareció ante el Amo de la Oscuridad, rechazó la oferta.

El Señor de la Oscuridad, conociendo el "secreto" del Niño Herido, no se desanimó por la negativa de Rudy; le hizo saber que contrariamente a su política, se le permitiría recordar todo lo relativo a su vida pasada. Él sabía que aunque tuviera esos recuerdos, volvería a cometer los mismos errores y tendría que volver a vivir su dolorosa vida.

Rudy se alegró: "Finalmente tengo una verdadera oportunidad" –pensó–. Pero no sabía nada del secreto del *niño interior* herido. (*Que está en nuestra mente inconsciente*)

Ciertamente, aunque conoció con anticipación y en forma detallada cada desastre que antes había causado, repitió su dolorosa y trágica vida. ¡El Señor de la Oscuridad quedó complacido! Tomado de Bradshaw (1991, pág. 17).

Víctor Caraveo

PRIMERA
PARTE

Nuestra mente tiene dos partes: mente consciente y mente inconsciente

Tenemos una *mente consciente* que equivale al cinco por ciento del total de nuestro cerebro; es la parte que piensa, que razona… la que contiene tus deseos, proyectos, aspiraciones y toma de decisiones, y lo que esperas de la vida: es el "aquí y ahora". El presente. Tenemos también una *mente inconsciente* equivalente al 95 por ciento de nuestro cerebro. Esta funciona como una grabadora que registra y a su vez reproduce los *programas* contenidos en dicha grabación. Y cuando le damos *play* a esta grabadora-reproductora, el contenido nos acompaña durante toda la vida, a menos que hagamos una regrabación de las *creencias* y, para poder hacer esto, primero tenemos que saber cómo funciona la máquina; es decir, "conocerme a mí mismo".

En este libro conocerás cómo está estructurada tu personalidad y te darás cuenta de lo que grabaste en la

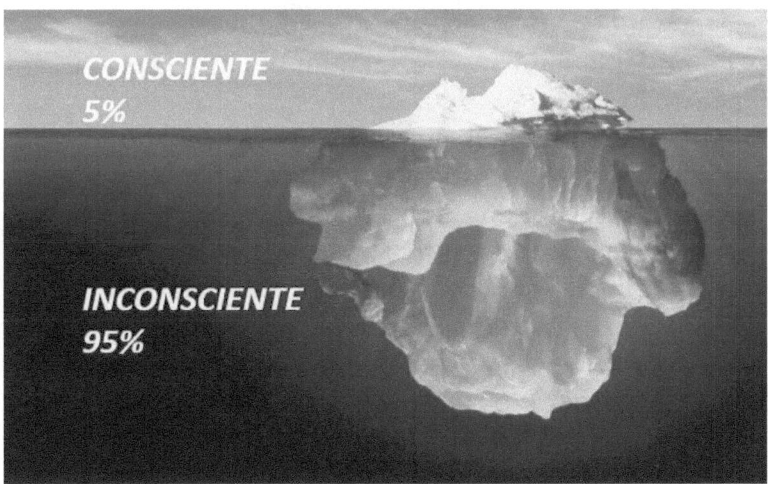

Pequeña Infancia; es decir, entre los 0 y los 7 años de edad aproximadamente, hasta la actualidad. Al nacer no somos conscientes porque estamos en etapa temprana y el cerebro está inmaduro, no está desarrollado neurológicamente, no tiene pensamiento racional.

El Dr. Bruce H. Lipton en su libro La biología de la creencia nos dice: "Mientras la naturaleza de la *mente consciente* trata de encontrar soluciones con el razonamiento, la mecánica de la *mente inconsciente* se parece más a la de una grabadora cargada de *programas* conductuales, todos listos para usarse tan pronto como aparezcan las señales medioambientales adecuadas y que 'presiones el botón'. Sin darnos cuenta estamos *programados* para escuchar la misma canción el resto de nuestra vida. La *mente inconsciente* es como un 'disco duro' *programable* en el que se almacenan las experiencias de nuestra existencia. Los *programas –creencias–* son comportamientos grabados de estímulo-respuesta; cuando se percibe un estímulo se desencadena de forma automática una respuesta que fue aprendida cuando se detectó dicha persuasión por primera vez; de hecho, la gente que se da cuenta de la naturaleza automática de estas respuestas, suele admitir que es como 'si le hubieran pulsado un botón'" (Lipton, 2005, pág.142).

El niño graba millones de estímulos del mundo externo, mucho de los cuales son negativos. Imagínense a cada segundo un estímulo que va a dejar una huella, una experiencia que va a ser definitiva en la vida de la persona. En esas experiencias se va a basar toda su vida, todo su futuro. Así se va estructurando toda la parte más antigua, más arcaica, de nosotros mismos, que después va a ser parte de mi *Niño Interior*, cuya función es disfrutar de la vida a cada momento. El niño va a grabar estos estímulos sin cuestionamientos, ya que su cerebro está inmaduro, es

     Víctor Caraveo

una esponja emocional. Ya en la edad adulta de la persona se van a reactivar esas "creencias", tanto positivas como negativas.

Darnos cuenta es el primer paso para nuestra sanación. Para sanar o resolver un problema es necesario saber que existe y comprender que detrás de toda enfermedad o comportamiento hay un conflicto emocional; sin embargo no es tan evidente para algunos que siguen pensando que es culpa del "destino". Para resolver el problema debemos conocer la naturaleza exacta del mismo. El conocimiento es el primer paso para sanarnos, darnos cuenta y tomar conciencia. El segundo paso es aplicar las herramientas; la principal son las *Caricias Positivas* de las que hablaremos más adelante, y sanar a tu *Niño Interior* lastimado, que es una parte de tu cerebro inconsciente emocional.

Si no nos conocemos a nosotros mismos, es muy difícil llegar a sanarnos. La simple toma de consciencia de los conflictos o "darme cuenta" no es suficiente para hacer una regrabación; es necesario primero el conocimiento de sí mismo y en segundo lugar la toma de consciencia y, por último, el tercero que es la terapia individual o grupal, de preferencia aplicando las herramientas y pasar al momento de la acción. Si no hay acción, no hay nada.

Esta metodología parte de la premisa de que detrás de todo síntoma, enfermedad o comportamiento, hay un conflicto emocional. Todo lo que me hace sentir mal es enfermedad: si tengo envidia porque mi vecino tiene coche nuevo, si soy muy celoso con mi esposa, etcétera.

El niño menor de siete años no tiene mente racional o consciente. Aquí está la clave; si no sabemos esto, será muy difícil cambiar nuestras *creencias* y seguiremos *programando* a nuestros hijos con mensajes negativos. Todo esto lo veremos en el capítulo de la Primera Infancia, de los 0 a los 7 años.

Los tres archivos del cerebro

Los seres humanos tenemos tres tipos de memoria o tres tipos de archivos en nuestro cerebro:

1. La Pequeña Infancia: de los 0 hasta los 7 años
2. El Proyecto Sentido Gestacional: concepción, embarazo y nacimiento
3. El Árbol Genealógico Familiar: Transgeneracional

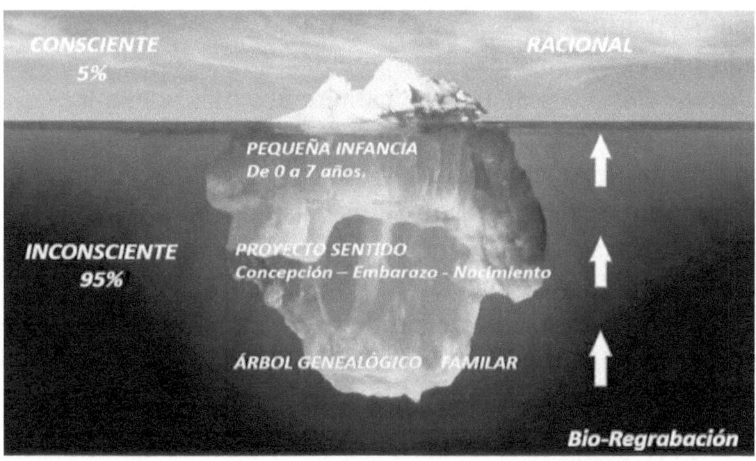

En el análisis de nuestro Árbol Genealógico Familiar, vamos a darnos cuenta y a tomar *consciencia* de los *programas* tanto positivos o negativos que nos heredaron nuestros ancestros. Hay conflictos negativos que ellos no supieron o no pudieron solucionar, y que nosotros vamos a repetir, ya sea haciendo lo mismo o lo contrario; lo que ocurrió en la familia, remontándonos hasta la tercera y cuarta generación. Como dice en la Biblia: *"Los pecados de los padres se podrían heredar hasta la tercera y cuarta generación"*.

                                          Víctor Caraveo

Otra memoria son las *programaciones* del Proyecto Sentido Gestacional, que es todo lo que transmite la mamá al bebé desde la concepción durante el embarazo, nacimiento y hasta el primer año de vida aproximadamente. Al nacer el bebé, ya viene con una información que le transmite la mamá: Proyecto Sentido Gestacional. Con esa información programará al bebé con todas las *creencias* que ella a su vez, tiene *programadas* por sus padres.

La otra memoria es desde mi nacimiento hasta los siete años de edad aproximadamente, que es cuando se estructura la personalidad y que voy a grabar las *programaciones* de papá, mamá, hermanos y de todas las personas que me rodearon, de las cuales dependerá toda tu vida. Pondré un ejemplo. Un hombre, ante una situación frustrante, muestra rabia pero en *realidad* lo que quiere mostrar es tristeza; quiere llorar pero hay una "creencia" que le *programaron* desde su infancia diciéndole que "los hombres no lloran". El niño, antes de los siete años, como no tiene pensamiento racional (tiene pensamiento mágico de niño), grabará lo siguiente en su inconsciente en este orden: gestos, actitudes, emociones y por último palabras. Este mecanismo de cómo graba el bebé, lo explicaré detalladamente en el capítulo de la Primera Infancia.

En el estudio de los tres archivos, te darás cuenta de que tienen una lógica: lo que sucedió en tu Árbol Genealógico Familiar, en el Proyecto Sentido Gestacional y en el de tu Primera Infancia, de los 0 a los 7 años. Vamos a darnos cuenta qué *programaciones* tenemos en cada uno de estos archivos, percatarnos y tomar conciencia, y aplicar las herramientas para hacer una regrabación de nuestras *creencias* que están en nuestra *mente inconsciente*

El inconsciente biológico

Es la *mente inconsciente* la que graba y reproduce los estímulos que le llegan del mundo externo; procesa la información a una velocidad de cuarenta millones de *bits* por segundo y tiene memoria a largo plazo, mientras que la *mente consciente* procesa la información a cuarenta *bits* por segundo y tiene memoria a corto plazo.

El *inconsciente* es aquella parte de nuestra mente que guarda todos esos aspectos emocionales o vivencias que no queremos reconocer por situaciones traumáticas, o por memorias de nuestro clan.

El inconsciente biológico graba todo lo que nosotros experimentamos emocionalmente. Su finalidad es siempre de adaptación al entorno para la Supervivencia de la persona, la familia y la especie. Otra característica es que nuestro inconsciente no puede diferenciar lo que ocurre de lo que creemos que ocurre. Él reacciona como si todo lo que pensamos, sentimos y vivimos, fuera la *realidad*. El cerebro inconsciente no distingue entre lo real y lo imaginativo, por eso una solución simbólica es tan eficaz como una solución real.

Por ejemplo, si me imagino que mi marido me engaña, me puedo provocar inconscientemente unos miomas en el útero para no tener relaciones sexuales con la pareja. Un trozo de limón en la boca o la idea de un trozo de limón en la boca provocan la misma reacción de salivación. Podemos llorar con una película y sabemos que es una ilusión; el inconsciente solo es sensible a la emoción (es un reflejo condicionado).

El animal sólo posee las dos primeras opciones: vive sus conflictos en lo real únicamente, debe por lo tanto encontrar soluciones reales. El humano puede vivir los sucesos en sentido propio o figurado, porque puede transponer todos sus vividos por lo experimentado, en lo biológico. Es el único que puede hacer conflictos de origen imaginario.

El inconsciente es atemporal. Todo es al momento, todo es aquí y ahora. La experiencia vivida en el pasado es como si la viviésemos en este instante. No existe el pasado solamente existe el presente. Una experiencia vivida queda grabada en el inconsciente y fijada en el espacio-tiempo y esto nos permite regrabar esa creencia.

El inconsciente es inocente. Él no tiene la capacidad de juzgar, no sabe lo que está bien y lo que está mal; todo depende de nuestras *creencias*. Lo que para una cultura está bien, para otra está mal. Cada quien decide cambiar sus *creencias* o vivir con otras. El inconsciente solo entiende de impactos emocionales, no entiende de razonamientos: *"No digas no puedo ni en broma, porque el inconsciente no tiene sentido del humor; se lo tomará en serio y te lo recordará cada vez que lo intentes"* (Facundo Cabral).

Para el inconsciente el otro no existe. Esto abre las puertas a los conflictos de identificación. Nos identificamos con el conflicto emocional vivido por el otro. Podemos nosotros hacer el problema de los demás, sufrirlos y que nos pongamos enfermos. Hay una frase muy común que dice: "me pones enfermo". Podríamos cambiarla por: "me pongo enfermo viviendo un problema que no es mío, mientras tú estás como si nada te molestara". Nunca nadie ha solucionado el problema de otra persona sufriendo.

Este ejemplo puede ayudar a comprender esta idea. Yo me puedo identificar con alguien, más cuando se habla de enfermedades. Una mamá se puede identificar con su hija porque esta no puede tener hijos. En este caso la mamá puede generar un tumor o unos miomas en el útero porque ella quiere hacer "simbólicamente" los hijos que su hija no puede tener. Por eso para el inconsciente, el otro no existe (Fléche, 2009).

Sentido biológico de la enfermedad

Todo síntoma, toda enfermedad, tiene un *sentido biológico*, tiene un para qué. La enfermedad, está llena de sentido, es una expresión del *inconsciente biológico* para dar solución a un problema de adaptación. Es una valiosa aportación del Dr. Rike Geerd Hamer.

El Dr. Hamer observa que un impacto emocional acciona en el cerebro un *programa* para responder al conflicto. Este *programa* transcurre simultáneamente en tres niveles: psique, cerebro y cuerpo.

Las investigaciones del Dr. Hamer le permitieron hacer un mapa del cerebro y fijar en él 'conflictos' claramente definidos en áreas específicas del mismo. Cada zona del cerebro controla un tejido o un órgano en particular, distinguiendo las polaridades cerebrales femenina y masculina de acuerdo a estas zonas. La polaridad está regida por hormonas: los estrógenos dan unas características a la polaridad femenina así como la testosterona a la polaridad masculina. La polaridad masculina, regulada por la testosterona, induce al enfrentamiento y la competencia orientándose en el espacio; tiene una mente más abstracta; está *programado* para estar en silencio y poder cazar; tiene menos sensibilidad en la piel; tiene más desarrollada la visión de lejos. La polaridad femenina, regulada por los estrógenos, induce a la huida o a la sumisión; está *programada* para la cooperación; tiene una mente más concreta; tiene desarrollada la capacidad verbal; habla para relacionarse; la sensibilidad de la piel y el olfato es muy superior a la del macho. Todas estas son reacciones biológicas para la supervivencia de las especies y del ser humano. Estas características nos permiten comprender las diferencias y nos explican la importancia de las relaciones. Los conflictos pueden solucionarse mejor desde la compresión. La mujer siente atracción por el hombre fuerte y con

Víctor Caraveo

experiencia para sentirse protegida. El hombre busca a la mujer joven para procrear y protegerla. La mujer necesita "sentir" que su hombre es guapo. El hombre necesita "ver" a su mujer bella (esto no habla de la pareja masculina y femenina biológica arcaica).

El doctor Hamer fue el descubridor de la importancia de las *lateralidades*, supo ver y entender que el ser zurdo o zurda, o diestro o diestra, hace que los conflictos se vivan y se expresen de forma totalmente diferente. A nivel hormonal, una mujer diestra y un hombre zurdo funcionarán preferentemente con el cerebro femenino mientras que una mujer zurda y un hombre diestro lo harán con el cerebro masculino; es decir, una mujer zurda, sin dejar de ser mujer, tiene un comportamiento más masculino. Un hombre zurdo sin dejar de ser hombre, tiene un comportamiento más femenino.

Las enfermedades surgen cuando entramos en incoherencia emocional. Es cuando mi pensamiento, mi sentimiento y mis acciones no están en coherencia con "lo que pienso, lo que siento y lo que hago", entonces hay un desequilibrio emocional que activa esos *programas* inconscientes y se da una sintomatología o enfermedad.

La enfermedad tiene un *sentido biológico* de adaptación para la supervivencia. El ser humano puede desarrollar *shocks* emocionales pero para el inconsciente también son biológicos. Cuando alguien tiene una enfermedad, hay que preguntarse: ¿Cuál es el *sentido biológico*?", "¿Para qué me sirve?", ya que la enfermedad es una solución biológica a un conflicto real o imaginario. Cuando a mí me duele algo, tiene un *sentido biológico*, tiene un "para qué" con el que te darás cuenta para qué te enfermas.

Pondré un ejemplo. Varias personas están en una comida y a una le da diarrea a pesar de que los alimentos estaban en buenas condiciones, y a los demás no les ha hecho daño. Hay que preguntarnos para qué le da diarrea, qué ha pasado mientras comía, de qué ha hablado. La persona puede darse cuenta de que ha salido una conversación que le afecta mucho, ha sentido que era un tema muy desagradable. Para el inconsciente, la comida ha sido tóxica y se lo hace saber con la diarrea. Como vemos, cualquier síntoma, por leve que sea, tiene un *sentido biológico*. *"El inconsciente biológico nos protege para no sentir de nuevo el impacto emocional"* (Corbera, 2013).

Si nuestro cerebro recibe un estímulo del mundo exterior y si ese estímulo nos causa una preocupación muy estresante, lo puede transformar en un síntoma orgánico como por ejemplo un tumor o cualquier otra enfermedad. También lo puede transformar en un síntoma de comportamiento como el siguiente: "Me lavo las manos treinta veces al día". O un síntoma psicológico como puede ser un conflicto de pareja. Nuestro cerebro transforma todos estos síntomas dependiendo de nuestros *programas* (*creencias*). Todos estos *programas* se activarán y pondrán en marcha en un momento de nuestra vida por medio de uno o varios conflictos emocionales, desencadenando una respuesta automática y biológica. Por ejemplo, una enfermedad física o mental.

Pondré algunos ejemplos. Cuando voy a la playa y estoy mucho tiempo en el sol, me pongo moreno y este bronceado no es una enfermedad, es una reacción de protección de adaptación y el sol es la acción. Hay dos leonas con diferentes territorios de caza: uno grande y otro pequeño, pero las dos se quedan embarazadas y tendrán la cantidad de cachorros adecuada a cada situación. De nada serviría que tuvieran diez cachorros si no tienen con qué alimentarlos, si hay escasez de presas e incluso pueden llegar a desarrollar esterilidad (es un *programa* biológico de adaptación). Creamos un conflicto biológico a la gallina cuando le quitamos los huevos. Automáticamente se adaptará al problema volviendo a poner pero, ¿qué pasa si no se los quitamos? Pues que cuando junta

    Víctor Caraveo

unos cuantos, deja de ponerlos y comienza a empollarlos. No es la gallina la que toma la decisión, el conflicto conduce a la adaptación.

Los animales viven su conflicto en lo real, por lo tanto, sólo pueden buscar soluciones reales. Los seres humanos podemos vivir los acontecimientos en lo real y en lo imaginario porque, mediante las emociones podemos transponer todas las vivencias a la biología. Somos el único ser vivo que puede hacer conflictos de origen imaginario (Fléche, 2009).

Puedo proveer más ejemplos a través de algunas historias. Esta es una historia de animales. Un lobo pertenece a una manada, pero su estatus de joven no le facilita las cosas; la competencia es dura y la organización de los lobos comandada por un macho dominante es muy rígida. Cuando la jauría consigue matar a una presa, tiene que esperar mucho tiempo para tener derecho a una parte de ella.

Un día que se queda solo, tiene la ocasión de atrapar un conejo; como no quiere compartirlo, se apresura a comer su presa tan rápido como puede y se come gran parte del conejo. Sin embargo no puede digerir todo esto porque es demasiado volumen para que su aparato digestivo lo disuelva. Se retira a su guarida, se tumba y se produce un cáncer, un tumor en el estómago, cuya finalidad es disolver toda esa comida porque si no la disuelve se muere de hambre o se muere de cáncer. Pero esto no tiene importancia para la naturaleza; la naturaleza es sabia.

El cerebro pone en marcha su mejor solución biológica posible para que el conejo sea digerido lo antes posible. ¿Cómo? Simplemente poniendo en marcha un *programa* de "sobredigestión" que consiste en aumentar el número de células secretoras de jugos gástricos para que el estómago sea eficiente y pueda deshacer la comida, contribuyendo así a la supervivencia del lobo. Salvo para la medicina, lo que la biología del lobo ha puesto en marcha en esta situación particular, puede ser considerado como un proceso tumoral; es decir, un cáncer de estómago, una enfermedad mortal.

Ahora viene la historia de una Princesa. Ella es una perrita "chihuahua" que vive en una zona campestre en las afueras de la ciudad de Chihuahua. Hasta el día de hoy su vida ha sido apacible; es una perrita encantadora a la que miman y arreglan, y tiene su alimentación adecuada para perros Además, como la zona en que vive está en el campo, puede vivir su vida de cazadora. El nivel de estrés del animal es mínimo. Un día llega una nueva familia a esa zona campestre y tienen un perro verdaderamente macho, ¡y muy mal educado! Desde luego el perro se pone de inmediato y desenfrenadamente a perseguir a la perrita –que no está en temporada de celo–, y comienza aquí el infierno para Princesa; no puede salir y dar un paso sin tener al perro cabrón correteándola, y para colmo, tiene que vigilar su trasero.

Pero algo que hace aumentar progresivamente su nivel de estrés, es que tiene que estar siempre alerta. Sigue así durante un tiempo hasta que alcanza su nivel máximo de estrés y necesita entonces la intervención de su biología. Su cerebro arcaico, que es de ataque y huida, hace un análisis del problema y después pone en marcha su mejor solución. Su conflicto es que tiene que "hacerle frente a la adversidad" y resistir físicamente contra la insistencia del perro cabrón, que no deja de estarla acosando. Ella tiene la necesidad de tener permanentemente un potencial de fuerza muscular suficiente para estar lista y liberarse –y huir si es necesario–, o para mantener distancia del perro, que está obsesionado con ella.

¿Cómo le puede ayudar su cerebro? Simplemente enviando la orden a su páncreas para que se bloquee un poco a fin de secretar menos insulina. Esto tendrá como consecuencia el aumento del nivel de azúcar que circula por la sangre para alimentar a los músculos de manera óptima en una "solución

  Víctor Caraveo

perfecta". Justamente el azúcar es el carburante del músculo y el rol de la insulina producida por el páncreas, hace regular a la glucemia. "La naturaleza es sabia" y tienen toda la razón: es algo maravilloso. Salvo que en la medicina, esta pequeña excelencia se llama hiperglucemia y puede degenerar en diabetes; es decir, en una enfermedad potencialmente mortal.

La historia tiene un final triste para el perro porque se lo llevaron de repente y un final feliz para la adorable perrita princesa, quien desde el momento en que su cerebro se dio cuenta de que el perro ya no estaba por la zona, su biología anuló la orden de bloquear parcialmente el páncreas y dio la orden inversa del bloqueo. La producción de insulina se normalizó y la glucemia de Princesa se estabilizó.

Y por último viene la historia de una mujer joven. Al terminar su carrera y luego de mucho tiempo sin conseguir empleo, por fin contratan a esta señorita –quien por cierto es muy guapa– en una empresa cerca de su casa, con un puesto interesante y un sueldo conveniente. Enseguida, un jefe de servicio comienza a molestarla (acoso sexual) empezando así un infierno para ella, quien día a día está en una situación de miedo y de resistencia permanente; más aún cuando se ve acorralada por el temor a perder el trabajo si se queja o denuncia al jefe del departamento. Ella también tiene mucho miedo de que no le crean o que la puedan acusar de incitarlo, así que no puede hacer otra cosa que resistir y aguantar.

Luego de unas semanas alcanza el umbral del estrés máximo, ya que no encuentra ninguna solución práctica para eliminar el problema. Entonces su biología interviene. Su cerebro analiza el nivel de estrés y le envía el mensaje: "tengo que estar lista para defenderme", y remite el *programa* mejor adaptado para ayudarle a resistir; es decir, el de hipoglucemia.

El cerebro manda la orden al páncreas de reducir su proporción de insulina para que la mujer tenga un nivel de azúcar siempre óptimo inmediatamente disponible para poder estar, en el plano muscular, lista para defenderse y resistir. ¿No creen ustedes que la naturaleza es genial?, ¿no? Sin embargo, una vez más, la historia de la gatita princesa y la de la señorita son estrictamente idénticas: no existe ninguna diferencia sobre el plano de mecanismos bío-lógicos (Daillie, 2014, pp. 31-32).

Desgraciadamente el conflicto psicológico de esta señorita sigue activo y esto puede causar miedo, ansiedad, angustia, etcétera. La desaparición del jefe de departamento no cambiará nada en el caso de esta señorita; ella seguirá atrayendo hombres de este tipo, que no la respeten. Es necesario el conocimiento, un "darme cuenta", tomar consciencia y aplicar las herramientas para hacer una *reprogramación* de las creencias, en este caso de violencia; no solo acoso sexual sino de cualquier otro tipo. La solución es el conocimiento y hacer una regrabación integral de las creencias con las *Caricias Positivas*. Es increíble cómo el acosador cambia su manera de ver y actuar con la víctima.

Buscar el sentido biológico del Síntoma

Todo síntoma, toda enfermedad, tiene un *sentido biológico*; tiene un "para qué". Este fue un gran descubrimiento del Dr. Hamer". Hay que buscar el *sentido biológico* del Síntoma, de la enfermedad o comportamiento, y preguntarse "para qué me enfermo". Mi inconsciente da esta solución biológica: la enfermedad, para "darme cuenta" que detrás del síntoma o de la misma enfermedad, hay un conflicto emocional que resolver. La enfermedad y/o comportamiento están llenas de sentido, son expresiones del Inconsciente Biológico para dar solución a un problema de adaptación. Hay una información que pasa del *inconsciente biológico* al *consciente*.

                                          Víctor Caraveo

Es un cambio de paradigma en que la persona ya no ve la enfermedad como casualidad sino como "mala suerte". Sin embargo debemos comprender a la enfermedad y para ello hay que "conocerte a ti mismo", un "darme cuenta" que detrás hay un conflicto emocional. Lo ideal es tratarla integralmente con la parte médica y terapéutica más conveniente para la persona.

Las enfermedades son soluciones biológicas como consecuencia de un impacto emocional súbito al que no se encuentra solución, o por acumulación de "impactos menores" a lo largo del tiempo en el que estamos en incoherencia emocional. Por ejemplo: lo que pienso, lo que siento y lo que hago, no están en coherencia, entonces hay un desequilibrio emocional que activa esos *programas* inconscientes y en consecuencia da un síntoma o una enfermedad. "La enfermedad es el esfuerzo que hace la naturaleza para curar al hombre" (Jung).

La enfermedad tiene un *sentido biológico* de adaptación para la supervivencia. El ser humano puede desarrollar shocks emocionales pero para el inconsciente también son biológicos. Cuando alguien tiene una enfermedad, hay que preguntarse: ¿Cuál es el *sentido biológico*?", "¿Para qué me sirve?", ya que la enfermedad es una solución biológica a un conflicto real o imaginario. Cuando a mí me duele algo, tiene un *sentido biológico*, tiene un "para qué" con el que te darás cuenta para qué te enfermas.

Importante: primero es el *sentido biológico* del síntoma y después el conflicto emocional; todo depende de cómo cada persona vive una situación, de acuerdo a sus *creencias*. Alguien puede tomarse la pérdida de una pareja como abandono; otro puede vivirlo como una agresión e incluso otro lo vivirá como una liberación. *"El síntoma siempre está en relación con la fuente conflictiva"*.

Nunca es el hecho sino la forma en que lo vivimos, según los *programas* –*creencias*– que tenemos almacenados en el inconsciente. Lo terapéutico es encontrar el hilo que une toda la historia de la persona entre el síntoma y su historia. Vamos entonces a trabajar dos nociones muy importantes en Psicosomática: lo que es coyuntural y lo que es estructural. *"En las estadísticas, el diez por ciento de las enfermedades son coyunturales y el noventa son estructurales".*

En las enfermedades que son "estructurales" hay que buscar en toda la historia de la persona; Transgeneracional, Gestacional y Pequeña Infancia. Por ejemplo las enfermedades crónicas y de comportamiento.

El conflicto "coyuntural" es específico que comienza de repente en respuesta a un acontecimiento o contexto puntual. Estoy tranquilo, avanzo en mi vida y de pronto algo pasa, un *shock* emocional, este queda grabado en el *inconsciente* y cuando se repite el conflicto, se desencadena el síntoma, como por ejemplo las alergias, de las que hablaré más adelante.

Veamos el *sentido biológico* del síntoma. Mucha gente padece dolor de espalda. La lumbalgia o lumbago caracterizado por un dolor focalizado en la zona baja de la espalda. Generalmente la causa es una contractura muscular, vinculada a un sentimiento de impotencia, que afecta a la columna lumbar, en el ochenta por ciento de los casos se relaciona con la sexualidad. En el plano biológico esta relación tiene un contenido sexual porque la columna lumbar es la responsable del movimiento durante la cópula. En el plano psicológico, los síntomas que afectan a la columna lumbar implican desvalorización en relación con los demás. Por ejemplo, veamos el caso de un hombre sin empleo que tiene lumbalgia desde hace meses, se siente desvalorizado porque su pareja no quiere tener relaciones sexuales con la frecuencia que él desea, y porque además depende económicamente de ella (Corbera, 2013).

Pondré algunos ejemplos adicionales. El *sentido biológico* de un cáncer de útero. El útero tiene que ver con la

Víctor Caraveo

procreación de los hijos. Es la parte del cuerpo que topa con el miembro del macho. El conflicto psicológico se trata de una frustración sexual asociada con un conflicto de abandono o de separación.

Veamos un ejemplo. Una mujer es engañada; llega a su casa y encuentra a su marido con otra en la cama ("no soy la elegida, siempre soy la segunda"). También esa mujer engañada lo puede vivir como una desvalorización sexual y esto le puede afectar en los huesos lumbares y sacro, que tienen que ver con lo sexual. Igual lo puede vivir como una liberación y otra como inseguridad porque ha perdido la protección del macho. Una más como la pérdida de reputación y al "qué dirán". Todo esto dependerá de sus *programas* inconscientes (*creencias*).

Veamos otro ejemplo. El *sentido biológico* de la "epidermis" nos proporciona el contacto con el exterior. El conflicto psicológico, el de separación, pérdida, falta de contacto corporal o emocional con mamá, papá, la familia, pareja, amigos, etcétera.

Veamos un ejemplo más. La tiroides es el reloj biológico, es órgano regulador del tiempo. Si una persona tiene problemas de tiroides debe preguntarse cómo gestiona su tiempo. ¿Quiero que el tiempo pase más lentamente? Una mujer tenía un conflicto de tiempo y éste estaba relacionado con hacerse vieja; para ella, envejecer era un gran conflicto; quería que el tiempo pasara lentamente y entonces hace un problema de tiroides que podría ser un hipotiroidismo. En el caso de un hipertiroidismo significa: "me falta tiempo. Tengo que hacerlo todo rápido". La persona siente que necesita que el tiempo vaya más rápido. Se relaciona con los caso de urgencia, con salir urgentemente de cualquier situación. Nuestro trabajo como psicoterapeutas es encontrar la coherencia entre el síntoma y el conflicto emocional de la persona.

Veamos otro ejemplo. Dos hombres pierden el empleo; cada uno lo interpreta de distinta forma, dependiendo de sus *programaciones* (*creencias*). Un hombre lo vive como que "No valgo nada". El *sentido biológico* de los huesos y articulaciones es la desvalorización. El conflicto psicológico: se siente desvalorizado porque perdió su trabajo y hace inconscientemente un problema de rodilla. Otro hombre lo vive como "pérdida de territorio". El *sentido biológico* de territorio es proteger, defender a las hembras, el trabajo y defender también el territorio. Sube el estrés. Conflicto Psicológico: siente que él pierde su territorio, ya que era el jefe de la oficina. Le afecta las arterias coronarias.

Otro ejemplo: Las adicciones son mamá. Es la necesidad de compañía de mamá para afrontar un conflicto. Mamá sobreprotectora. Toda adicción evita el contacto con la emoción que nos provoca dolor. Nuestra realidad nos hace sufrir y la adicción enmascara nuestro sufrimiento.

El sentido biológico del cáncer de seno es la "protección". Una vez que respiramos, bebemos, comemos y nos reproducimos, hay que protegerse de los depredadores. Por ejemplo, la dermis es una protección individual, un caparazón, un escudo biológico. Esta es la protección individual pero también hay la protección colectiva. El significado psicosomático de todas las patologías del seno tiene que ver con la protección de los míos (colectiva).

Según Sellam (2009), la función biológica de las mamás es alimentar y proteger a la cría y al nido familiar. El pecho, ¿para qué sirve? Para alimentar al bebé; para el crecimiento; para la alimentación real. Pero cuando tomamos al niño, también se está piel con piel en contacto con el pecho y el cuerpo de la mamá; el bebé se siente protegido, seguro; esto se llama *alimentación afectiva*. El bebé grabará todos estos estímulos a nivel celular; de ahí dependerá todo su futuro.

Aquí empezará a estructurarse su personalidad. Me parece importante abundar en lo que Sellam (2009) apunta en su libro Las enfermedades de los senos:

"¿Por qué el seno derecho y no el izquierdo, o los dos? Para responder, debemos abordar la noción del conflicto de Nido llamado "Estricto" y el conflicto de Nido llamado "Ampliado". El primero concierne exclusivamente al hijo y hablaremos del conflicto Madre/Hijo, sea el hijo real o simbólico. El conflicto de Nido llamado "Ampliado" concierne al marido, a la pareja, al amante o la amante; a los abuelos, a los tíos, a los amigos, a la familia, etcétera. En la práctica hemos podido tomar nota de las patologías del seno debido a problemas con el marido y el padre. ¿Cómo determinarlo? La respuesta está en la lateralidad biológica. Para una patología de seno, toda consulta debe proceder a un *test* de lateralidad; es de una importancia capital para el establecimiento de un diagnóstico psicosomático preciso. La lateralidad determina en qué lado del cerebro impacta el conflicto Emocional y qué parte del cuerpo está afectada. Para una diestra biológica, el conflicto del "Nido Estricto" afectará el seno izquierdo y el del "Nido Ampliado" afectará el seno derecho. Y al contrario, para una zurda biológica el conflicto del "Nido Estricto" afectará el seno derecho y el conflicto del "Nido Ampliado" afectará el seno izquierdo. Se preguntarán por qué se afecta el seno izquierdo con el conflicto madre/hijo; esto es biológico, la madre sostiene al bebé del lado izquierdo para amamantarlo. En el caso del seno derecho, es el macho quien protege a la hembra con el lado derecho" (Sellam, 2009, pág 31).

Según Sellam (2009) tenemos dos principales test de lateralidad, para ver si una persona es diestra o zurda: el test de los aplausos, y el test de amamantamiento instintivo del bebé en los brazos. Con el primero se determina al aplaudir. La mano derecha golpea sobre la mano izquierda, soy diestra biológica. La mano izquierda golpea sobre la mano derecha, soy zurda biológica.

El test de amamantamiento instintivo del bebé en los brazos explica la razón de ser de la lateralidad biológica; para ello, solo es necesario tomar instintivamente al bebé y ver sobre cuál de los dos senos apoya su cabeza, y con cuál brazo lo sostenemos. Si soy diestra biológica lo tomaré con el brazo izquierdo y lo acercaré a mi seno derecho" (Sellam, 2009, pág. 32). De estas funciones se deriva la *lateralidad*.

Una mujer diestra responde a un conflicto de madre/hijo con la parte izquierda del cuerpo. "El seno izquierdo será afectado". El conflicto: "estoy preocupada por la salud de mi hijo", "no puedo proteger a mi hijo porque no me protege la pareja, se aleja del nido". También este hijo puede ser simbólico, no tiene que ser mi hijo de verdad; puede ser mi marido lo veo como un hijo, puede ser una empresa, un taller, una tienda: "la estoy pariendo, es mi hijo". Se dice, "es mi bebé". Recuerden que para el inconsciente, real es igual a virtual, imaginario o simbólico. A veces tampoco es nuestro hijo real; puede ser un sobrino, etcétera.

Una mujer diestra responde a un conflicto de marido, amante, padre, hermano, tío, abuelo, etcétera, con la parte derecha del cuerpo. "El seno derecho será afectado". El conflicto: "falta de protección de mi pareja", "mi pareja está ausente física o emocionalmente y tengo que ocuparme de todo". Separación de la pareja, divorcio. Para la mujer zurda el Conflicto de Nido Estricto afectará el seno derecho y el Conflicto de Nido Ampliado afectará el seno izquierdo. Se ha visto también la aparición de casos de cáncer de pecho después de la pérdida de una mascota. El animal es como si fuera su bebé.

Los dos tipos de cáncer más importantes con base en su frecuencia son: adenocarcinoma, un cáncer que se desarrolla a expensas de las células que fabrican la leche. La temática psicosomática de este cáncer es drama en el Nido de Alta Intensidad, por ejemplo el miedo a perder un hijo. Y como si no tuviera suficiente leche, el inconsciente dice: "voy a producir mucha leche", y es por ello que afectará a las células que la fabrican.

El segundo, que ahora es el más frecuente, es el ductal infiltrante: aquí nos encontramos con que su temática general es el canal que va de la glándula que fabrica la leche, al pezón. En el cáncer de este tipo hablaremos más bien de la separación del nido; es decir, más bien problemáticas de entendimiento dentro del nido, como la falta de protección y seguridad de la pareja, tal es el caso de una separación. Típico, los padres se divorcian. Es muy frecuente ver que se desarrolla un cáncer en una mujer, unos meses después del divorcio. Y sobre todo, el cáncer ductal infiltrante en el pecho derecho, que es el que está relacionado con la falta de protección de la pareja.

En cuanto a la mastosis del seno, Sellam dice: "En todas las mastosis del seno hemos encontrado una problemática central en un concepto clave: falta de 'apoyo en el nido'. Los senos duelen, se inflaman e incluso las mujeres a veces no pueden tocarse; pero sobre todo, el marido no puede tocarlas porque el conflicto que hay detrás es la falta de sostén en el nido, por parte del marido. 'Vivo sola con mis dos hijos. Su padre nos abandonó. Todo lo hago sola: soy padre, madre, reparador, niñera, chofer, etcétera. Tengo una gran necesidad de sostén, de apoyo'. Esta patología afecta el tejido de sostén de las glándulas que producen la leche materna para el bebé. La mujer se siente sola a cargo del nido familiar, los hijos, las tareas del hogar, y tener que trabajar fuera para contribuir al sostén de la familia, mientras el marido no hace casi nada para ayudarla y así tener un buen ambiente familiar. El sentimiento de falta de apoyo, de estar sola para realizar el trabajo del hogar, cuando el marido podría participar mucho más, se convierte progresivamente en tejido de apoyo que se transforma con el tiempo, meses o años, en mastosis. De esta manera, cuando sus senos se hinchan, habrá que proponerles pensar qué es lo que les molesta en el ambiente familiar" (Sellam, 2009, pp. 44-45).

La mejor manera de llevar a cabo un proceso de seno, sería asociar de manera obligatoria la medicina alopática con la Terapéutica Psicosomática Integral; los resultados son excelentes. También estudiaremos la Psicología Transgeneracional que veremos más adelante. Aquí se encuentra un gran número de casos de cáncer de seno relacionados con los complejos de Edipo para los hombres y Electra para las mujeres. Asimismo, se relación con el Proyecto Sentido mientras el niño estuvo en el vientre de mamá.

Es muy importante que las mujeres tengan esta información como medida de prevención. De igual manera es importante que las instituciones se preocupen por dar este tipo de información; así las mujeres tomarán conciencia de los conflictos emocionales, que son los causantes de las enfermedades. El conocimiento, tomar conciencia y aplicar las herramientas, así como terapia grupal y pasar a la "¡Acción!" ¿Cómo? Con la magia de las *Caricias Positivas*; la herramienta más poderosa combinada con otras técnicas como la terapia Gestalt y la Bioenergética.

En la mayoría de los casos las patologías son estructurales –hasta en más del noventa por ciento de las consultas–; es decir, ese tema de peligro para el hijo o peligro para el marido, lo vamos a encontrar en intensidades menores; la persona va teniendo conflictos repetitivos durante muchos años. Es como una jarra que se derrama, que se fue llenando gota a gota. Es necesaria la parte terapéutica integral porque de otra manera el conflicto seguirá vivo y la *jarra psicosomática* tarde que temprano se volverá a derramar; si no con la misma problemática, con otra. Esta

                                          Víctor Caraveo

terapéutica aplica a todas las enfermedades orgánicas o de comportamiento.

En el caso del cáncer, se habla de metástasis. Pero hay que comprender que hay conflictos diferentes al origen de cada tumor canceroso. Por ejemplo, si una mujer soluciona su problema de cáncer de mama, pero el conflicto emocional no se resolvió, puede hacer una metástasis a otra parte de su cuerpo. Si esta mujer también tiene un conflicto sexual con su marido, puede tener ahora problema a nivel del coxis y de la quinta lumbar relacionada con la sexualidad. Por eso es tan importante que la psicoterapia sea integral en todos los roles de la persona.

Las alergias. Los síntomas concretos de la alergia que se produzcan en la persona afectada serán las guías para avanzar en la investigación de la situación detonante de la alergia. Atendiendo al Sentido Biológico del síntoma y del órgano afectado, nos dirigimos directamente hacia el punto central de la alergia. El órgano afectado orienta acerca del conflicto de la persona. Por ejemplo la dermatitis alérgica. Es un edema que engrosa la piel y anega los receptores cutáneos; el *sentido biológico* es: "quiero sentir el contacto" o "no quiero sentir el contacto". El conflicto emocional es frecuentemente relacionado con el hecho de no sentir el contacto con un ser amado.

Si hay una rinitis, la persona puede tener un conflicto sexual; si se presentan vómitos, se trata de un conflicto digestivo en relación con algún problema familiar; si hay problemas de laringe, hay que buscar miedos, miedo a expresar algo; si el problema es de lagrimeo, exploraremos conflictos relacionados con cosas que no se quieren o no se pueden ver.

Cada persona tiene su propia manera de estar en el mundo, centrándose de manera diferenciada en lo visual, gustativo, auditivo, digestivo, respiratorio, etcétera. Por ejemplo si un chico le dice a su novia que se va a vivir a otra ciudad, ella puede vivirlo de diferentes maneras: Visuales: "no la veré más" Auditivos: "no puedo creerme lo que acabo de escuchar" Cutáneos: "estoy lejos de él" Digestivos: "no puedo digerir esta noticia, este cambio".

En una consulta siempre hay que buscar la situación desencadenante, es decir, la primera manifestación, si esto no es posible, se buscará la última, pues las emociones programadas son las mismas. Las preguntas que se deben hacer son: "¿desde cuándo?", "¿dónde estabas?", "¿con quién?", "¿qué ambiente hay?". Buscar un contexto general siempre ayuda a hacer un buen diagnóstico. (Corbera, Batlló. (2014), pp. 78-79)

Por otra parte, con respecto a las alergias Sellam, en su libro *Las alergias no existen*, propone la idea de que la alergias son una especie de "fobia física" que desencadena el cuerpo para evitar el recuerdo de una situación muy dolorosa emocionalmente. Por tanto, la causa de la reacción alérgica sería psicosomática y, al liberar la respuesta emocional que la dispara, se mitigarían o desaparecerían los síntomas. Según Sellam, todas las alergias se crean siguiendo los mismos pasos: se experimenta una experiencia traumática, en la que no es posible dar salida a las emociones que surgen, quedando estás reprimidas en el cuerpo y el recuerdo. Se produce un proceso de *asociación simbólica inconsciente*, totalmente libre, entre algunos de los estímulos sensoriales (auditivos, olfativos, gustativos, visuales, táctiles o pensamientos), presentes en la situación, con una señal de amenaza importante. Desde ese momento el estímulo sensorial disparará una respuesta fisiológica con el fin de evitar el recuerdo traumático. La respuesta se experimenta con los síntomas típicos de la alergia, que están relacionados con el estímulo sensorial asociado. Por ejemplo, los estímulos

     Víctor Caraveo

olfativos generan una respuesta física que crea mucosidad, con lo que se evita poder oler, y por tanto, recordar cuando hemos estado en contacto con ese aroma con anterioridad, la situación traumática. (Sellam, 2014).

Las alergias, en muchos de los casos, se basan en lo siguiente: revivir una situación que para nosotros es muy importante emocionalmente. Por ejemplo, estoy enamorado de una chica, le quiero declarar mi amor. Estamos en una cena comiendo mariscos; la chica se da cuenta y antes de que le diga nada, me dice: "te quiero decir que me voy a casar con Juan". Entro en un *shock* emocional y en mi inconsciente quedan grabados en mí los mariscos. Pero no se me manifiesta ahí la alergia, puede pasar mucho tiempo y la siguiente vez que coma mariscos se producirá esta re-acción. Este es el caso de una alergia coyuntural, es decir, de un solo evento.

Veamos el caso de un chico alérgico a las fresas. Yo le pregunté cuándo se desarrolla esa alergia, y me dijo que cuando estaba en casa de su novia comiendo fresas. Entonces le pregunto qué cuándo paso esto en otro momento. Me dice: "Hace tres años estaba en casa de mi exnovia, y me dijo que ya no quería ser mi novia". Ese impacto emocional se queda grabado en el inconsciente, y graba todo el contexto como olores, sensaciones, palabras, sonidos, y en este caso, lo que estaba comiendo: las fresas. Cuando se repite tres años más tarde, el cuerpo reacciona, te avisa de que estas en peligro otra vez. También podría vivirlo en términos visuales: "ya no le veré", y entonces le da una alergia en los ojos; o en términos cutáneos: *"estoy separado de ella, ya no la podré tocar"*, y entonces desarrollar una alergia en la piel. Cuando la persona se encuentra en una situación emocional similar, su inconsciente lo siente como peligro, y entonces viene la alergia. *"El inconsciente biológico nos protege con la alergia para no sentir de nuevo el impacto emocional"*.

La solución es sacarlo de esa historia y preguntarle cómo vive ahora. Él me dice: "me casé y tengo una pareja y una hija maravillosa". Entonces ya tenemos el recurso. A través de una relajación vamos al momento el que ocurrió el impacto emocional y entonces él transmite el siguiente mensaje a su exnovia: "gracias a que me has dejado, he conocido a una mujer maravillosa que me ha dado una hija. Ya puedo comer fresas".

La alergia al polen puede relacionarse con temas de relaciones o de sexo. El polen se manifiesta en primavera, la época del año en que se activan los resortes biológicos de la sexualidad en todas las especies. Esta alergia se relaciona con historias de separaciones amorosas, por eso se manifiesta en los ojos: "no quiero volver a verlo" o "ya no lo veré más"; y en la nariz es el sexo, (oler en sentido sexual).

La alergia al gluten: El gluten se relaciona con el pan, arquetipo del padre. Los alérgicos al gluten tienen un conflicto relacionado con el padre, conflictos en que el padre crea un mal ambiente familiar. Pude tratarse por ejemplo, de un padre ausente o con un problema de adicciones. Hay que tener en cuenta que la cabeza del clan puede ser una mujer y por lo tanto desempeña la función paterna.

La alergia a la leche está relacionada con los conflictos con la madre, simbólicamente la madre es leche. Cuando el alérgico a la leche es un niño recién nacido o un niño pequeño, hay que revisar la historia de la madre con su propia madre. En este caso la alergia es estructural: la alergia a los lácteos me permite evitar el contacto con mi madre tóxica.

En todas las alergias hay programas estructurales, es decir, en toda la historia de la persona, que son transgeneracionales, de nuestro Proyecto Sentido Gestacional, y de la Pequeña Infancia. Hay que buscar los conflictos en estos tres archivos de nuestro cerebro, lo más rápido y efectivo es

Víctor Caraveo

hacer un buen diagnóstico "darme cuenta" tomar conciencia y hacer una Bio-Regrabación integral de todas nuestras programaciones.

Sentido psicológico: mi programación, mis creencias

"Detrás de toda enfermedad o comportamiento hay un conflicto emocional".

Las *creencias* crean percepciones que afectan todos los aspectos de nuestra vida. El inconsciente no entiende de cosas buenas ni malas; solamente entiende de impactos emocionales. El inconsciente no entiende de razonamientos, solamente entiende de emociones y una de las funciones de nuestro inconsciente biológico es guardar memoria de todas las situaciones que hemos pasado para que no se repitan. Cuando a mí me duele algo, tiene un *sentido biológico*; tiene un "para qué me enfermo" y otro *sentido psicológico* que es mi *programación* (*creencias*); inconsciente individual, colectivo, social, etcétera.

Cuando se les pregunta a las personas: "¿tú sabes por qué te enfermas?". La mayoría contesta que es por causas externas a nosotros. La *realidad* es porque estamos en incoherencia emocional. Pensamos una cosa, sentimos otra y hacemos otra. Pero si les pregunto: "¿tú sabes para qué te enfermas?", entonces las personas no saben qué contestar e inconscientemente vuelven al "por qué". La solución es primero tener el conocimiento; tomar conciencia, "darme cuenta" desde el origen cuál es el *sentido biológico* y después el conflicto emocional psicológico.

Por ejemplo, una señora tiene problemas de ovarios. El *sentido biológico* es la procreación. Detrás del *sentido bio-*

lógico hay un conflicto emocional que puede ser el hecho de que no quiera tener hijos o no quiere tener hijos con ese macho, y ella misma se provoca el problema inconscientemente para no tener relaciones sexuales. El conflicto puede ser distinto en varias mujeres; tiene que tener una lógica entre el síntoma y el conflicto emocional. En este caso la procreación tiene que ver con la pareja o puede ser que una mujer en su Árbol Genealógico tiene afinidad con la abuela, quien tenía muchos hijos y ya no quería tenerlos. Ella puede llevar un *programa* de "no tener hijos". En su Proyecto Sentido Gestacional, durante el embarazo, la mamá hablaba o pensaba ser engañada por el marido; la hija lleva el mensaje: "hacer el amor es engañar", por eso no quiere tener pareja ni tener hijos. En su Pequeña Infancia, la mamá transmitirá los conflictos positivos y negativos que ella viene arrastrando desde su historia familiar y los proyectará en los hijos. El conflicto emocional puede tener influencia Transgeneracional, del Proyecto Sentido Gestacional o de la Pequeña Infancia, o de los tres archivos.

Es muy importante hacer una regrabación integral; es decir, de todos los roles como el familiar, de pareja, social, laboral, físico y mental. Puedo solucionar un problema de adicción pero lamentablemente solo puedo cambiarlo por otro tipo de adicción. Es un "darme cuenta" de las *programaciones* que traemos y que nos impiden ser nosotros mismos; nos muestra de una manera fácil y práctica el camino para *morir y nacer de nuevo*.

El principal obstáculo para sanarnos es la "fidelidad familiar inconsciente". La toma de conciencia no es suficiente porque también está la *toma de conciencia liberadora*. Lo que impide la liberación emocional es la fidelidad familiar inconsciente. Aquí nos daremos cuenta de cómo andamos en todos nuestros roles como el de pareja; "darme cuenta" de qué es lo que hago para estar solo, para no tener una

Víctor Caraveo

relación sentimental, para no disfrutar de la vida con mi compañero/a.

- En mi rol familiar, ¿qué sucede con mis hijos?, ¿cómo los enfermo?, ¿cómo los estoy *programando*?
- En mi rol social, "darme cuenta" cómo hago para aislarme, para no tener amigos y estar tan desvalorizado.
- En mi rol laboral, "darme cuenta" qué es lo que hago para estar siempre tan insatisfecho, tan mal remunerado; dejar pasar oportunidades.
- En mi mente, "darme cuenta" del porqué esta angustia, depresión, miedo, fobias, insomnio.
- En mi cuerpo, "darme cuenta" del porqué me enfermo de colitis, gastritis, alcoholismo, cáncer, drogadicción, obesidad, cansancio.

Es necesario que la regrabación sea integral y que estemos bien en todos los aspectos. Basta que ande mal en uno de mis roles para contaminar a los otros, como una manzana podrida en un recipiente. Si andamos mal en alguno de ellos, tarde o temprano se contaminarán todos. Esto lo veremos en la cuarta parte del libro: "Pequeña Infancia de los 0 a los 7 años".

SEGUNDA PARTE

Proyecto Sentido Gestacional

El Proyecto Sentido es un concepto desarrollado por el psico-oncólogo francés Marc Frechét, tras estudiar al Dr. Ryke Geerd Hamer *(Nueva Medicina Germánica)*. Según Marc Frechét, el Proyecto Sentido son los pensamientos, creencias, deseos y emociones que tenían los padres desde antes de la concepción de sus hijos, durante el embarazo, el nacimiento y hasta el primer año aproximadamente, y que pueden estar influyendo en la vida que tienes hoy. Cuando nuestros hijos están en el vientre de su mamá, estos viven los estados emocionales de ella al cien por ciento, y se graban en el inconsciente del feto.

Sellam, (2014), nos habla de que el Proyecto Sentido Gestacional, se comprende si formulamos con la siguiente pregunta: "¿Qué había en la cabeza de mis padres, consciente o inconsciente, cuando desearon concebirme y sobre todo, cuando estaba en proceso de gestación?". El Proyecto Sentido Gestacional tiene un periodo preciso. Empieza cuando uno o los dos padres desean tener un hijo, y el final según Marc Frechét, dura hasta más o menos el primer año; es decir conjunta la concepción, la gestación, el parto, y hasta el año de edad, en ocasiones hasta los tres años. En este periodo el bebé es una esponja emocional. El niño, en un principio es un ser imaginario, primeramente una intención, un proyecto y un deseo parental, consciente o inconsciente. Hay proyectos sentidos positivos y negativos. Durante la gestación del niño puede haber acontecimientos positivos, pero también acontecimientos no tan agradables; incluso puede haber dramas que marcan al clan, a la familia, principalmente. Imaginen una familia contenta de tener un hijo. En el ambiente familiar todo está bien, no hay ningún problema, hay armonía. Si hiciéramos el análisis psicológico del líquido amniótico, obviamente este análisis no existe, es simbólico, veríamos moléculas de placer, alegría, y felicidad. Cuando hay un drama antes de la concepción, durante la concepción, durante el embarazo y el nacimiento, este drama perturbará al líquido amniótico. Tendremos moléculas de tristeza, sobre todo cuando hay un drama por fallecimiento. Después del nacimiento ya no es el análisis del líquido amniótico, sino de la leche materna, que puede tener moléculas de tristeza. El ambiente emocional, consciente o inconsciente, impregnará al niño que nacerá y su propia vida quedará tan impregnada, que conducirá al niño a algo positivo o negativo (Sellam, 2014)[1].

Vivette Clover, profesora de psicobiología prenatal de la facultad de medicina del Imperial College de Londres donde dirige el grupo de estrés fetal, y neonatal, nos habla de que hasta hace pocos años casi nadie se había preguntado sobre el desarrollo del cerebro del bebé y sus implicaciones, en su futuro en el comportamiento del niño y del adulto. Si una embarazada sufre estrés su bebé también lo sufre.

En una placenta humana donde descansa el bebé y recibe todo lo que le hace falta para sobrevivir. Ahora estamos descubriendo que al mismo tiempo también penetra el cortisol dentro de la placenta, es decir la hormona del estrés. Las investigaciones más recientes, están demostrando el implacable efecto del estrés, sobre los niveles de inteligencia de hiperactividad del bebé, sobre su desarrollo cerebral. Los expertos han descubierto, que los niveles prenatales de estrés y ansiedad en las mujeres embarazadas afectan no solo a la vida del bebé, sino también a su futuro.

Los cuidados durante el embarazo son muy importantes, pero se ignoran los emocionales, nadie pregunta a las mujeres sobre su estado emocional, o su relación de pareja, podemos ayudarle a la madre a sentirse menos estresada, menos ansio-

---

[1] https://www.youtube.com/watch?v=YTVzpkiZVK0

Víctor Caraveo

sa o deprimida, y también podemos ayudarle al futuro hijo. Si podemos evitar que nuestros hijos presenten síntomas como síndrome de déficit de atención, hiperactividad, o si podemos prevenir que tengan trastornos de conducta, sería una sociedad más feliz[2].

En el bebé hay muchos proyectos positivos y negativos de los padres, y en gran medida, estos proyectos fueron los que nuestros papás nos transmitieron en el momento de la concepción, durante el embarazo y nacimiento, de acuerdo a lo que ellos estaban viviendo y sintiendo. Son proyectos que vamos a cumplir, ya sean positivos o negativos de manera automática e inconsciente sin darnos cuenta. En el Proyecto Sentido es muy importante darse cuenta si los padres desean tener un niño o una niña; si no es deseado, si es un "accidente", si quisieron abortar. También es muy importante la relación entre los padres, si hay buena comunicación, si se sienten bien en sus relaciones sexuales. El bebé en un futuro solo va a expresar el Proyecto Sentido por el cual fue concebido: "Por lealtad", "Para pertenecer al clan familiar", "Para que me quieran". Es una solución de Supervivencia. El Proyecto Sentido no es una casualidad, ya está *programado* para sanar alguna historia del Árbol Genealógico del clan familiar. El ambiente que rodea a la gestación es poco conocido en la Medicina, en la Psicología y en la Psicoterapia, aunque se acepta que existe.

Cuando un bebé está en el vientre de su madre, éste vive su problemática y los *estados* emocionales de ella, aunque esto no solo influye en dicha etapa de la concepción sino que también es importante cuestionarse y preguntar qué pasaba por la cabeza de nuestros padres antes de ser concebidos; esto es muy importante porque para muchas personas su vida está condicionada por el Proyecto Sentido. El bebé graba en su inconsciente todo lo que la mamá vive desde su sensibi-

---

2 https://www.youtube.com/watch?v=6rfT55dDZEQ

lidad. "El sistema nervioso del feto y del bebé en desarrollo posee un amplio repertorio de capacidades sensoriales y de aprendizaje, y una especie de memoria que los neurocientíficos denominan "memoria implícita" Estas complejas y diminutas criaturas tienen una vida prenatal en el útero que influye profundamente en la salud y el comportamiento que tendrá a lo largo de su vida" (Lipton, 2005, pág. 121).

Después del nacimiento, la fusión emocional de la mamá con el bebé se extiende sin cambios, aproximadamente hasta el primer año. Esta relación se construirá a través del vínculo afectivo que establece con la mamá. El síntoma del niño indica el conflicto emocional de la madre. En esta etapa los niños no se enferman, nosotros los enfermamos. Por ejemplo, el dolor de oídos es muy común en los niños que a menudo tienen que oír en casa, cosas que no quieren escuchar, como pleitos de pareja. El bebé siente como propio cuanto le sucede a su mamá: sus alegrías, sus tristezas, sus preocupaciones y lo más importante, aquello "No dicho", lo "No expresado". A esto le llamamos "Proyecto Sentido".

Tenemos muchos Proyectos Sentidos: algunos conscientes, muchos inconscientes, unos exitosos, otros limitantes. Pueden expresarse en las relaciones, las profesiones, las parejas, los amigos, etcétera; y pueden condicionar comportamientos o ser causa de síntomas y enfermedades. El acto biológico (sexual), no es suficiente para explicar una concepción. Hay mujeres que quieren tener hijos y no quedan embarazadas y otras que no quieren y se quedan embarazadas, existe algo más fuerte que el deseo consciente. El hijo es la solución inconsciente a los problemas, deseos y conflictos de los padres.

En terapia es de vital importancia conocer y encontrar el Proyecto Sentido heredado principalmente de la madre, para luego hacer una regrabación de los *mandatos* inconscientes del Proyecto Sentido. Muchas enfermedades físicas, de comportamiento, se encuentran *programadas* en esta etapa de la vida.

Sentido Gestacional

Grabamos *mandatos prohibitivos*: "No merecer", "No amar", "No ser amado", "No seas hombre", "No seas mujer", "No acariciar", "No ser acariciado", "No triunfar", "No disfrutar", "No tener hijos", "No pensar", "No ser pareja", "No existas", etcétera.

Grabamos *mandatos impositivos*: "Sé fuerte", "Sé perfecto", "Sé complaciente", "Sé diferente", "Sé loco", "Apúrate", "Sé alcohólico", "Sé drogadicto" (estos son menos frecuentes). Por ejemplo, el *mandato* "No existas" se presenta en una persona que no fue deseada por sus padres; si ellos están pensando que no es el momento de tener un bebé, la persona va por la vida como si no existiera y con una vida difícil, una lucha.

El caso del *mandato* "No triunfar" se puede presentar cuando la mamá quería un bebé para sentirse importante en la familia. Ella no se sentía importante, por lo tanto el *mandato* es "No triunfar" o "No ser importante". El *mandato* "No amar" se puede presentar cuando la mamá está pensando que teniendo un bebé va a ser feliz; ella se sentía infeliz y por lo tanto el *mandato* es "no ser feliz", "no amar".

El tema de los niños del sexo deseado por los padres es importante cuando se habla del Proyecto Sentido Gestacional y puede interesar a un gran número de personas, en particular a las que desean conocer y comprender más acerca de la homosexualidad.

Si soy niña y mis padres deseaban un niño, ¿cómo resolver el problema? La solución es transformarse en chico; a la niña no le gustarán los juegos de niñas y preferirá jugar a los juegos de niños; también puede tener problemas de conducta en su vida adulta; mostrarse masculina o buscar profesiones que en su entorno sociocultural son de hombres, por ejemplo, en nuestro entorno una mujer policía, piloto, chofer, etcétera; puede ser homosexual. También puede tener problemas para embarazarse o no sentir el orgasmo, e inclusive llegar a abortar para cumplir con su *programa* de no ser mujer. Si yo soy un niño y mis padres querían una niña, para cumplir con mi contrato tengo que parecerme a una chica y mostrarlo al clan y a la familia a través de mis actitudes y mi comportamiento general, para así sentirme aceptado. Todo esto es de manera inconsciente. En algunos casos la influencia de este mensaje puede llevarme a la homosexualidad. Todo esto está relacionado con la supervivencia; si no sigo el *mandato*, la familia me rechazará.

Me gustaría ilustrar otro caso. Una señora no podía dejar de engañar a su marido, y conscientemente no quería engañarlo. Pero inconscientemente no podía dejar de engañarlo, decía: "es algo más fuerte que yo, como si fuera mi misión satisfacer a un hombre de manera sexual y cuando ya está hecho entonces me busco otro". Cuando su papá la estaba concibiendo, su mamá no quería tener relaciones sexuales. El papá concibió a su hija para que fuera la amante perfecta y, para él la mujer perfecta es la que siempre dice que sí. Por lo tanto, cuando alguien le hacía la propuesta de tener sexo, ella siempre decía que sí. El *mandato* que él da a su hija es satisfacer de manera sexual a los hombres. Cuando se encuentren haciendo algo que no quieren hacer, quiere decir que son *programas* inconscientes.

Otro caso. Juan es un hombre encantador y muy atento. Ejerce la profesión de estilista. Su problema es su identidad sexual: "Sé que soy hombre biológicamente pero me siento más atraído por el sexo masculino que por las mujeres, desde que era muy pequeño. Sin embargo, nunca me he atrevido a salir del closet. Mi mamá me educó como si fuera mujer. Me vestía de mujer y yo no podía despegarme de ella. Creo que mi deseo de trabajar de estilista viene de ahí". De hecho, Juan vino a reemplazar a una hermanita fallecida a temprana edad. Es hijo de reemplazo.

Un caso más. Juana era una niña a la que su padre ignoró durante mucho tiempo; él es policía y deseaba que su hijo mayor fuera niño. Ella prefería jugar futbol, escalar árboles, andar en moto, etcétera. Jugar a las muñecas no le interesaba para nada. Su proyecto sentido era el de una hija no deseada y del sexo equivocado. Ella reflexionaba: "Desde que nací, me equivoqué en todo".

¿Cómo vamos a quitarnos todos esos *mandatos*? Primero a través del autoconocimiento para darnos cuenta cómo andamos en todos nuestros roles: pareja, familiar, social, laboral, físico y mental. Tomar plena conciencia y luego aplicar las herramientas para hacer una regrabación, y, la más importante: *Caricias Positivas*, que veremos en el capítulo de la Pequeña Infancia. Cuando la persona se da cuenta de los *mandatos* que trae de su Proyecto Sentido Gestacional, toma conciencia, y hace una regrabación de las *creencias* y *mandatos* que sus padres le transmitieron inconscientemente, la persona presenta una mejoría rápida y duradera.

Tipos de Proyecto Sentido

De acuerdo con Sellam (2014), desarrollador de la Psicosomática Clínica Humanista, gracias a su investigación clínica ha definido seis tipos de Proyecto Sentido o de *programas* que se graban a lo largo del Proyecto Sentido, que pueden a veces confluir, es decir, pueden manifestarse varios a la vez.

Proyecto sentido intencionado

Este *mandato* consciente y explícito resulta del deseo expresado de los padres sobre el futuro del niño; en qué condiciones va a ser aceptado y querido, y en cuáles no. Por ejemplo, mi padre es abogado y quiere un sucesor. Estoy *programado* para ser abogado. Y todo el mundo está de acuerdo. Dentro de nosotros tenemos una fidelidad que corresponde a nuestras creencias. Es decir, el proyecto sentido del hijo está determinado en el consciente del padre. Entonces, si el hijo decide ser abogado, encajará perfectamente en el clan, los hará felices a todos y no habrá conflictos. Pero en el caso de que desee hacer otra cosa, por ejemplo, pintor, deportista, ya no encajará en el clan, no "cumplirá con las expectativas" (Sellam 2014)[3].

De manera que el *programa* inconsciente es: "mientras obedezco, siento el reconocimiento de la familia, pero si me desvío, la familia me rechazará". Me gustaría ilustrarlo con algunos ejemplos. Si en una familia se le da un valor preferente al varón, en el momento en que la pareja espera su primer hijo, lo que les gustaría es tener un niño. Si efectivamente resulta un niño, todo irá bien, pero si "por desgracia" les toca una niña, entonces eso puede traer una cantidad de problemas para la niña como: no sentirse querida, no sentirse aceptada, ser zurda biológica, masculinizarse, no casarse, no embarazarse, no sentir el orgasmo, etc. Si una madre que tiene ya varios hijos y pocos recursos económicos, seguramente no querrá volver a quedarse embarazada, y si por accidente viene otro bebé, éste seguramente llevará el *programa* de no ser hijo deseado. Sin embargo, los mandatos positivos y negativos inconscientes que transmitimos los padres al bebé en el momento de la concepción y durante el embarazo, no tiene que ver con el amor y los cuidados que le dan al bebé una vez que nazca.

---

[3] https://www.youtube.com/watch?v=YTVzpkiZVK0)

Teniendo en cuenta lo anterior, la pregunta que debemos hacernos es: ¿Qué es lo que *programaron* mis padres para mí? Y la solución es primeramente darme cuenta de mi Proyecto Sentido Gestacional, tomando consciencia de mis *programaciones*, mis "creencias". En segundo lugar, es necesario hacer una Bio-Regrabación con la terapia y la magia de las *Caricias Positivas*.

Proyecto sentido relacionado con secretos de los padres

Cuando un niño es concebido puede heredar los secretos de los padres. Nuestra misión de vida se graba durante la concepción, a lo largo del embarazo y hasta el nacimiento, y esos *mandatos* inconscientes, se reactivarán en nuestra vida adulta. Esto puede dar origen a alteraciones de comportamiento y amores difíciles.

Sellam (2014) afirma lo siguiente sobre los secretos de los padres: "El secreto parental es a menudo cuando uno de los padres tiene un la cabeza un secreto que no puede manifestar. El ejemplo más clásico nos llevará a los conflictos de pareja. Son muy frecuentes los matrimonios arreglados, por ejemplo, estoy enamorada de Juan, pero mis padres me obligaron a casarme con Pedro. Y cuando estoy con mi esposo, a quien no quiero, estoy pensando en el otro. El niño que va a nacer va a llevar un *programa* de: 'Mi mamá habla de amor con el otro, y yo hablo de amor con el otro'[4].

Veamos otro ejemplo. Una mujer de 45 años, muy guapa con un cuerpo delgado y muy bien formado, que aparentaba menos edad, no tenía relaciones sexuales, ni las había tenido nunca. Tenía un problema con huesos y articulaciones. Su conflicto guardaba relación con su madre. No conocía a su padre y había sido concebida cuando su madre se sentía muy

---

[4] https://www.youtube.com/watch?v=YTVzpkiZVK0)

desvalorizada y con un profundo vacío emocional. Esta mujer durante la gestación grabó *mandatos* como los siguientes: "no existas, no disfrutes, no merecer, no seas mujer". Otro ejemplo es el siguiente: una señora siempre se relaciona con hombres inmaduros emocionalmente. No conoció a su padre, su madre no había cumplido su rol de madre. Ella hacía el rol de madre de su madre, pues su abuela nunca había querido a su madre. Llevaba un *programa* de "mamitis", ella se ocupaba de todos, y siempre encontraba hombres con "hijitis" que buscaban en ella a una madre.

Proyecto sentido natural

Lo que ocurre durante el embarazo es el proyecto sentido natural. Sellam (2014) explica muy bien el funcionamiento de Proyecto Sentido, cuando nos da los siguientes ejemplos: "mi madre habla español, por lo tanto hablo español. O mi madre habla amores difíciles, por lo tanto hablo amores difíciles".

Veamos más ejemplos que Sellam aporta. Una mujer me dijo un día: Mis padres siempre me han dicho que fui un accidente". Y la pregunta que le hago es: ¿cuántos accidentes ha tenido usted en su vida? Encontró como veinte. El proyecto sentido es: "Si mis padres hablan que soy un accidente, soy un accidente". Estos proyectos son inconscientes[5].

¿Qué puede pasar si mientras el niño se encuentra en periodo de gestación sucede una desgracia familiar? Por ejemplo, ¿qué puede pasar si mientras una mujer embarazada y en su primer mes de gestación, pierde a su padre o la abandona su marido? En todos estos casos el niño absorberá la tristeza, la depresión, la angustia. Esto se puede manifestar en la vida adulta como depresión en la mayoría de las veces.

---

[5] https://www.youtube.com/watch?v=YTVzpkiZVK0

                                          Víctor Caraveo

Si mi madre habla duelo bloqueado y tristeza durante el embarazo, yo hablo duelo bloqueado en la tristeza durante toda mi vida. ¿Qué puede pasar si la mamá en el cuarto mes de embarazo se saca la lotería? ¿Qué puede pasar si cuando la mamá está embarazada, a su marido lo ascienden a un puesto muy importante? En estos casos el niño sentirá el impacto de alegría y gozo que ese acontecimiento produzca en su padre y/o en su madre.

Otro ejemplo es el de un joven que ha padecido asma desde que nació. Durante el embarazo sus padres se peleaban todo el tiempo (uno de los conflictos del asma es la invasión del territorio). Para mejorar su estado, a los 12 años llevan al niño a la montaña y allí mejora. Pero no es la montaña lo que lo cura, sino la ausencia de las peleas familiares, por eso cuando lo llevan de vuelta a casa, vuelve a tener asma, el lugar donde sus padres se disputan el territorio.

Proyecto sentido de urgencia

Sellam (2014) dice que cuando sucede de repente un drama, éste va a afectar nuestra existencia de tal forma, que el proyecto sentido original, va a pasar a un segundo plano. Este drama puede ser relacionado por un fracaso amoroso, de dinero, de separación, y sobre todo dramas de muertes[6].

Por ejemplo, decidimos ponerle a nuestra hija el nombre de una tía que murió en un accidente mientras se estaba gestando. Cada vez que llamen a la niña, recordaran al muerto, pues ese nombre representa el duelo de la familia. Otro ejemplo es el de un consultante médico al que no le gusta su profesión, y además sobrevive con muchos problemas económicos. Él vivió la siguiente experiencia: mientras estaba dentro del vientre de su mamá, su papá se enfermó

---

[6] https://www.youtube.com/watch?v=YTVzpkiZVK0

gravemente y murió, lo cual provocó mucho sufrimiento en la familia; su proyecto sentido cambió. Él estudió medicina para reparar ese dolor, y sólo encuentra la frustración de no poder ganar dinero con su profesión. Cuando reparamos, hay dos posibilidades: o se hace con pasión, o no nos gusta nada, y uno de los signos es que trabajamos mucho y sin la recompensa esperada.

Otro caso es el de una mujer que al ser concebida sus padres tenían dificultades económicas; siempre escuchó decir a su madre: "no llegaste en buen momento". Esta hija fue concebida en un ambiente económico difícil y como por "casualidad" ha vivido problemas económicos durante toda su vida. Una quiebra familiar Transgeneracional podrá tener relación con los problemas económicos en el presente.

Proyecto Sentido inconsciente

La novela familiar transgeracional, que es inconsciente, puede resultar muy útil para explorar algunas problemáticas como: los amores difíciles, los hijos de reemplazo. Por ejemplo: puedo venir a reemplazar a un niño, un hermano, un adolescente, un adulto, fallecidos prematuramente y me doy cuenta de que me han transmitido un proyecto sentido inconsciente cuando encuentro mi afinidad con ellos en el Árbol Genealógico. Son proyectos que se transmiten de generación en generación. Esto lo veremos más adelante a profundidad en el tema del Árbol Genealógico Familiar.

Proyecto Sentido y parto

"Dime cómo has nacido y te diré quién eres". Sellam (2015), nos habla sobre el proyecto sentido asociado a los siguientes tipos de partos:

Parto bloqueado: Si el trabajo de parto se bloquea, o se prolonga demasiado produciendo sufrimiento fetal y finalmente termina en una cesárea, esto produce personas que desarrollan bien sus proyectos, pero siempre encuentran dificultades para concluirlos. Siempre ocurre algo que les impide terminar con éxito.

Partos muy rápidos: Si el parto se produce tan rápido que la madre no logra llegar al hospital, eso produce personas que lo hacen todo muy rápido, que tienen mucha energía y que pueden ser hiperactivos.

Partos muy lentos: Son personas que hacen todo sin prisa, lo hacen todo con lentitud, son personas perezosas, y en algunos casos con sobrepeso, y pueden presentar patologías de hipotiroidismo.

Parto tardío: Se cumple el tiempo de gestación pero la madre no entra en estado de parto, no tiene contracciones y tiene miedo. El resentir inconsciente de la madre es que desea mantener al bebé adentro, para salvarlo del ambiente hostil en el cual ella está viviendo.

Parto inducido: Son personas que suelen tener dificultades para iniciar proyectos, y con el manejo del tiempo. Con frecuencia esperan que los demás hagan las cosas por ellos, se sienten indefensos y esperan que alguien los ayude. En lo afectivo no suelen elegir sus relaciones, sino que esperan que los elijan.

Nacer por fórceps: El bebé vive una intervención dolorosa de un tercero en una situación de peligro para su supervivencia. Es gracias al fórceps que sigo vivo y esto puede ocasionar conflictos en su vida cuando tienen que iniciar un proyecto. Pueden experimentar dificultades de pasar a otra cosa sin ayuda externa. No les gusta que los controlen ni manipulen; temen al dolor; sienten que no son suficientemente buenos; creen que no importa lo que hagan, nunca será suficiente. Por otra parte, como lo primero que sale es la cabeza son personas que tienen que entender todo perfectamente antes de actuar.

Nacer por cesárea: En estos casos existe una preocupación real o imaginaria de la madre y el médico. La madre tiene miedo de dar a luz por sí misma, o el ginecólogo puede ver que existe un riesgo para el bebé. Les cuestan mucho los cambios de curso, de colegio, de amigos. De adultos pueden ser personas con dificultades para concretar proyectos por sí mismos; necesitan que alguien les ayude a sobrevivir o que alguien decida por ellos.

Diferentes tipos de hijos

Sellam (2015) nos habla también de diferentes tipos de hijos. A continuación menciono algunos tipos y ejemplos.

Hijo de Reemplazo o Fantasma: Si nace después de un hermano o hermana fallecida o después de un aborto, y si está para reemplazar a un hermano que ha muerto antes. Un problema es que los padres le ponen como primer o segundo nombre el del difunto. Asimismo, pudo haber coincidencia en la fecha de concepción, nacimiento y fallecimiento. El hijo de sustitución puede tener problemas de identidad y de inexistencia. Puede tener la sensación de vivir una doble vida.

Si es niña e hija de sustitución de un niño, puede preguntarse inconscientemente: "¿cómo puedo jugar el papel, para que de manera inconsciente, la familia me admita? Y entonces puede verse casi obligada a masculinizarse. Algunos casos podrían elegir ser homosexuales. Si es niño e hijo de reemplazo de una niña, puede plantearse lo siguiente: "me veo casi obligado a feminizarme". En algunos casos podrá elegir ser homosexual. Todo esto dependiendo de la potencia del *mandato*.

Bastón para la vejez y pilar de la familia: Estos son los hijos que tienen las madres al final de su vida fértil, y que son concebidos con la idea de que cuiden a los padres cuando estos sean ancianos. Son personas que no se casan, son los solteros eternos, y si se casan pueden tener muchos problemas con su pareja, y regresan con sus padres a seguir su proyecto sentido. Pueden tener sobrepeso, bajo el supuesto de que el pilar de la familia tiene que estar fuerte.

Mosquetero de la reina: La reina es la madre y el hijo fue *programado* para protegerla, porque el marido no la protege; el marido es violento o está ausente o no hay marido. El hijo está de guardia esperando a que su madre lo llame. En su vida de pareja hay muchos problemas por su "mamitis".

Niño Pegamento: Niño que es concebido para que los padres se casen o no se separen. O se tiene un hijo para reforzar los vínculos familiares. Si ya se tiene un hijo, el niño pegamento llega para que el mayor tenga un hermanito. Es el hijo concebido para crear o mantener vínculos.

Niño Esponja: Estos niños son receptores de todos los problemas emocionales de la familia; en su vida de adultos, cada vez que surge un problema, ellos lo absorben y están al servicio de todos; sólo los tienen en cuenta cuando hay dificultades. Si su madre está triste, ellos están tristes; si la madre está enfadada, ellos están enfadados. En este grupo existen muchos casos de sobrepeso y obesidad.

Niño Síntoma: Es el niño que va a gestionar la problemática particular de la familia a través de una enfermedad, aquí incluimos las enfermedades denominadas genéticas. Cuando vemos un niño de un año con un cáncer, a través de su síntoma, está expresando un problema del clan.

Descubre tu Proyecto Sentido

Es importante describir nuestro proyecto sentido. Este cuestionario está planteado como una entrevista a nuestra propia madre, para descubrirlo.

Previo a la concepción

- ¿Estaban viviendo juntos?, ¿estaban casados? En generaciones anteriores estar embarazada fuera del matrimonio era muy penalizado socialmente y podía marcar tu vida: "Soy hijo del pecado, entonces no merezco vivir ni ganarme bien la vida, ni encontrar una buena pareja".
- ¿Cómo era la relación entre papá y tú?, ¿había conflictos?, ¿de qué tipo? Si tu padre trabajaba mucho y apenas se veían, puedes buscar pareja en donde el hombre esté ausente física o emocionalmente. Si se llevaban mal lo puedes reproducir en tus relaciones de pareja.
- Y económicamente, ¿cómo estaban?, ¿sufrían por dinero? Esto puede *programar* tu relación con el dinero.
- ¿Cómo era la relación con tus padres y suegros?, ¿había conflictos?, ¿de qué tipo? La relación con sus propios padres marcará emocionalmente el am-

biente de tu concepción y los motivos por los cuales te concibieron.
- ¿Tuviste algún aborto a lo largo de tu vida antes de mi nacimiento?

La concepción

- ¿En qué situación fui concebido/a?, ¿cómo era la situación emocional entre papá y tú? Su situación emocional y el motivo por el que se quedaron embarazados, puede marcar tu misión de vida. El para qué te concibieron, ¿lo estás llevando a cabo?, ¿te va bien así?
- ¿Fui un hijo buscado/a?, ¿qué emoción sintió cada uno?, ¿fue de alegría?, ¿miedo?, ¿pensaron abortarme? Estas preguntas marcarán si nos sentimos bienvenidos a la vida o nos sentimos un estorbo y nos cuesta llevar a cabo los proyectos. Cómo te sentías al saber que ibas a traer una nueva vida al mundo, condiciona nuestra relación materna.
- ¿Cómo tomaron los abuelos la noticia de que estabas embarazada? De nuevo el ambiente familiar que rodea a la noticia es clave para saber si éramos bienvenidos.

El embarazo

- ¿Cómo era tu entorno durante el embarazo?, ¿quién te cuidó?, ¿cómo lo viviste? Lo que se decía en su cabeza, serán pensamientos y sensaciones que se nos pueden estar repitiendo sin darnos cuenta.
- ¿Te cuidabas durante el embarazo?, ¿te sentías

querida o abandonada? Su situación emocional y su relación consigo misma, marcará también nuestra relación con ella y con nosotros mismos.

- ¿Había algún pensamiento que te venía mucho a la cabeza?, ¿alguna preocupación?, ¿algún conflicto?, ¿tuviste miedos?, ¿cuáles?
- ¿Querías que fuera niño o niña? Esta es una gran condicionante a veces; si nacemos niña y deseaban un niño, ¿qué suele suceder si se es el primero o si ya han nacido niñas antes? Y si se decepcionan, nos comportaremos todo lo masculinamente posible para poder "pertenecer" al clan, para que nos quieran y nos acepten.
- ¿Qué experiencias positivas y negativas viviste durante el embarazo? Aquí buscaremos si hubo algún drama que pueda estar condicionándonos

El parto

- ¿Cómo fue el proceso del parto?, ¿dónde lo viviste?, ¿con quién?, ¿cómo te trataron?, ¿cómo te sentiste? Estas preguntas son clave para entender cómo nos encontramos nosotros y cómo reaccionamos ante los retos de la vida.
- ¿Dónde estaba papá?, ¿cómo lo vivió él?, ¿te sentiste abandonada, triste, impotente? La vivencia de tu padre marcará tu relación con los apoyos en tu vida.
- ¿Qué sentiste al verme la primera vez?, ¿fui bienvenido/a?

En el curso-taller Nacer de nuevo, empleamos una técnica con hipnosis (un protocolo) en la que vamos al momento de la concepción y revivimos y recordamos lo que pasó en ese tiempo entre nuestros padres, quienes sin darse cuenta nos transmiten mandatos que se quedan grabados a nivel celular y esto lo repetiremos en nuestra vida adulta. Por ejemplo, si tus papás estaban pensando en pobreza, tristeza, no ser amada o amado, no querían tener un hijo, no disfrutaban su sexualidad, etcétera. En este protocolo está integrada la magia de las Caricias Positivas y regrabar los programas que la madre traiga del Árbol Genealógico, y por consecuencia, esto repercute positivamente en el bebé[7].

---

[7] https://www.dianaarbol.org/2015/03/24/el-proyecto-sentido-o-como-nuestra-misi%C3%B3n-de-vida-se-graba-antes-de-nacer/

TERCERA
PARTE

Pequeña Infancia:
de los 0 a los 7 años

El psiquiatra Eric Berne es el genio creador del Análisis Transaccional. Este es, dentro de las teorías psicológicas y humanistas de la conducta individual y social, el más sencillo, rápido y eficaz modelo para el estudio de la personalidad y conocer su estructura (Villatoro Chacón, 1986).

Los estados del "Yo"

Todos en alguna ocasión hemos oído hablar de nuestro *niño interior* y aquí vamos a ver por qué es la parte más importante de nuestra personalidad. Vamos a empezar viendo nuestro retrato así como el hecho de que el cuerpo humano se compone de tres partes: cabeza, tronco y extremidades (anatomía).

Nosotros tenemos también tres partes: Padre, Adulto y Niño (interior). Cabe aclarar que cuando hagamos referencia a los *estados* del "Yo", lo haremos con letras mayúsculas: Padre-Adulto-Niño (interior) y cuando hablemos de personas, lo haremos con letras minúsculas: padre, adulto, niño.

Cuando vas al doctor por alguna enfermedad, generalmente te ordena unos estudios: sonografías, análisis de sangre, radiografías, etcétera. Aquí va a ser igual; van a tener esos estudios; yo voy a presentarles unas "radiografías" de ustedes, su retrato, y cada quien se dará cuenta solito cómo anda. "Van a caer los veintes uno tras otro" (este es el mejor diagnóstico que conozco). Aquí van a aprender a sentirse bien porque lo más importante en la vida es "¡Cómo me siento!". Vamos a empezar a conocer la anatomía y fisiología del "*sentir*".

Para entender esto nos vamos a valer de los Círculos Mágicos. Este soy yo:

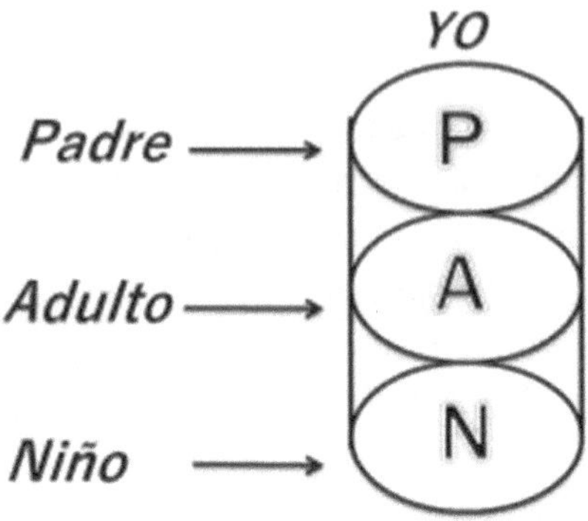

El ser humano está constituido por el "Yo". A la estructura de la personalidad se le denomina: Padre-Adulto-Niño. Tengo una parte de mí que se llama "Padre interior", otra parte de mí que se llama "Adulto Interior" y también tengo otra parte de mí que se llama "Niño Interior". Cada una de estas partes tiene una manera de ser, pensar, sentir y actuar, independientemente de la edad de la persona. Veremos en el siguiente apartado cada una de estas tres etapas.

Estado del "yo": Padre Interior

Aquí está nuestro pasado inconsciente, las creencias. Se relaciona con la imagen que tenemos de papá. Este estado del "Yo" es crítico, poco respetuoso, autoritario, siempre tiene la razón, "aquí se hace lo que yo digo". Siempre están en el pasado: "En mis tiempos, ¡qué esperanzas!". Como ven, es una persona que no respeta, siempre tiene la razón.

— ¿Le gusta cómo me visto?

—Mira nada más qué fachas.

     Víctor Caraveo

—¿Le gusta la música que escucho?

—¿A eso le llamas música?

Es protector, agradable, cariñoso, proveedor, me defiende si alguien trata de agredirme, me protege ante una situación de riesgo. El estado del "Yo" Padre significa: estás ahora en el estado de ánimo en que solía estar tu padre y estás respondiendo como lo haría él; con la misma postura, el mismo vocabulario, ademanes, sentimientos, etcétera.

Cuando yo, Aquí y Ahora, en este momento actúo así, es mi "Padre Interior" o nuestro estado del "Yo" Padre el que está funcionando.

Estado del "Yo": Adulto Interior

Es nuestro presente, nuestra parte consciente que razona, toma decisiones, tiene metas en la vida, etcétera. Es la imagen que tenemos de los adultos. El Adulto significa lo razonado de la vida; hace lo que le conviene. La función del Adulto es dar y recibir información. No siente.

Estado del "Yo" Niño Interior

Aquí está la mente inconsciente que quedó grabada del mundo externo y que se manifestará en un futuro. El Niño es la imagen que tenemos de un niño. ¿Cómo son los niños? Curiosos, juguetones, inquietos. Los niños expresan lo que sienten; son espontáneos, son auténticos, no cuentan mentiras, son mágicos. ¿Quiénes son los que cuentan mentiras? Los adultos.

—No quiero que tu hijito Juanito se vuelva a bañar en nuestra piscina –dijo la señora Gómez a la señora López.

—¿Pero qué ha hecho mi pobre Juanito? –preguntó la señora López.

—Está constantemente orinándose en la piscina –dijo enojada la señora Gómez.

—No seas tan dura con él –respondió la señora López–. ¡Todos los niños de su edad lo hacen!

—Quizá lo hagan –dijo la señora Gómez–, ¡pero no desde el trampolín! (Osho, 2003. pág. 47)

Como dice Wayne W. Dyer: "Los niños a los que tanto admiras por su aptitud para disfrutar de la vida no son criaturas extrañas a ti. Llevas a uno de esos niños en tu interior". La infancia tiene su belleza, no conoce la etiqueta, las maneras. Los niños tienen más desarrollada su intuición. A partir de los siete años vamos perdiendo esa capacidad de ver la *realidad*, vemos y percibimos al mundo de acuerdo a nuestras *programaciones*.

El Yo y el Tú

El Padre, el Adulto y el Niño forman parte de lo que se llama mi mundo interno; es el "Yo". Eso significa que fuera de mí hay otro mundo que es el mundo externo al que se le llama "Tú". Hay un "Yo" y hay un "Tú".

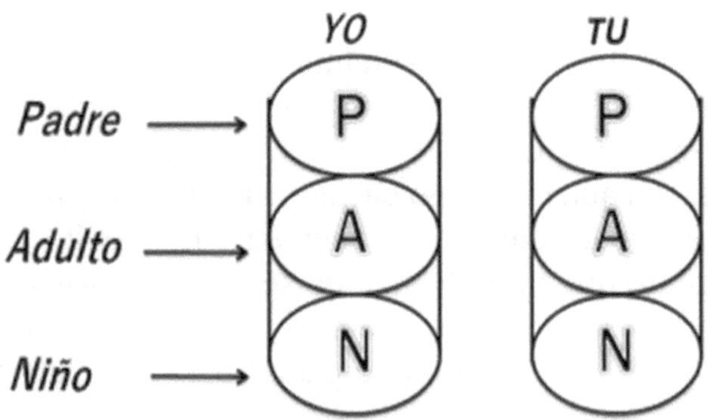

Yo: Es mi Mundo Interior, está dentro de mí. Mi Padre, mi Adulto y mi Niño.

Tú: Es mi Mundo Externo, está fuera de mí: Tu Padre, tu Adulto y tu Niño, de todas las personas que te rodean.

El "Tú" ve y percibe al mundo de acuerdo a los *programas (creencias)* que ha recibido de la familia, sociedad, cultura, etcétera. El "Tú" todo el tiempo está cambiando, lo que pasa es que no nos damos cuenta.

Veo mi verdad de acuerdo a mis *creencias* pero esa no es la *realidad*. La *realidad* es que venimos a este mundo a ser felices. Cambiar al "Tú" es como querer tirar un muro a topes. Al único que puedo cambiar es a mí y mágicamente logro que los demás cambien; no que cambien con todos los demás, ¡pero conmigo sí! Al cambiar yo, cambia mi entorno y me sano yo, y sano las relaciones con los demás.

El Niño

Mi "Niño Interior" tiene cuatro partes: Niño Libre, Niño mágico, Niño programado sumiso y Niño programado opositor.

El Niño Libre: **aquí está el sentir**

Al nacer, el bebé ya viene con una memoria *transgeneracional* y del Proyecto Sentido Gestacional. Esta información viene desde la abuela, pasará a la mamá y ella la proyectará en el bebé durante su infancia, con lo que empezará a estructurarse

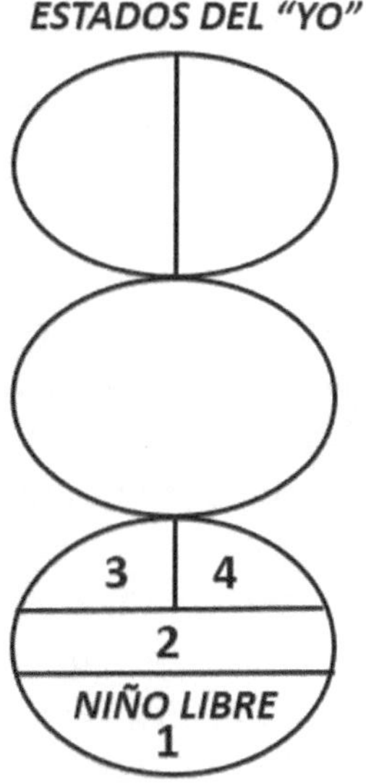

su personalidad. Al nacer no tengo nada de Padre ni nada de Adulto, solo tengo mi Niño Libre, que es la parte más arcaica de nuestro cerebro de supervivencia, donde están los instintos, que son una *programación* genética (se nace con ellas). Es el cerebro más antiguo, la amígdala, es un cerebro instintivo; procesa emociones básicas e instintivas. La emoción más importante que procesa es el miedo. La emoción que más nos afecta en nuestra vida es el "miedo al rechazo". Aquí está el "sentir", que es el estado del "Yo" más importante.

Lo más importante en la vida es el sentir. Veamos: Tengo 30 millones de pesos en el banco y me siento pobre. ¿Qué soy? Pobre. Gano el mínimo y me siento rico. ¿Qué soy? Rico. Tengo 80 años y me siento joven. ¿Qué soy? Joven. Tengo 30 años y me siento viejo. ¿Qué soy? Un viejo. Entonces como ven, no hay nada más importante que el sentir.

Existe un vínculo muy estrecho entre la madre y el niño desde sus primeros contactos en el nacimiento; la madre lo toma entre sus brazos y le da el pecho; aquí el bebé siente el contacto, entonces hay la nutrición afectiva, caricias; es decir que la energía de la toma del pecho es un alimento real y está ligada a la energía del afecto. Un niño necesita alimento real, como también *caricias* que vienen a ser el alimento afectivo. Se ha demostrado científicamente que si a un bebé se le proporciona el alimento necesario pero no recibe alimento afectivo como el amor, las *caricias*, enfermará y morirá; si sobrevive llevará un vacío existencial.

Para esto, imagínense a un bebé de días de nacido; aún no tiene ni Padre ni Adulto. Solo tiene Niño Libre; está en su cunita, véanlo… Y ahora que lo están viendo, díganme: ¿Qué está haciendo ese bebito? Moviendo las manitas, dormido, llorando. Cuando llora, ese bebé tiene un problema, una necesidad que él no puede resolver; entonces necesita de alguien que se lo resuelva, ese alguien del mundo externo.

 Víctor Caraveo

¿Y quién es el "tú" de ese bebé? Mamá, papá, hermanos, tíos, abuelos, etcétera. ¿Quién creen que es la persona más importante de todas ellas? La persona más importante del mundo es mamá, ella es la fuerza más poderosa del universo para ese bebito. ¿Quién es el "Tú" de ese bebito? Mamá. ¿Quién es el mundo externo de ese bebé? Mamá. Como el bebé no sabe hablar, entonces utiliza el lenguaje de los órganos para comunicarse, enviando un mensaje y llora, el cual traducimos en palabras: "Oye mamita, abrázame, acaríciame, tengo hambre, me siento inseguro". Es decir, utiliza su diafragma, su boquita, sus pulmoncitos. Con ese llanto está enviando un mensaje para decir que tiene hambre de caricias y de alimento real. En ese caso, es de las poquísimas veces que mamá va a entender ese lenguaje porque después no entenderá ni madre y entonces ella le da lo que el bebé le está pidiendo sin palabras: un estímulo externo adecuado. Pero, ¿qué quiere decir adecuado? Que es realista en el aquí y ahora; congruente. Me refiero a que le va a dar alimento afectivo al tener contacto con el bebé, así como alimento real con el biberón o el pecho. A través de esos estímulos primarios de mamá, ¿qué es lo que sucede? Pues vean que sencillo: el bebé siente el contacto físico afectivo y de seguridad, y también siente en su boquita algo mágico, agradable… alimento real que en menos de un segundo hará que desaparezca aquel sufrimiento que él sentía. Pero no solo desaparece sino que es sustituido por una sensación muy agradable. Para alimentar al bebé es muy importante que la mamá se sienta protegida, reconocida, apoyada, acompañada, amada; función que desempeña el rol masculino para que ese alimento real y afectivo sea positivo; de ahí la importancia de que la relación de pareja sea sana.

La función o fisiología del Niño Libre es esa parte de mí que va a *"disfrutar de la vida a cada momento"*, plenamente, pase lo que pase; por eso le llamamos Niño Libre "*gozador*". Mi Niño es mi cuerpo, es donde está el sentir, las emociones; el niño expresa lo que siente. Es el estado del "Yo" más importante porque en él está el sentir. Si lo más importante en la vida es el sentir y el sentir está en mi Niño Libre, entonces imagínense qué tan importante será mi Niño. El Niño pide y recibe *Caricias Positivas* o *negativas*; más adelante veremos qué significa eso. Esta parte de mí se va a encargar de que yo disfrute, así como mis pies se encargan de que yo camine o mis ojos se encargan de que yo vea. *"Dime qué clase de Caricias recibiste durante tu infancia y te diré cómo es tu vida"*.

Así pasa con mi Niño Libre; lo tengo y es el encargado de que yo disfrute; pero qué friega con tantos estímulos inadecuados que me enviaron papá, mamá y todas la personas que me rodearon; ah… pero eso sí, ¡con mucho amor! Por eso mi Niño Libre está todo jodido siempre y en estado de confusión, porque no entendemos el lenguaje de los niños que tienen "*pensamiento mágico*". Los niños son inocentes, auténticos, naturales… Esa es su belleza; el espejo no tiene polvo, puede ver con más claridad. Los niños son más realistas, por su magia, nosotros los adultos somos más fantasiosos. Pensamos que ellos, mágicamente van a entender nuestro idioma, y resulta que los equivocados somos nosotros, no ellos. Por eso no entendemos a los niños, y por eso se cometen tantos abusos, ya lo veremos más adelante.

Veamos un ejemplo:

Le dice la niña a su papá: Es que íbamos yo y Carola papá; le contesta el papá:

—íbamos Carola y yo –dice la niña– ¡entonces yo no iba!

Otro ejemplo:

La mamá arregla a Juanito para una fiesta y cuando termina le dice:

—Ahora vete hijito, diviértete… ¡y pórtate bien!

—¡Por favor mamá! –dice Juanito– ¡Antes de que me vaya, decídete por una de las dos! Si dejas que me divierta, entonces no puedo portarme bien. Si quieres que me porte bien, entonces no puedo divertirme (Osho, 2003, pág. 14).

Veamos tres ejemplos para ir detectando a nuestro Niño Libre:

1. A mí me gusta el futbol y estoy viendo en la tele un gran partido: ¡El clásico América vs. Chivas! Ahí estoy feliz y contento. Aquí está mi Niño Libre.

2. Estoy sentado en la mesa y tengo un delicioso platillo que hasta se me hace agua la boca: un filetazo de carne jugosita, con papas fritas, frijolitos, mis tortillas y mis cervezas… ¡Mmm…! Aquí también está mi Niño Libre.

3. Estoy con la mujer que yo quiero: mi esposa, mi novia. ¡Lo máximo del disfrute! "Me gustas mucho mi amor", besos y apapachos. Aquí está mi Niño Libre.

Está claro. Sin embargo, veamos los mismos ejemplos con algunas variaciones:

1. Estoy sentado viendo ese partido de Barcelona vs. Real Madrid y estoy de un aburrido de la chingada: "No sé qué chingados le ven a esos pendejos corriendo tras esa pinche pelota". Y ahora, ¿dónde está mi Niño Libre? ¡Aquí no está!

2. O bien, estoy sentado en la mesa ante ese delicioso platillo de comida y digo: "¡Guácala! No sé cómo puedes comer eso; mira nada más, esto sabe a trapo". Y en este caso, "¿dónde está mi Niño Libre?" Aquí no está.

3. O bien, estoy con mi esposa: "¡Uf! ¡Qué fastidio! Que ni se me acerque esta cabrona; no la soporto". Y hasta me puede pasar que en la cama, ¡nada, nada, nada! Y aquí tampoco está mi Niño Libre, ahí no está… porque no disfruto y mi Niño Libre es el que se va a encargar de que yo disfrute.

Ahora hazte esta pregunta: ¿Qué he hecho con mi Niño Libre?

Es un *Niño Interior* muy lastimado por tantos estímulos negativos de rechazo que recibimos en la Pequeña Infancia; al niño no le queda más remedio que aceptarlo, no puede vivir sin caricias, aunque sean negativas.

Daré un ejemplo relacionado con la bulimia y la obesidad (Sellam, 2010). Una persona dice "acabo de comer" y diez minutos después, siente un vacío afectivo o un sentimiento de inseguridad y abandono, y tiene la necesidad de volver a comer. Aquí hay una falta de alimento afectivo por parte de la mamá durante el periodo de gestación y hasta su primer año de vida, cuando la mamá y el bebé están en una comunión bioenergética muy profunda.

Cuando la persona bulímica quiere comer, debería hacerse la siguiente pregunta: "¿Quién tiene hambre?, ¿yo o mi *niño interior herido*? ¿Soy manipulada por la *programación* que recibí en mi Pequeña Infancia? De manera inconsciente para la persona, al evitar enfrentarse al dolor del conflicto, a la Vivencia Catastrófica (Supervivencia), le es más fácil decir "tengo hambre, voy al refrigerador", que "sufro de una falta de alimento afectivo". Sus padres no pudieron o no supieron transmitirle amor porque a ellos tampoco les transmitieron amor; es el *Niño Interior programado* el que actúa exteriormente de forma compulsiva. Al no tener ese afecto por parte de sus padres, me lo coloco en mi cuerpo. La cantidad de alimento que se ingerirá es proporcional a la falta de alimento afectivo.

Veamos el caso de la anorexia. En los primeros meses del bebé, la mamá puede tener durante el embarazo conflictos emocionales; por ejemplo, imagina que tu mamá está embarazada de ti y a los cinco meses de embarazo ella pierde a su mamá; en ese momento hay un duelo de tristeza y el líquido amniótico que antes estaba cubierto de felicidad y alegría,

Víctor Caraveo

de repente se llena de moléculas de tristeza. Al momento de nacer, tu mamá te va a dar pecho pero está bloqueada en ese duelo de tristeza. El bebé percibe que hay algo sobre el alimento afectivo y a esto le llamamos los malos alimentos afectivos; entonces el bebé no quiere esto pero no puede rechazar esta alimentación; esto lo va a grabar y más tarde se activará el *programa* –probablemente en la adolescencia– y rechazará entonces los alimentos reales.

El niño mágico: grabadora o disco duro

En los libros viene: Pequeño-Profesor; yo le puse *Niño Mágico*. Esta es otra parte de mi Niño aquí en el *Niño Mágico*. Aquí está la Intuición. Yo afirmo esto aunque no puedo probarlo racionalmente. *"El Niño Mágico es una parte de mi cerebro, el sistema límbico, "hipocampo" que se encarga de grabar y procesar las emociones, es como el disco duro de una computadora"*

El *Niño Mágico* (la grabadora) tiene pensamiento mágico. El niño dice: "Yo soy Superman", y mágicamente es Superman. El niño, antes de los siete años, es una verdadera esponja emocional y grabará todo lo relacionado con el medio ambiente en este orden: gestos, actitudes, emociones y por último palabras. Las grabaciones que el bebé trae de Proyecto Sentido, la mamá las reforzará y seguirá recibiendo y grabando miles, millones de estímulos del mundo externo, los cuales ya no serán los adecuados. Imagí-

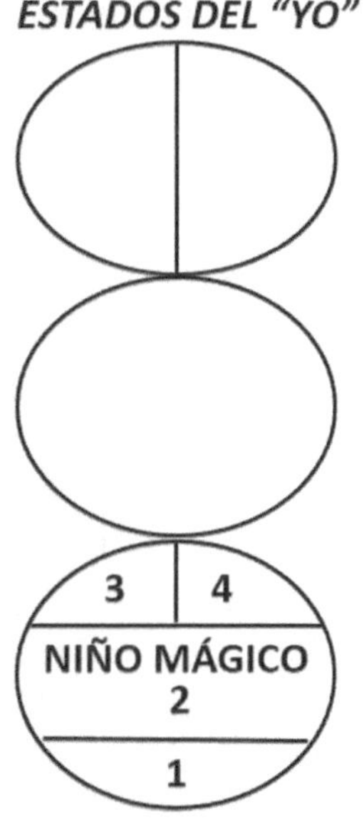

nense a cada segundo un estímulo que dejará una huella, una experiencia que será definitiva en la vida de la persona. *"En esa experiencia se va a basar toda su vida, todo su futuro"*.

Aquí está la magia, en el *Niño Mágico*. Recuerden que la magia es lo desconocido; cuando ya se conoce la magia, ya no es magia. Es así como nos los enseña el *Niño Mágico* de los niños, ¡pero nunca lo entendemos! Todos tenemos algo de magia pero a partir de los siete años esta se va perdiendo. Aunque hay gente a la que se le queda algo mágico: la intuición.

¿Les ha pasado a ustedes que tienen sueños que salieron ciertos?, ¿Sí o no? "Soñé esto", y eso pasa. Por la mañana me acuerdo de alguien que hace mucho no veo y ese día me lo encuentro. ¿Les ha pasado algo así? Aquí está la magia… los presentimientos.

Hay gente que conozco que presiente que se va a sacar una rifa, ¡y le atina! Eso está aquí, en el *Niño Mágico*; es una parte de mi cerebro interno; todo esto está muy bien estudiado; son personas que tienen mucha intuición y dicen: "Va a llover", y llueve. Les preguntas: "¿Cómo sabes que va a llover?", y contestan: "Pues ya se sabe". Aquí está la magia que no es magia; es un estímulo que se queda grabado en el *Niño Mágico* y cuando les llega ese estímulo a través de los sentidos, se les prende el foco y le atinan. Ese es el mecanismo mágico que no es mágico; es un proceso que hay dentro de nuestro cerebro, como una computadora.

Hay otros personajes que tienen una intuición y creatividad, un *Niño Mágico* todavía más potente aunque yo creo que no llegan ni a mil en toda la historia; les llamamos *genios*. Sin duda ustedes conocen algún genio: Shakespeare, Van Gogh, Rafael, Cervantes, Leonardo da Vinci, Miguel Ángel, Albert Einstein, etcétera. Estas personas tienen tres características comunes: se les ocurren cosas que no se nos ocurrirían a nosotros; son tan mágicos que se les entiende muy poco; y se les juzga como locos.

                    Víctor Caraveo

En el mundo del deporte podemos encontrar ejemplos: Michael Phelps, Usain Bolt, Roger Federer. Si los observamos, tienen algo en común, tienen esa magia de los niños; su actitud, su sonrisa… Son carismáticos, no se presionan; son auténticos, etcétera. ¿Cuál es el secreto de estos personajes? La intuición del *Niño Mágico*.

Hay otros individuos que tienen un *Niño Mágico* tan potente, pero tan potente, que si bien a un genio le puedo entender algo, ¡a estos no les puedo entender ni madre! Son los "Iluminados". Son pocos en la historia de la humanidad y entre algunos se cuentan: Jesús de Nazaret el Gigante de Galilea, Buda, Mahoma. Jesús dijo: *"Dejad que los niños se acerquen a mí, porque de ellos será el reino de los cielos"*, reconociendo la magia de los niños.

Es difícil tener una idea clara de lo que es el *Niño Mágico*, pero veamos con imágenes: es como una máquina grabadora o el disco duro de una computadora. Veamos un ejemplo. Imaginemos que tenemos la máquina Grabadora más poderosa del mundo. ¿Y qué hace la máquina cuando hago eso? Graba. Muy bien. ¿Y qué es lo que graba? Mi voz, el ruido de un carro que va pasando. ¿Grabará cualquier sonido? Ustedes me dirán que sí, pero yo les digo que no, porque por aquella pared va subiendo una hormiguita que hace ruido que no captamos ni tampoco la grabadora. Pues para que tengan una idea, el *Niño Mágico* es como esa grabadora, con la diferencia de que él sí captará y grabará el ruido que hace aquella hormiguita que va subiendo por la pared. A ese ruido se llama "estímulos subliminales". Esta grabadora graba a una velocidad espectacular de cuarenta millones de *bits* por segundo, en comparación con el Adulto que graba a cuarenta *bits*, también por segundo. Es decir, el bebé grabará los estímulos de la gente que lo rodea en este orden: gestos, actitudes, emociones y al último las palabras. Ese es el *Niño Mágico*.

Ahora bien: ¿Cuál es el complemento de una máquina grabadora? "El *Cassette*", que es mi *Padre Interior*. Miren, aquí tengo mi *Cassette* que se llama: "Piporro, el Rey del Taconazo". Ahora imaginen que esta cinta es indestructible. Ahora lo pongo en mi grabadora y le voy a oprimir un solo botón: *Play*. ¿Qué voy a escuchar? ¡Al Piporro! Y si lo pongo mañana, ¿qué voy a escuchar? ¡Lo mismo! ¿Y sí lo pongo el año próximo? ¡Pues voy a escuchar lo mismo! ¡No cambia nada! Ahora imaginen que, con solo escuchar esa música, me siento de la chingada; hasta me duele la cabeza. Cada vez que lo escucho, ¡sufro! Imagínense: en la mañana, al medio día, en la noche, ¡toda la vida escuchando a ese cabrón! ¡Y solo tengo un *Cassette*! -Esto lo digo en el ejemplo, porque yo conocí en persona a Eulalio González "Piporro" era un tipo muy carismatico y agradable- A mí no me gusta el Piporro pero, por otro lado, me gusta mucho escuchar a Juan Gabriel, *el Divo de Juárez,* porque me hace disfrutar mucho, pero solo tengo mi *Cassette* del Piporro… ¿Y qué es lo que escucho? Los éxitos del Piporro. Mmm… ¡me lleva la chingada! Entonces, ¿qué puedo hacer?, ¿no escucharlo y renunciar a la música? ¡Pues no! Ah… ¡ya sé! ¡Voy a hacer una regrabación! Mi amigo Luis tiene grabado a Juan Gabriel y entonces le digo: "Luis, préstame tu *Cassette* de Juan Gabriel". Y rápido, en unos cuantos segundos, lo grabo encima de mi cinta y listo. Ahora, aquí en mi *Cassette* dice: "Los últimos éxitos del Piporro". Lo pongo y, ¿qué escucho? ¡A Juan Gabriel! ¿Y cómo me siento? ¡A toda madre! ¡Feliz! Y si lo pongo mañana, ¿qué escucho? A Juan Gabriel ¿Y si lo pongo el año próximo? A Juan Gabriel.

Eso es lo que ustedes van a hacer, sí se atreven: una regrabación.

Pero, hay un pequeño problema: ¿De dónde salió ese *Cassette* del Piporro? En el ejemplo, resulta que ese *Cassette* me lo regaló mi mamá. Ella me dijo: "M'ijito, tanto que he

     Víctor Caraveo

sufrido, tantas hambres que he padecido para sacarte adelante… Sé que pronto me voy a morir pero no quiero morirme sin dejarte este *Cassette* del Piporro para que, cada vez que lo escuches, te acuerdes de mí, tu santa madre. Sé que lo vas a oír". Teniendo en cuenta esto: ¿Me atreveré a hacer la regrabación? (Estas grabaciones no solo son de mi mamá, son de todas las personas que me rodearon en mi Pequeña Infancia). "¡Claro que no! ¿Con eso le pago a mi mami, después de todo lo que ha hecho por mí?". No me atrevo y me autocondeno a escuchar, para siempre, ese *Cassette* que le gustaba tanto a mi mami. ¿Y yo? ¡Me jodo! Pues no, voy a tomarme el riesgo y con mucho miedo voy a regrabar porque –aunque le gustara mucho a mi mamá– quiero y voy a escuchar lo que a mí me gusta. Me pasé toda la vida siendo como me enseñaron por miedo a ser rechazado y todo esto me impidió ser yo, por miedo a que no me quisieran. Hay que regrabar y obtener libertad. Eso es lo que vamos a hacer: una regrabación, y de ahí está el por qué les digo que va a ser una muerte y un "nacer de nuevo".

En resumen, mi *Niño Mágico* es mi Grabadora y mi Padre Interno es mi *Cassette*, es la parte de mi cerebro racional, el neocortex, donde se encuentran mis *programas*, mis creencias.

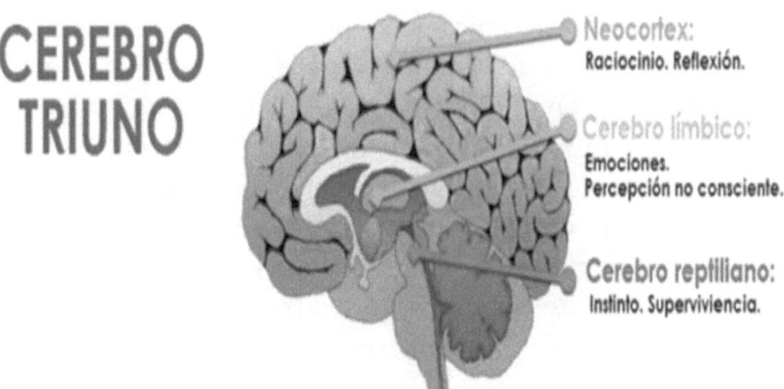

Cuando hablamos de las partes del cerebro, que nadie piense que cada uno funciona por su cuenta; están constantemente intercomunicados.

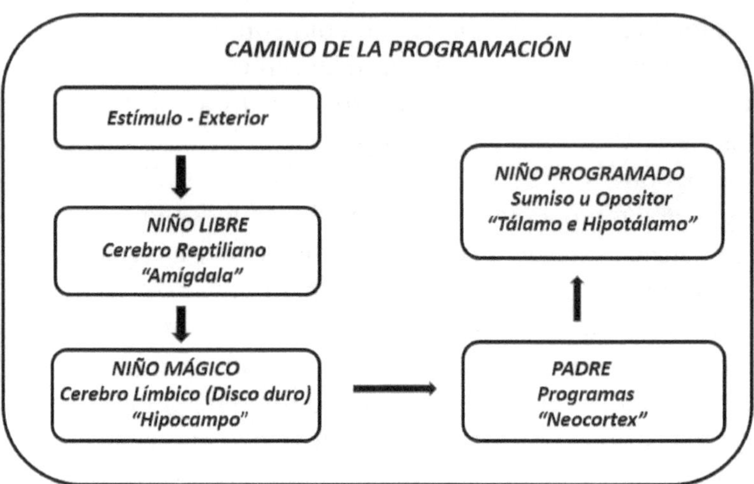

Cuando yo recibo estímulos del mundo exterior, estos llegan a la parte más arcaica de nuestro cerebro reptiliano (la *amígdala*), que está ligada a los sistemas físicos del cuerpo, es decir a nuestro Niño Libre, donde está el sentir: biológicamente, nuestra parte animal. Y luego éste conecta con el Sistema Límbico donde se encuentra el hipocampo, que graba y procesa las emociones como el disco duro de una computadora, es mi *Niño Mágico*, mi parte intuitiva. Este conecta con el neocórtex, cerebro racional cognitivo, *Padre Interior Cassette,* donde están los *programas*, creencias, aquí se encuentra el tálamo e hipotálamo, y estos *programas* se van a expresar al exterior como un reflejo condicionado, con mi Niño *Programado* sumiso u opositor que veremos a continuación.

Víctor Caraveo

Niño *Programado*: Niño sumiso y Niño Opositor.

Los estímulos que vienen del exterior pasan por el Niño Libre donde está el sentir; lo procesa el *Niño Mágico* (grabadora) y lo manda al Padre (*Cassette)* que tiene ya mucha potencia, y dependiendo de las grabaciones que haya ahí, en ese *Cassette*, estos estímulos serán cambiados, distorsionados, y más falsos que una moneda de seis pesos. Sin embargo, siguen su camino y llegan al Niño pero no al Niño Libre sino a otra parte del Niño, al que vamos a llamar Niño Programado, cuya función es sufrir. El Niño Programado seguirá todas las grabaciones que ya se hicieron y seguirá rehaciendo más grabaciones. Aquí está grabado:

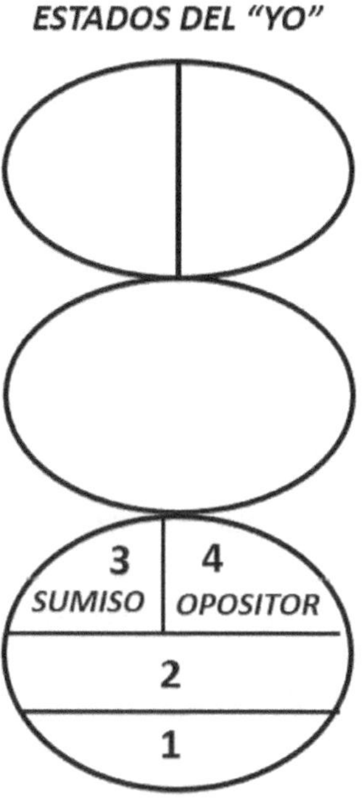

"Parirás con dolor", "No disfrutes", "No seas mujer", "No seas hombre", "Quédate solo", "Sé gordo", "Sé perfecto", "Sé fuerte", "No triunfes", "Trata más", etcétera (todos los *mandatos* que traemos). El Niño Programado puede ser: Niño Programado Sumiso y Niño Programado Opositor.

Niño Sumiso (Obediente)

El Niño Sumiso obedece ciegamente al *programa* o *mandato* y se siente mal. Obedece todo lo que le dice el Padre Interior… el *Cassette*.

Veamos un ejemplo del Niño Sumiso: A mi Niño Libre le gusta el futbol y está viendo un partido en la tele: "Las Águilas del América contra los Pumas de la UNAM". Aquí estoy, sentado en mi sillón, con mis cacahuates, mis cervezas… ¡Mmm…! Como ven, ahí está mi Niño Libre Ok. En ese momento, en mi diálogo interior, mi Padre (*Cassette*) me dice: "Es hora de ir a misa". Pues ya me chingué. ¿Qué hace mi Niño Sumiso? Se va a misa. Es su deber. ¿Y cómo me siento? ¡Mal! Hago un diálogo interno: "¡Me lleva la chingada! ¡Me perdí este juego tan importante!" Y hasta digo sin darme cuenta: "Por tu culpa Diosito estoy sufriendo".

Niño Opositor (Rebelde)

El Niño Opositor se rebela al *mandato*… ¡Y también se siente mal! Hace lo contrario de lo que le dice el Padre Interior. Un ejemplo del Niño Opositor: a mi Niño Libre le gusta mucho el fútbol y está viendo un partido en la tele. Ahí estoy, a toda madre, con mis cacahuates, mis cervezas, ¡mmm…! Como ven, es mi Niño Libre Ok. En ese momento, en mi diálogo interno, mi Padre me dice: "Es hora de ir a misa". Pues también ya me chingué. ¿Qué hace mi Niño Opositor? Dice: "¡Pura chingada, no voy!" ¿Y cómo me siento? ¡Mal! Hago este diálogo interior: "Yo debería estar en misa, no estoy cumpliendo con mi deber; me voy a condenar, me voy a ir al infierno. Diosito me va a castigar".

Como pueden ver en estos dos ejemplos, haga lo que haga, mi Niño Programado está jodido, va a sufrir. La función del Niño Programado, ya sea Sumiso u Opositor, es sufrir. Si fuiste *programado* como Niño Sumiso No-Ok, eres un candidato para ser víctima del *bullying* y a somatizar las enfermedades hacia adentro, porque al niño no le permitieron expresar su ira cuando era pequeño; su mamá lo desvaloriza-

    Víctor Caraveo

ba diciéndole que no servía para nada y lo golpeaba; sentía mucha rabia contra su mamá; aprendió a ser obediente porque desde muy niño, siempre escuchó que expresar su ira era pecado. Nos castigamos a nosotros mismos en la forma en que nos reprimían en la infancia. Si la energía emocional no fluye hacia el exterior, puede causar graves problemas físicos como desórdenes intestinales, problemas con la sexualidad, ciática, dolores de cabeza, dolor de espalda, artritis, asma, ataques cardiacos, cáncer, etcétera. Generalmente, buscará una pareja autoritaria y controladora.

Si fuiste *programado* como Niño Opositor No-Ok, eres candidato para ser el victimario, el que hace *bullying* y se expresa hacia el exterior con violencia. Esto es cuando hay una mamá sobreprotectora No-Ok que no te permitió crecer; eres una persona inmadura emocionalmente. En la edad adulta al presentársele una bronca se pregunta: ¿dónde está mamá? ¡No está! Y para evadirse de la realidad, recurre a las adicciones de cualquier tipo: drogas, alcohol, tranquilizantes, etcétera, o bien a la codependencia emocional: la *mamitis* (adicción a mamá). Buscará una pareja que se parezca a su mamá.

En la época actual hay innumerables sistemas de comunicación como la computadora, el internet, la televisión, los videojuegos, etcétera, que pueden cobrar un precio muy alto. ¿Cuál es el precio que los niños pagan por "disfrutar" de los aparatos que todos conocemos: la televisión, los juegos de video, la computadora, el celular, etcétera? Gracias a la avanzada tecnología, los juegos de video ofrecen un gran realismo en situaciones que presentan violencia extrema, así como explícitos escenarios de juego con contenido sangriento. Uno de los juegos más populares es el de combate, con un gran nivel de actividad estímulo-respuesta, de percepción de violencia y excitación, lo cual crea adicción al juego en los niños. Las escenas de violencia quedan grabadas en el inconsciente del niño con pensamiento mágico, no racional. Antes de los siete años, el niño "graba" lo que ve en los juegos como algo normal; son incapaces de entender la diferencia entre la violencia presentada por el juego y la brutalidad de la vida real. Los niños viven todo lo que ven como si fuera realidad, pues todavía no pueden distinguir entre lo que es ficticio y realidad. La televisión envía también mensajes de mucha violencia y sumisión en la mayoría de los contenidos, víctimas y victimarios del *bullying*. Y si además los Padres se ríen y lo festejan, el niño lo acepta como normal. El inconsciente es *inocente,* no tiene sentido del humor, lo toma todo como cierto. Por esto es importante tener información de cómo es el mecanismo de la *programación* en el pensamiento mágico del niño. La violencia en todas sus manifestaciones se puede combatir teniendo este conocimiento y aplicándolo con la Bío-Regrabación de las *creencias*, la *programación*.

Príncipe o princesa

¡El hecho de haber nacido es un gran triunfo maravilloso!

En el lenguaje infantil de los cuentos, el triunfador es un príncipe feliz que desde luego existía y era un individuo apuesto, guapo, atlético, gallardo, con su espada y su caballo blanco, en un mundo de globos y castillos.

Nacimos siendo triunfadores, bonitos y felices. Al nacer, claro está, empiezan las agresiones; desde la nalgada de la partera o la enfermera. Empiezan las expectativas del tú: mamá, papá, hermanos, abuelos, etcétera; la *programación* que ellos traen de su Árbol Genealógico Familiar, Proyecto Sentido Gestacional y de la Pequeña Infancia. Y entonces empiezan a fregar: "No te zurres", "No te orines", "Límpiate los mocos", "Da las gracias", etcétera. El niño quería andar

     Víctor Caraveo

chorreado, con los mocos, orinado, sucio, pero no lo dejaron: "Sí tú andas así, no te quiero". Comienza a recibir falta de amor. Aquel Príncipe Feliz, aquel chavito contento, sigue estando bonito, pero sufre. ¿Cómo va a hacer para no sufrir? Pues se adapta (Niño Programado). Se Adapta al mundo y a las exigencias del mundo. Retomando el ejemplo: empieza a no zurrarse, a limpiarse los mocos, a dar las gracias, a estar siempre limpio, etcétera.

Se transforma en un Sapo Común (cómodo). Niño Programado. Se transforma en un individuo feo, pero cómodo porque no lo están fregando o aparentemente no sufre. ¿A costa de qué logró eso de ser un sapo cómodo? De renunciar a su belleza, a su libertad; ya no es libre. Aquel Niño Libre que disfrutaba, ya no lo hace. El Niño Libre que disfruta la vida se va al sótano. Imaginamos en el cuento a un sapo panzón al fondo de un pozo, que dice: "Aquí, ¿qué me puede pasar? Aquí estoy seguro. Dicen que allá afuera hay una chancla despanzurrando sapos, pero esa chancla no puede bajar al pozo; aquí no me puede pasar nada. Dicen que allá afuera hay unas montañas muy bonitas, ríos bonitos, muchas flores, un cielo precioso, ¡pero por ahí anda la chancla! (renuncia a disfrutar). Se conforma con un falso bienestar; ve por un agujerito hacia arriba; a veces ve una nube o un rayito de sol, un ave. A veces da un salto y dice: "¡Pero qué preciosidad es esto! ¡De la que me estaba perdiendo! Y ve la chancla que viene; se mete otra vez al pozo. ¡Tiene miedo! Claro que un día sale otra vez y disfruta algo, pero sufre. Un día no ve la chancla que viene y en lugar de meterse al pozo, brinca hacia un lado y nomás oye que hace: ¡Zas! Pero no lo despanzurró. Entonces dice: "¡Ah cañón! Yo sigo viendo esto, ¡qué padre!". Ahí viene la chancla y brinca hacia el otro lado, y se da cuenta que no lo van a despanzurrar; está disfrutando aquello a lo que había renunciado. La persona que hace una re-grabación del "*Cassette*", las *creencias,* se transforma en ese príncipe feliz que la mayor parte del tiempo está en sus *Circuitos positivos.*

El Padre

El Padre provee la escala de valores, la ética, la moral, las buenas costumbres, la religión, etcétera, que pueden ser muy lindas, pero cómo joden. Yo las englobaría en una sola palabra: el deber. Son cosas muy buenas en sí cuando se vive en *Circuitos positivos*, lo que significa vivir en libertad, sin juegos de fanatismo; porque si andamos en *Circuitos negativos* entonces sí hacen mucho daño; por eso digo que cómo joden.

En mi Padre están todas esas cosas que sentían o temían las personas que me rodeaban desde que nací; y me están diciendo lo que tengo qué hacer, so pena de dejar de ser amado. Eso nos quita libertad y autenticidad. Pero ellas son ellas, y yo soy yo.

Lo que generalmente sucede es que los estímulos ya no llegan a mi Niño Libre, que es el que siente la vida; se van directo al Padre (*Cassette)* que los analiza y dependiendo de lo que tenga grabado el Padre, así va a ser mi vida. El Padre envía esos estímulos al Niño Sumiso u Opositor, pero los envía falsos, *programados*.

El Adulto

El Adulto es el más joven de todos los Estados del "yo", es el último en aparecer y aparece más o menos a los siete años de edad, aproximadamente. Antes de los siete años, no hay Adulto, hay puro "pensamiento mágico". En el Adulto está

                    Víctor Caraveo

el "pensar". Es maduro, de amplio criterio, etcétera; se le llama "convenenciero". La función del Adulto es hacer lo que le conviene, no lo que le ordena el Padre; es como una computadora que solo da y recibe información: "No siente, solo piensa; es racional, está en el Aquí y Ahora; ve la verdad, pero no ve la realidad".

Veamos con imágenes cómo funciona el Adulto. Imagínenlo como una máquina calculadora; yo quiero saber a cuánto equivalen 1 mil 500 pesos en dólares; tomo la calculadora, hago la operación y listo… Ahí está el resultado, rápido y exacto. La respuesta de la máquina es exacta, inmediata, y está aquí y ahora. A través de ese intercambio de información, yo puedo tomar una decisión y hacer lo que me conviene.

De aquí deducimos que nuestro estado del "Yo Adulto" no siente. Y como mi Adulto no siente, ¿qué pasa conmigo si Juan me raya la madre y yo meto a mi Adulto? Nada… Mi Adulto no siente. A esto se le llama "Procesos Automáticos". Esto sucede cuando la persona anda en los *Circuitos positivos*. Pero si mi Padre contamina a mi Adulto en mis diálogos internos como: "¿Vas a dejar que este cabrón te raye la madre?, ¿y tú orgullo?, ¿y tú dignidad? ¡Van a decir que eres un rajado! ¡Anda, agárralo a chingadazos!" Esto se llama contaminación del Padre sobre el Adulto. ¿Y qué sucede después? Pues que lo agarro a chingazos a aquel cabrón y luego él me manda a la cárcel, acusado de lesiones. O bien, él me golpea y me manda al hospital. ¿Conviene eso? No. Pero nunca hago lo que me conviene porque el Padre está más grandote que el Adulto, tiene siete años más. Cuando aprenda a utilizar mi Adulto obtendré mi libertad y funcionará mi Niño Libre. Pero ahora quiero hacer lo que me conviene y mi Padre no me deja por tanta norma; las buenas costumbres, la moral, la ética, la tradición, el honor.

La bio-computadora

Vamos a hacer una breve descripción del funcionamiento de una computadora. Este sencillo esquema nos permitirá comparar nuestro mundo externo del *hardware* y el *software*, con el funcionamiento interno sistema operativo de nuestras *programaciones* y *creencias*. Las similitudes son muy reveladoras.

Las computadoras necesitan solamente tres cosas para que sean útiles. Independientemente de lo complicadas que sean, necesitan para funcionar de un *hardware*, un sistema operativo, y un *software*.

Cuando escribimos un comando en el teclado hardware, estos comandos "estímulos" pasan primero por mi cerebro arcaico de supervivencia, mi Niño Libre; y luego pasan al sistema operativo que es el encargado de procesar las emociones, "Niño Mágico".

El sistema operativo interactúa con el software que son los programas como el *Word, Excel, PowerPoint*; estos van a ser ejecutados por el "CD", programas, creencias, al mundo exterior, con el Niño Sumiso u Opositor.

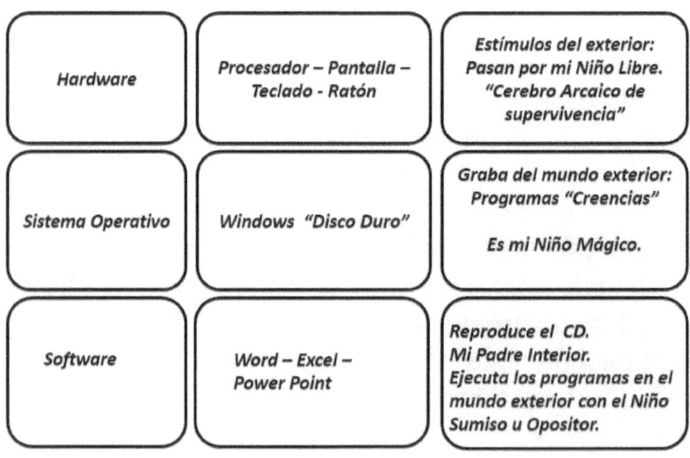

Víctor Caraveo

Cuando deseamos que nuestra computadora haga algo distinto, no cambiamos el sistema operativo, cambiamos nuestros comandos, es decir nuestras creencias. Hacer una Re-Grabación de estos *programas* que nos impiden ser nosotros mismos.

Para cambiar nuestra programación, primero "Darme Cuenta" y tomar conciencia para luego cambiar los programas (Creencias).

Resumen de los Estados del 'yo'

- Primero, apareció mi parte primitiva, mi parte instintiva, mi parte animal, mi Niño Libre.
- Luego, apareció mi pensamiento mágico, mi parte instintiva, mi Niño Mágico (Grabadora).
- En tercer lugar, viene mi Padre que empieza a aparecer; es el *Cassette*. Aquí están todas las *programaciones*; mi Padre Interior intercepta los estímulos que llegan del exterior y los manda distorsionados a una parte de mi Niño, que es mi Niño Programado y que puede ser Sumiso u Opositor.
- En cuarto, aparece mi Adulto, a los siete años aproximadamente.

Empezamos viendo que tenemos tres partes internas: Padre-Adulto-Niño.

Padre: Da *Caricias Positivas* y *negativas*.
     Aquí están las *programaciones*.
     Siempre está en el pasado.
     Es el *Cassette*.

Adulto: Da y recibe información.

Ve su verdad *–creencias–* pero no ve la realidad.

No siente. Es racional.

Aquí está la parte consciente, el pensar.

Hace lo que le conviene.

Niño: Pide y recibe *Caricias Positivas* y *negativas*.

Aquí está la magia.

Aquí está el sentir.

Es mi cuerpo (las emociones).

A su vez producen siete Estados del "Yo".

1. Niño Libre
2. Niño Mágico
3. Niño Programado Opositor
4. Niño Programado Sumiso
5. Padre Crítico

6. Padre Protector
7. Adulto

Veamos si quedó claro todo esto. Sí yo cuento un chiste, ¿qué estado del "yo" está funcionando en ese momento en mí? Mi Niño Libre. Ahora, independientemente de que el chiste sea bueno o malo, si Juan se ríe del chiste, ¿qué estado del "yo" está apareciendo en Juan? Su Niño Libre. Conté el mismo chiste y Carlos dice: "¡Uf, que chiste tan sangrón!". ¿Qué estado del "yo" está apareciendo en Carlos? El Padre Crítico No-Ok.

En el ejemplo, vemos que Juan tiene un Niño Libre muy fluido. Su Niño Libre es sensible y aparece ante cualquier estímulo; por tanto, Juan disfruta mucho de la vida pero Carlos no, él tiene un Niño Libre muy bloqueado; no disfrutó el chiste, está deprimido, con insomnio; tiene impotencia sexual; es celoso, es competitivo, es envidioso, es drogadicto, etcétera, y por eso no disfruta ni madre de la vida.

Sin embargo, el Niño Libre de Juan y el Niño Libre de Carlos, son iguales; lo que pasa es que el Niño Libre de Carlos está bloqueado, no funciona. El día que Carlos se desbloquee se va a reír del chiste, se le van a quitar sus malestares y va a disfrutar de la vida.

Veamos otro ejemplo: Yo le digo a Claudia: ¡Ve nada más qué espantoso vestido! ¿Qué no te da vergüenza? ¿Qué estado del "yo" utilicé? El Padre Crítico negativo No-Ok.

Resulta que antes de esa Transacción con Claudia, ella me quería hasta la luna; ahora, después de esa transacción, ¿hasta dónde me quiere? ¡Pues hasta el suelo! Recordemos que los niños si pueden medir el amor: "Te quiero de aquí hasta el sol", "Te quiero de aquí hasta la luna", y nosotros los adultos a partir de los siete años vamos perdiendo esa capacidad esa magia. Entonces, como yo no respeté a Claudia, ella me insultó, etcétera. Y yo me siento mal, y le digo:

"Oye, si yo te lo digo por tu bien… deberías agradecerme… no me respetas…". Pero esto lo digo para no darme cuenta de que el que no respeta soy yo y con eso la estoy invitando a que no me quiera. ¡Claro que nunca hacemos eso! Y estoy hablando de Claudia, mi amiga, mi hermana, mi jefa, mi empleada, mi hija, mi mamá, mi pareja… Ahora le digo a Claudia, eres una mujer muy agradable y bonita –tocando el hombro de ella.

¿Qué estado del "yo" estoy utilizando? El Padre Protector positivo Ok. Y Claudia, que me quería hasta la luna, ¿hasta dónde me quiere ahora? Hasta el sol… Como ven, yo soy responsable de que no me quiera y yo soy responsable de que sí me quiera.

Veamos otro ejemplo:

—Silvia, ¿qué hora es?

—Son las 4:30 pm.

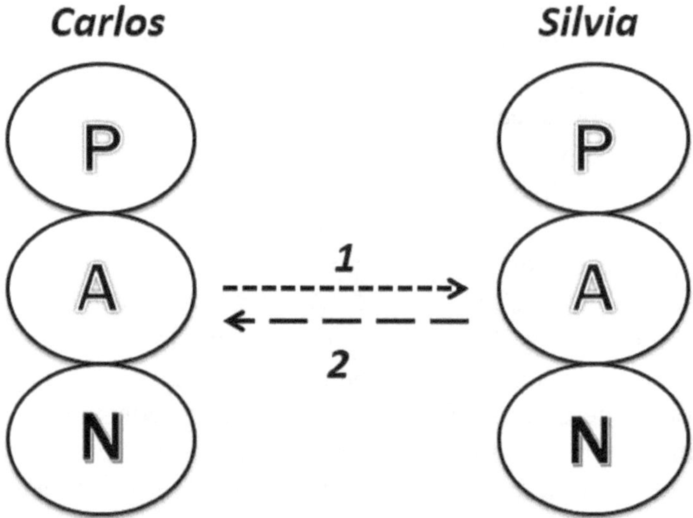

Transacción paralela

Aquí la transacción fue de Adulto a Adulto. Pregunta el Adulto de Carlos: "¿Qué hora es?" y el Adulto de Silvia responde: "Son las 4:30 pm". Como ven, fue lo que llamamos "una Transacción complementaria, paralela y cerrada". La pregunta fue del Adulto de Carlos (1) al Adulto de Silvia (2). Transacción paralela. ¿Cuánto duró la Transacción? Dos segundos. Se cerró: Ya es pasado y a otra cosa.

Ahora vamos a ver cómo contestaría el Padre Crítico No-Ok de Silvia:

—Silvia, ¿qué hora es?

—¿Y para qué quieres saber?, ¿qué tienes mucha prisa?, ¿pues a dónde vas? ¡Pídemelo por favor! ¡Cómprate un reloj! (Aquí ya hay bronca). Mi Niño se siente mal.

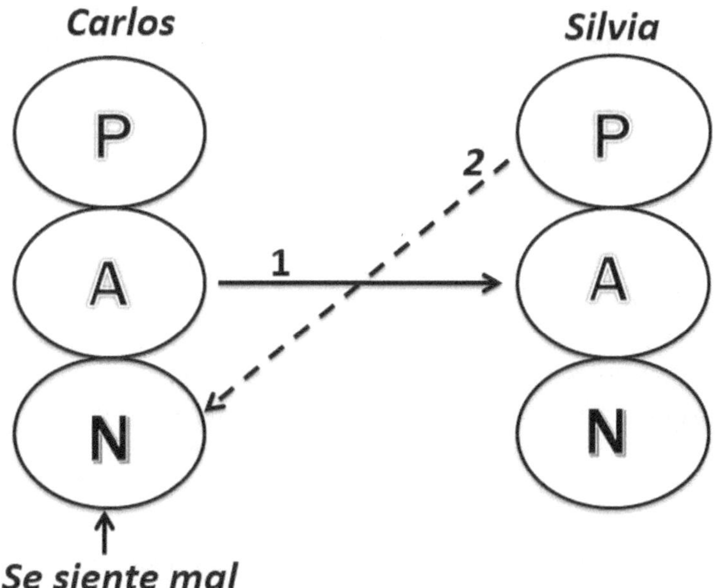

Transacción cruzada

Aquí la Transacción fue cruzada porque el Adulto de Carlos le preguntó al Adulto de Silvia (1), y el Padre Crítico de Silvia le contestó al Niño de Carlos (2). Carlos le pregunta una cosa y Silvia responde con otra diferente. Es una transacción cruzada y aquí empiezan los problemas.

El 95 por ciento de las transacciones que hacemos son cruzadas y solo el cinco por ciento son paralelas, complementarias y cerradas. Desgraciadamente eso es lo que hacemos y no nos damos cuenta, por eso estamos siempre encabronados y nos salimos tan fácilmente de la realidad, porque nos sentimos confundidos.

Ahora veamos un ejemplo de cómo se van grabando estos Estados del Yo. Un niño de seis años, no tiene Adulto ni pensamiento racional, pero a tiene su Niño Mágico (la grabadora) captando. Resulta que ese niño de seis años se subió a una escalera que dejaron los albañiles en el patio de la casa; luego se cayó y en la caída se hizo una cortada en su bracito y le está saliendo sangre. Díganme, ¿qué está sintiendo? Quedamos en que el sentir es lo más importante. Pedro dijo dolor, Juan dijo miedo. Pedro contestó con su Adulto. Lógicamente siente dolor, pero Juan no contestó con su Adulto, contestó con su Niño Mágico. Y yo les pregunto: ¿qué es lo que más siente el niño?, ¿lo que dijo el Adulto o lo que dijo su Niño? ¿Dolor o Miedo? ¡Miedo! Tuvo razón lo que dijo Juan con su Niño así como lo que dijo Pedro con su Adulto, pero esos Pensamientos Mágicos casi nunca los tomamos en cuenta y ese es el problema: ¡Claro que siente miedo! ¿A qué le tiene miedo, a que lo vayan a regañar? No, él tiene miedo a morir. ¡Pues qué pendejo! ¿Verdad? ¿Qué les pasa a ustedes si se les sale toda la sangre? Se mueren. Entonces, ¿él tiene razón o no tiene razón? El miedo al que se refería Juan se llama Vivencia Catastrófica, Supervivencia. ¿Y qué es una Vivencia Catastrófica? Quiere decir que para él, la muerte ya está ahí, es inminente, se va a morir. El niño solo ve que se le está saliendo la sangre; siente miedo y piensa que se va a morir; él no tiene Adulto y mágicamente piensa que se va a morir. ¿Y qué necesita para no morir? Él, para no morirse, necesita que le hagan caso: "Si me hacen caso, no me muero" y como él no puede resolver esa bronca, necesita que alguien se la resuelva; y como esto sucedió en la casa, pues va corriendo con su mamá: "Mami, mami, me caí". Y mamá que lo quiere mucho, que lo entiende, le dice: "¡Híjole! Mi hijito está sufriendo, no quiero que sufra". Pero la mayoría de las veces, dice lo siguiente: "¡Te dije que si te subías a esa escalera te ibas a caer! —Y hasta le refuerza— ¡Me alegro que te haya pasado eso, para que aprendas!". Ya lo mandó a la chingada, ¡pero sí le hizo caso!, pero con agresión. "Como pueden ver, en este caso su mamá le contestó con su Padre Crítico No-Ok".

La mamá, al ver a su hijo sufrir, sufre porque lo quiere mucho; entonces le dice eso para que aprenda; pero al niño no recibe esto diciendo lo siguiente en su diálogo interno: "Qué linda mi mamá, me está regañando para que no me suba a la escalera y ya no me corte, ¡que hermosa!". No, él va a tener el siguiente diálogo interno: "Cada vez que desobedezca a mi mamá, me voy a morir" o "Cada vez que te acerques, te van a mandar a la chingada, te van a rechazar". Y eso ya se quedó grabado para siempre ahí y va a ser un individuo que no logrará nunca sus metas; es un perdedor de poca madre porque no tiene permiso de enfrentarse a la vida, porque cada vez que se acerque al "tú", se va a reactivar su *mandato*: "Te van a mandar a la chingada", y para ello se droga, se alcoholiza, etcétera. Es un introvertido, un desconfiado, un solitario, huraño, etcétera, y en realidad no era la mula arisca, así la hicieron.

Ahora veamos a otro niño de seis años que va con mamá para que le ayude a abrocharse los zapatos porque él todavía no puede; y mamá, que es muy linda, muy querendona y tiene un corazoncito de oro le dice: "Ahorita no, mi rey, mi Príncipe Azul; no tengo tiempo, debo preparar la comida porque no tarda en llegar tu papá. Mira, ahí viene ya papi y él tiene que comer pronto para irse a su trabajo, y no puede llegar tarde porque le descuentan un día de sueldo…" y bla, bla, bla… ¡Un chingo de información a alguien que no tiene Adulto! Entonces el niño, como en el otro caso, va y se sube a la escalera que dejaron los albañiles en el patio; se cae y se corta su bracito; tiene su Vivencia Catastrófica y sale corriendo con su mamá. ¿Y qué va a hacer esta mamá tan linda? Pues deja de servirle la comida a su esposo y sale corriendo con su hijo: "Véngase mi rey —un besito—. Sana, sana, colita de rana". Y nosotros, decimos: "¡Qué linda mamá! ¡Cómo quiere a su hijo!" Pues también esta mamá ya lo mandó a la chingada, y peor que la primera porque el niño en su diálogo interno dice: "Ahorita que vine a que me ayudara a abrocharme mis tenis ni me hizo caso, pero ahora que vengo cortado, todo jodido, sí me hace caso. Como pueden ver, en este caso, mamá le contestó con su Padre Protector No-Ok. Ese niño entiende que para que le hagan caso hay que estar jodido, fracasar en todo, meterse a la droga, enfermarse, etcétera. Entonces este niño va a aprender que tiene que estar jodido para que le hagan caso y así irá por la vida. Estos niños de todo se enferman, les da un aire colado y ya tienen bronconeumonía; andan en bicicleta, se caen y se quiebran una pierna. Tienen la necesidad de estar jodido para que le hagan caso. En los dos casos, estas mamás mandaron a la chingada a su hijo; las dos mamás le hicieron caso, pero muy mal; una con el Padre Crítico No-Ok y la otra con el Padre Protector No-Ok. Se la llama Salvador. Esto se debe a la Bipolaridad que veremos más adelante.

Si un niño de seis años se corta su manita, llora, va con su mamá, le hace caso, lo protege, le da besos, apapachos y le dice que lo quiere, el niño se va corriendo a jugar. Vean la importancia de que las mamás tengan este conocimiento del pensamiento mágico del niño (los niños no entienden el pensamiento racional de los adultos).

La Bipolaridad: polos opuestos se atraen, polos iguales se repelen

Existe una bipolaridad entre los Estados del "yo". Podemos estar en Circuitos Positivos Ok o en Circuitos Negativos No-Ok.

Todo en nuestro universo es polaridad: Masculino/ Femenino, Luz/Oscuridad, Día/Noche, Bien/Mal, Arriba/ Abajo, Amor/Odio, Enfermedad/Salud. Los polos opuestos se atraen, los polos iguales se repelen.

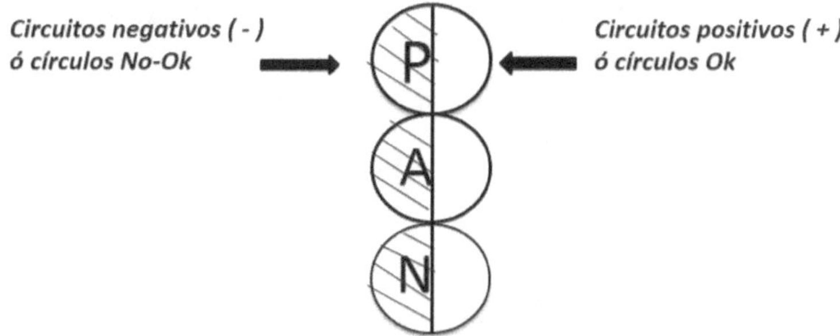

Por ejemplo, dos personas sumisas se repelen, mientras que cuando víctima y victimario se encuentran, se atraen. Todo esto es Inconsciente. Algunas veces vemos a una pareja y nos preguntamos: ¿Qué se habrán visto? Nos atraemos por polaridades; el sumiso con el opositor, el que tiene exceso de Niño Libre con el que tiene exceso de *Adulto,* y entonces se producen situaciones de codependencia. Dependo de la energía del otro.

En esa polaridad estamos todos nosotros; todos tenemos un lado positivo y otro negativo. Por un lado tenemos los *Circuitos positivos Ok* y por el otro los *Circuitos negativos No-Ok*.

En los Circuitos Negativos No-Ok están:
- La incapacidad de sentir amor hacia sí mismo y hacia los demás
- La enfermedad
- El fracaso

En los Circuitos Positivos Ok están:
- La capacidad de sentir amor hacia sí mismo y por tanto hacia los demás
- La salud, ausencia de enfermedad
- El éxito

En base a este concepto de Bipolaridad, todos los *Estados* del "yo" tienen un polo positivo y uno negativo.

Daré un ejemplo. A mi Niño Libre, pues le gusta mucho echarse sus cervezas. Son las dos de la tarde y de pronto me encuentro a Juan:

—¿Qué tal Juan?

—¿Qué tal Javier? Te invito a tomarnos unas cervecitas; aquí cerca hay un bar donde sirven muy buena botana.

—¡Salud Juan!

—¡Salud Javier!

¿Quiénes están ahí? Los Niños Libres Ok. Pero resulta que ya son las seis de la tarde y ahí estamos todavía:

—Hip, ¡salud, Juan! Hip, ja ja.

—Hip, ¡salud Javier! Hip, ja ja. ¡Échate la otra!

Ni él fue a su clase de inglés ni yo fui a recoger a mi hijo al club deportivo. ¿Ahora quiénes están ahí? Los Niños Libres No-Ok. Y empieza la competencia.

—¡Tu carro vale madre! ¡Mi carro es más rápido que el tuyo!

—El tuyo… hip… ¡vale pura chingada! Hip.

—¡Pues vamos a la carretera, pendejo! ¡A ver cómo nos toca! Hip…

Nos vamos a la carretera y… ¿dónde terminamos? Esto es un falso disfrute porque en realidad los dos están bien jodidos al utilizar la mayoría de las veces a mi Niño Libre No-Ok.

La magia de las Caricias

Las "Caricias" son estímulos que necesitamos los seres humanos para poder vivir, y son tan importantes como el aire, el agua, el alimento. ¿Qué nos pasa sin estos tres elementos? Nos morimos. Es la primera de las herramientas que vamos a aprender para resolver nuestras broncas, la más importante de todas, algunos le llaman "varita mágica" (Villatoro Chacón, 1986). La verdadera magia está en lo que son las *Caricias Positivas*. Dichas caricias mandan un mensaje subliminal inconsciente: "Te quiero". Aquí está la gran magia. Es un mensaje subliminal porque la persona puede no percibir el mensaje de forma consciente, pero sí de forma inconsciente.

Las *Caricias Positivas* son Transacciones que van siempre del Padre al Niño. Del "Padre" de la persona que genera la caricia, al Niño de la persona a la que va dirigida la caricia. Recuerden que el Niño es el cuerpo, el estado físico donde están las emociones.

Hay dos tipos de caricias: *Caricias Positivas* y Caricias negativas. Dime qué tipo de caricias recibiste en tu infancia y te diré cómo es tu vida. ¿Cómo funcionan las caricias? Siempre que doy una caricia al "tú", esta pasa primero por mi propio Niño; o sea, si doy cuatro *Caricias Positivas* al "tú", le estoy dando cuatro *Caricias Positivas* a mi Niño. De igual forma, si doy cuatro *Caricias negativas* al "tú", le estoy dando cuatro *Caricias negativas* a mi Niño. Un "te quiero" al "tú" es un "te quiero" a mi Niño. Al dar la *Caricia Positiva* al "tú" me estoy enfrentando a la Vivencia Catastrófica, al rechazo (supervivencia).

Caricias Positivas

Las *Caricias Positivas* nos llevan siempre y nos mantienen en los *Circuitos positivos OK*, donde está el amor, la salud y el éxito. Dicen las estadísticas que nosotros los seres humanos, si mucho damos un diez por ciento de *Caricias Positivas*. ¿Por qué? Porque mamá, papá, hermanos, tíos, abuelos, etcétera, me quisieron mucho pero no supieron transmitírmelo, así como los niños que se subieron a la escalera en un ejemplo anterior, ellos querían amor, pero sus mamás que los querían mucho les transmitieron puro rechazo.

Las características de las *Caricias Positivas* son las siguientes:
1. Son altamente valorizantes.
2. Son realistas.
3. Son incondicionales.
4. Se dan aunque no se sientan.

Veamos qué significa esto:
1. Son muy valorizantes; esto quiere decir que yo estoy valorizando al *Niño Interior* del "tú", al que le estoy dando la caricia. Son congruentes. Y si se da la *Caricia Positiva* con emoción, adquiere más potencia.
2. Son realistas; esto quiere decir que están aquí y ahora, en la realidad; no están en el pasado ni en el futuro.

3. Son incondicionales; quiere decir que no espero nada de la respuesta del Niño al que se la di. Para que la caricia sea positiva, a mí no me importa cómo se sienta el Niño de la persona a la que le estoy dando la caricia; me vale, porque yo soy libre. Aquí van a batallar a lo pendejo, ya lo verán.

4. Se dan aunque no se sientan; me tomo el riesgo de darlas aunque el *Cassette* me diga que soy un hipócrita. Estoy hablando del riesgo de sentirme que me digan que soy un farsante. Aquí también van a batallar, pero no tanto.

Cuando escuché esto por primera vez, me pareció ridículo, hipócrita, cursi y además anticientífico, y me hacía la siguiente pregunta: ¿A poco con andar diciendo esto a la gente, me voy a curar de mi migraña, del insomnio, del cáncer, las fobias, las alergias, la obesidad, la frigidez, la inseguridad, las hemorroides, la colitis, la gastritis, la drogadicción, etcétera? Esta es la magia y no la confundan con cariñitos, no; es otra cosa muy distinta.

De cualquier manera, la *Caricia Positiva* es una manifestación de amor; en la *Caricia Positiva* hay un pensamiento, una intención, un estímulo subliminal inconsciente; hay un "te quiero", un "te amo". Por ejemplo: Soy Carlos y le digo a Silvia: "Me gustan mucho tus ojos", aunque no me gusten nada. Silvia podría haberme dicho: "Gracias, favor que me haces. A mí también me gustan mucho tus ojos, Carlos". O podría haberme dicho: "¡A echarle los perros a su abuela!". Pero eso en realidad a mí no me importa tanto lo que me diga, porque yo me siento muy bien de darle una *Caricia Positiva*. Y mucho ojo con esto que les estoy diciendo, es muy importante: Me siento bien por eso que hice, esa es la mejor señal de que mi *Caricia Positiva* hacia ella fue positiva, porque fue altamente valorizante, realista e incondicional. Cuando le di la *Caricia Positiva* le envié un "te quiero" a Silvia. Vamos a explorar más profundamente qué sucedió entre Carlos y Silvia a través de los círculos mágicos.

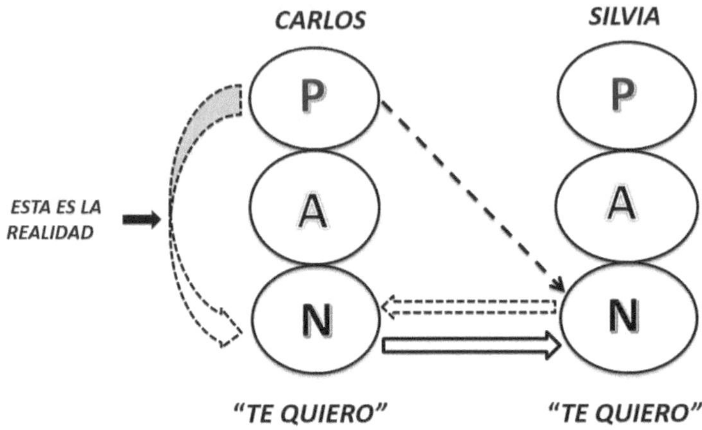

Carlos desde su Padre le da una *Caricia Positiva* a Silvia a través de un "te quiero". Pero en el Egograma están viendo dos "te quiero". Entonces, ¿qué fue lo que sucedió? En realidad, cada vez que yo doy una *Caricia Positiva* al "tú", esta caricia pasa primero por mi Niño y me llega como un "te quiero" a mí mismo, y luego la caricia se va a la persona a la que se la estoy dando Silvia, le llega como un "te quiero", y luego se regresa a mi Niño.

Al dar la *Caricia Positiva* a Silvia, me enfrento al rechazo del "tú" y me convierto en ese niño inocente que fue víctima de millones de rechazos; me enfrento de nuevo a los rechazos que recibí y grabé durante mi Pequeña Infancia, la Vivencia Catastrófica de Supervivencia. Para mi inconsciente es enfrentarse a la muerte. Yo como adulto no me doy cuenta de ese miedo, pero mi inconsciente sí que se da cuenta y se reactiva el *programa* del rechazo que recibí cuando era

                                    Víctor Caraveo

un niño. Es un reflejo condicionado. ¡No se puede curar lo que no se puede sentir! Aquí está la magia. Cuando vayas a dar la *Caricia Positiva*, pregúntale a tu *Niño Interior* qué es lo que necesita; cuál es su carencia. De esa manera la caricia lleva más potencia, emoción y amor. *Así estás tomando en cuenta a tu Niño Herido y estás llenando el vacío afectivo".*

Veamos algunos ejemplos de terapia grupal. Le pido a Laura que le dé una *Caricia Positiva* a Claudia y ella dice: "Claudia, qué bonitos ojos tienes". Esa no es una *Caricia Positiva*. Laura le informó a Claudia que tiene muy bonitos ojos; es una información, una transacción de Adulto a Adulto, es Consciente. La caricia debe ir dirigida del "Padre" de la persona que la da, al Niño de quien la recibe. Recuerden que el Niño Libre es el cuerpo donde están las emociones (mi inconsciente). Es necesario decir: "Me gustan mucho tus ojos", porque al decirlo de esta manera me estoy haciendo responsable de lo que estoy diciéndole al "tú". Me estoy tomando un riesgo y el riesgo que existe es este: que me manden a la chingada.

A ver Laura, hazlo de nuevo y Laura dice: "Claudia, me gustan mucho tus ojos". Pero cuando lo dijo estaba volteando a ver a Luis; eso se interpreta como una descalificación y en este caso se está descalificando al Niño de Claudia. Y como la *Caricia Positiva* pasa primero por mi Niño, antes de llegar al Niño de la otra persona, en este caso estás descalificando primero a tu Niño y después al Niño de Claudia. De nuevo: "A ver Laura, dale una *Caricia Positiva* a Claudia". Y Laura dice: "Claudia, me gustan mucho tus ojos". Y yo pregunto: Muy bien, ¿cómo te sientes? Laura dice: "Muy bien".

Veamos otro ejemplo. A ver Pedro, dale una *Caricia Positiva* a Juan (parece que Pedro tiene cinco poderosas razones para no hacerlo; o mejor dicho, "mi Niño tiene mucho miedo". ¿Miedo de qué? De darle una *Caricia Positiva* a Juan porque también es hombre. Yo le digo a Pedro: "Me gustan mucho tus ojos". Yo sí acepto que me pueden gustar los ojos de los hombres. No hay problema de que digan que soy homosexual. Cuando se está en *Circuitos positivos*, lo que transmite la caricia es una valorización al "tú", es con el inconsciente y se transmite un "te quiero". Dando la caricia me enfrento al rechazo (Vivencia Catastrófica), mi *Niño Herido* recibe la *Caricia Positiva*, se va sanando y regrabando. Al dar la caricia me siento un poco mejor, porque lo más importante es el sentir, no el pensar. La ganancia es muy grande, ahora que di esa *Caricia Positiva* ya me quiero un poco más, subió mi auto-amor. ¿Qué pasa si sigo dando caricias a toda la gente? Sube mi autoestima, mi auto amor... Y conforme sube, ¿me sentiré igual que cuando no daba caricias? ¡Para nada! Ahora siento que me quiero mucho, con un Niño Libre a toda madre. *"Dije siento, no pienso"*.

Dando *Caricias Positivas* grabé a Juan Gabriel sobre Piporro; ya soy libre de los *programas* grabados en el *Cassette,* ya soy libre de mí mismo y del "tú". Si ya me quiero tanto, desaparece la colitis, gastritis, depresión, dolor de cabeza, etcétera, porque ya me siento bien. Si me la pasaba de bronca con mi pareja y mis hijos, ¿seguiré de bronca con ellos? Pues no, porque ya me siento bien. Si ya me amo yo mismo, amo a todo el mundo; no se puede dar lo que no se tiene; yo no puedo transmitir amor si no tengo amor. *"Cuando ya me quiero, ya no necesito comprar amor. Ya no tengo miedo a lo que digan los demás"*.

A mí qué me importa que a quién le esté dando la *Caricia Positiva,* si es un déspota o no, porque al dársela, esa persona ya te ama, la invitaste a que te amara, la invitaste a bailar el vals, retando a las *programaciones* hechas en el *Cassette*. Por eso es tan importante empezar uno mismo dando *Caricias Positivas* a toda la gente, para restarle poder a nuestros *Circuitos negativos* y estimular así a nuestro estado del "yo" Padre, para que dé muchas *Caricias Positivas*, porque es su función. En todos los seres humanos el Padre Protector es como un individuo enclenque, flacucho; imagínense que este individuo se pone a hacer pesas y desarrolla músculos. El Padre Protector se va a fortalecer y esto conduce a que aumente la potencia en las caricias.

Andando en *Circuitos positivos*, un "chinga tu madre" es un "te quiero". Y en *Circuitos negativos*, un "te quiero" puede ser un "chinga tu madre". Esta es la magia blanca que les dará mucho trabajo aprender, así que empezaremos por practicar las *Caricias Positivas*.

En la terapia de grupo es relativamente más fácil dar *Caricias Positivas*. Allá afuera será más difícil, pero no imposible. La justificación más común es: "Es que no las siento", "No me nace". Pero para las *Caricias negativas* soy una fiera, todo el santo día estoy haciendo eso; siempre estoy muy ocupado dando *Caricias negativas*.

Cuando un consultante llega al curso-taller *Nacer de nuevo*, con problemas de pareja, drogadicción, colitis, gastritis, depresión, etcétera, le pregunto: ¿Ya entendiste lo que son las caricias? Me contesta que sí. Le digo entonces: "Ve y comienza a hacer la tarea, da *Caricias Positivas*". Y efectivamente, si lo hacen, dejan todas sus broncas de pareja, drogadicción, depresión, colitis, gastritis, etcétera. Solo que el *Cassette,* los *programas –creencias–*, no lo van a dejar. Lo primero que hay que hacer es tomar la información para conocer las herramientas; "conocerme a mí mismo", "darme cuenta" y "tomar conciencia", para luego practicar en la terapia grupal y cuando la persona salga allá afuera, no sienta miedo al "rechazo", que para nuestro inconsciente es la muerte. Inconscientemente no damos *Caricias Positivas*. No nos damos cuenta.

El amor es vida, el rechazo es la muerte

La capacidad de amar y ser amado, posee más potencia que el miedo que tiene mi *Niño Interior* de ser rechazado. El rechazo me lo programó la familia, la sociedad, la cultura, la educación, etcétera. Es el miedo que tiene mi Niño, no yo. No doy *Caricias Positivas* porque mi Niño tiene miedo de ser rechazado, a enfrentarme a la Vivencia Catastrófica (supervivencia).

Los científicos han logrado medir los puntos de frecuencia del amor y del miedo en el ADN. Lo positivo es mucho más potente que lo negativo. Ahí radica la *Magia de las Caricias Positivas*. La emoción del miedo es de frecuencia baja y lenta, y con el amor sucede todo lo contrario; su frecuencia es alta y rápida.

¿Por qué no damos *Caricias Positivas*? Tenemos tanto miedo de dar *Caricias Positivas* porque para mi *Niño Interior*, el rechazo es la muerte. Y porque todos los millones de rechazos que recibimos de niños, fueron grabados con pensamiento del *Niño Mágico*, que es la Grabadora sin razonamiento. Ya de adultos, al intentar dar la caricia al "tú", se activa el *programa* y te conviertes en ese niño rechazado y te enfrentas a la "muerte". La *programación* grabada en el *Cassette* te dice: "Peligro" y, ¿qué es lo que generalmente hacemos? Ponemos una barrera, nos bloqueamos y preferimos seguir sufriendo a enfrentarnos al conflicto emocional que hay que resolver, por miedo al rechazo. Los obstáculos para no dar *Caricias Positivas* es el miedo a conectarnos con nuestros *programas* –*creencias*– (*la sombra* de la que hablaba Carl. G. Jung).

Se ha demostrado que cuando una persona está en coherencia emocional, es decir lo que pienso, lo que siento y lo que hago, en *Circuitos positivos Ok*, todo su entorno se ve afectado. Si le doy *Caricias Positivas* a una persona con quien tengo o tuve un conflicto, cambio mis pensamientos y percepciones con respecto a ella, y ella recibirá esa información en su Niño; esa información retornará a mi Niño. El Niño es mi cuerpo donde están las emociones. Si la *Caricia Positiva* la doy con emoción, se potencializa la caricia. *"Al cambiar yo la información, me sano y sano mi conflicto con la persona y con mi entorno ambiental, y se produce la regrabación de mis programas a nivel celular"*.

El principal bloqueo para no dar *Caricias Positivas* es la fidelidad familiar. Miedo a que no me quieran. Prefiero seguir sufriendo que enfrentarme al rechazo. La fidelidad familiar la podemos encontrar en el Árbol Genealógico Familiar, limitando a la persona, de manera que no le permite tomar decisiones en su vida. Hay un sentimiento de traición a la familia. Es el impedimento inconsciente, muy potente, para romper estas *programaciones*. Miedo a que no me quieran. Esto se relaciona con el Proyecto Sentido, como por ejemplo, ser hijo no deseado, no ser del sexo que querían los padres, nacer fuera del matrimonio, etcétera. Generalmente, las personas soportan situaciones indeseables, sin tener en cuenta lo que desean para sí mismos; la potencia de los *programas* o creencias inconscientes son muy fuertes. Se ven incapaces de desvincularse de su familia y de cambiar las *creencias*.

En las enfermedades crónicas o degenerativas, la persona no tiene la intención de sanarse; es una manera de mantener a su familia atada a su atención; es una forma muy sutil de manipulación. Tienden a culpar a los demás con el objetivo de recibir atención. Viven en la sumisión y creen que son los otros los que tienen que cambiar. La persona puede incluso llegar a dejar tratamientos médicos o terapéuticos, lo que amenaza seguir recibiendo alguna paga, ya sea económica o afectiva como las *Caricias de lástima*. Llevan *mandatos* de desvalorización desde el Proyecto Sentido y de la Primera Infancia. Las personas que giran alrededor de la víctima, no se dan cuenta de esta manipulación tan sutil; es necesario tener un conocimiento para liberarse y no seguir ese juego psicológico, de lo que hablaremos más adelante. Esto es en beneficio de ambas partes.

La magia de las *Caricias Positivas* y la violencia

El acoso sexual es una manera violenta y negativa de ejercer el poder, sea hombre o mujer. Es exactamente lo mismo que el *Bullying*; toda violencia es una *programación* del Niño Sumiso u Opositor. Hay víctima y victimario.

Veamos un ejemplo. Una mujer llega a consulta con un conflicto de acoso sexual en su trabajo; ella estaba sometida a mucho estrés, se sentía impotente ante esa situación; tomó la información que aquí he expuesto y empezó a "darse cuenta", a conocerse a sí misma, conoce las herramientas para hacer una regrabación, sobre todo la más poderosa de ellas que son las *Caricias Positivas*. Ella empezó a dar Caricias a toda la gente: en su familia, en su trabajo y con sus amigos. Pero pensaba que dándole *Caricias Positivas* al acosador, la cosa se pondría peor. Yo le dije: "Es todo lo contrario, la *Caricia Positiva* primero pasa por tu Niño y luego llega al Niño del acosador; es una valorización a su *Niño Herido*, probablemente muy desvalorizado en su infancia, y entonces recibe un mensaje subliminal: 'Te quiero'. Es un mensaje de amor incondicional que llega a su inconsciente y que no lleva carga sexual". Ella se tomó el riesgo y… ¿qué fue lo que pasó? ¡Todo lo contrario! ¡Solución mágica! El tipo dejó de acosarla y empezó a tratarla con respeto. Claro que no solo solucionó este problema, sino que fueron muchas cosas más de las que ni se imaginaba. Para que la caricia funcione,

     Víctor Caraveo

tiene que ser incondicional; si ella le da *Caricias Positivas* al acosador con la condición de que ya no la acose, no funciona. Las *Caricias Positivas* bien dadas difícilmente fallan.

Cuando se trata solucionar un conflicto en relación con mamá, papá, pareja, hijos, se pone la cosa más difícil… aquí ustedes lo van a comprobar. El miedo al rechazo aumenta considerablemente; hay que trabajar mucho más. Esto se debe a que estamos más ligados emocionalmente a estas personas.

El espejo

Aplicar el método del espejo a nuestra vida es una forma de conocernos a nosotros mismos. Es muy conocida la frase: "Ver la paja en el ojo ajeno, y no la viga en el propio", que alude a la conveniencia de reconocer las faltas propias antes de condenar las de los demás. Todo esto indica que continuamente proyectamos en los demás y vemos en ellos lo que nos agrada o disgusta de nosotros mismos.

Carl G. Jung introdujo el concepto de "la sombra", que alude a todo lo que nos molesta o nos agrada de los demás, pero que en realidad está en nosotros mismos. *"Veo el pecado pero no me doy cuenta que el pecado está en mí porque lo condeno"*. Si queremos despertar, si queremos tener conciencia de quienes somos, tenemos que empezar a indagar en nuestro inconsciente, ese 95% que no conocemos, lo que llamamos "la sombra". El espejo aparece cuando proyectamos esa "sombra" en los demás. Nuestra sombra siempre se nos manifiesta cuando lo que yo estoy viendo en los demás, me molesta mucho. Eso es un espejo, está hablando muchísimo de ti. ¿Qué pasa en mí que tanto me molesta allá? Cuando más quieras cambiar al "espejo", al "tú", menos cambiará. Al "Tú" es imposible cambiarlo.

Siempre ando viendo lo negativo de los demás, para no ver mis propias negatividades. Nunca intentes cambiar a la persona, porque está reflejándote a ti. Dirige la mirada a tu interior, y cámbiate a ti mismo.

Si lo que vivimos es fruto de nuestra **percepción**, de nuestro juicio, de nuestros *programas* inconscientes (las "*creencias*"), al regrabar esos *programas* cambian nuestras *percepciones* y mi entorno cambia con la gente que me rodea.

Al estar escribiendo este libro se me ocurrió hacer una encuesta por Facebook a cincuenta personas con la siguiente pregunta:

Entre estos dos enunciados, ¿cuál les gustaría decirle a una persona como papá, mamá, hermanos, tíos, abuelos, amigos o con cualquier persona con la que tengan una comunicación?

1. "Qué bonitos ojos tienes". (Adulto consciente)
2. "Me gustan mucho tus ojos". (Niño inconsciente)

Adivinen cuántas personas eligieron la primera frase: 45 personas. Eligieron la frase que dice el Adulto consciente por su miedo al rechazo. Solo cinco eligieron la segunda frase, la que dice el Niño inconsciente. El inconsciente no miente, siempre dice la verdad. Ahí está la *programación*. Es una clara prueba de por qué no damos *Caricias Positivas*.

Podemos hacer un experimento quinesiológico de cómo nuestro inconsciente, nuestro *Niño Interior*, que es nuestro cuerpo, es el único que no miente.

Vamos a hacer un ejercicio con una persona:

Le voy a pedir que extienda su brazo, y yo empujaré con dos dedos hacia abajo.

Dime tu nombre: "Juan".

Di si es cierto. "Es cierto". "Mi nombre es Juan, lo digo con el brazo extendido".

Mantenlo firme. Ojos cerrados. Ahora piensa en tu nombre. Ahora voy a empujar con dos dedos tu brazo hacia abajo (mientras lo que dice es verdad).

¿Qué pasa? "Mi brazo está fuerte".

Ahora le digo a Juan: "invéntate un nombre y di que es el tuyo; miente".

¿Cómo te llamas? "Mi nombre es Sandra".

¿Te llamas Sandra? "Sí, mi nombre es Sandra".

¿Es cierto? "Sí, es cierto".

Repite: "Me llamo Sandra", retén esa idea. Empujo con dos dedos tu brazo hacia abajo.

Juan, ¿notas un cambio? "Sí lo noto. Con mi nombre verdadero, mi brazo está fuerte; con mi nombre falso, mi brazo está débil".

Ahora, Juan, piensa en algo que te hizo daño, te ofendió, te rechazó, te desvalorizó; piensa en vengarte, piensa: "Me vengaré de esta persona".

Brazo extendido, ojos cerrados; piensa en la venganza. "Me vengaré, estoy encabronado". "Me desquitaré de ti". Retén esa idea.

Voy a empujar tu brazo; resiste con todas tus fuerzas.

¿Qué pasa? "Mi brazo está débil".

Cambia el pensamiento por uno de amor y perdón; del amor más bello que puedas, y piensa. "Él tenía sus creencias, no puedo pedir más".

Brazo extendido, ojos cerrados. Mantén ese pensamiento; perdónalos de corazón.

Empujo el brazo. ¿Qué pasa? "Mi brazo está fuerte".

Así funciona todo pensamiento de venganza, rabia y vergüenza: te debilita tus músculos, tus ojos, tu corazón, etcétera. Se demuestra que el poder de los pensamientos de rabia, vergüenza o venganza, debilitan nuestros músculos, a nuestro *Niño Interior*, que es nuestro cuerpo; ahí es donde está el sentir, las emociones.

Caricias negativas

Las *Caricias negativas* nos llevan y nos mantienen en los *Circuitos Negativos No-Ok* y según sus características, se clasifican de la siguiente manera:

1. Agresivas
2. Condicionales
3. De lástima
4. Falsas Positivas

Caricias agresivas

Las *Caricias agresivas* nos llevan directamente al *Circuito Negativo No-Ok*; implican una desvalorización del *Niño Interior*. Agresivas no significa necesariamente que impliquen una agresión física. Las *Caricias agresivas* también llevan una desvalorización; para eso sí somos unas fieras.

Veamos un ejemplo. Va la mamá con el *orientador familiar* y le dice: "Ya no sé qué hacer con este mocoso, no hace caso. ¡Por más que lo corrijo, más adrede lo hace! ¿Qué cree? Ayer que se portó mal, le di de nalgadas y le dije: 'Hasta que no llores, te dejo de nalguear'. ¿Y qué cree que hizo este mocoso? ¡No lloró! ¡Ha de ser masoquista!" ¿Cuál es el diálogo interno de este niño?: "Sí me porto bien, mi mamá no me pela a cabronazos y me muero; de pendejo lloro".

Yo no entendía hasta que me metí a esto. ¡No se puede vivir sin caricias! A él solamente le llegan las caricias agresivas porque recuerden que, si no me llegan las caricias, me muero. Por eso su diálogo interno es: "Si lloro, ya no me agreden y si no me agreden, me muero". El niño se enfrenta a su Vivencia Catastrófica y es aquí donde está la *Magia de las Caricias Positivas*.

Como los niños no pueden vivir sin caricias, y como papá y mamá no les supimos transmitir amor, hacen lo posible por recibir amor y una de ellas es enfermarse para que mamá y papá les hagan caso. Aunque sea con cabronazos o con lástima, pero no con amor… nunca con amor. Por qué digo esto, porque no puedo dar lo que no tengo. Si yo me quiero, no me importa que no me quieran. Una persona que se quiere es muy difícil que se enferme, que sufra; es muy difícil que se meta en broncas.

Daré otro ejemplo a partir de una experiencia propia. Yo asistía todas las mañanas a un club deportivo a jugar básquetbol. Un compañero me hacía *bullying*, el cabrón no dejaba de molestarme cada vez que tiraba a la canasta, hasta que un día casi llegamos a los golpes. ¡Y que me acuerdo de las *Caricias Positivas*! Pero mi *Niño Interior* tenía miedo: "¡Es hombre! ¡Cómo le voy a dar *Caricias Positivas*! (el machismo). ¡Van a decir que soy homosexual!" Y entonces me dije: "Voy a tomarme el riesgo a ver qué pasa". Me acordé que la caricia tiene que ser incondicional para que funcione y pensé: "Le voy a dar la caricia y que no sea con la condición de que ya no me moleste." Al día siguiente empieza el juego y como soy canastero, mi objetivo es anotar; yo tiro a la canasta y entonces mi compañero empieza a chingue y chingue (*bullying*): "No tires, no sirves para nada, no vas a encestar", etcétera. Me acerco y le digo: "Qué onda Juan, me gusta mucho tu bigote, me gusta mucho tu cabello". No espero respuesta ni me importa lo que piense; la caricia tiene que ser incondicional. ¡La Magia de las Caricias es increíble!, ¡no fallan! Son tan potentes que su *Niño Interior*, tan desvalorizado, recibe un "te quiero". Aquí está la magia: me sano yo y sano la relación con el "tú". No me volvió a molestar nunca, nos hicimos bien cuates y siempre me invitaba a su casa cuando hacía reuniones.

Yo tengo derecho a encabronarme aquí y ahora al sentirme agredido. Luego hago una introspección y tomo mi responsabilidad, y me pregunto cómo lo invité yo a que me agrediera. Recuerden que yo soy el único responsable de todo lo que me sucede. Ahora, con mis Circuitos positivos, mi Adulto hace lo que le conviene y decido dar *Caricias Positivas*. ¿Qué te conviene, que te quieran o que no te quieran? Al darle la *Caricia Positiva*, el mensaje inconsciente que le llega al Niño de la persona que recibe la caricia es un "te quiero como persona". Separo la actitud negativa de la persona, que está en sus *programaciones*, con el valor que tiene como ser humano.

Daré otro ejemplo de *Caricias agresivas*. Yo, don papá, le digo a mi hijita Juanita: "¡Cómo te quiero, preciosa!", dándole una nalgada; eso está de la fregada, soy un agresor porque, ¿qué va a grabar mi hijita Juanita?: "Solo sentiré que me pelan si me agreden". Y eso ya quedó grabado para siempre en ese *Cassettito*. Y Juanita, de quince, veinte, treinta años, buscará siempre *Caricias agresivas*, a gente que la esté agrediendo: amigos, amigas, jefes, empleados, y lo más patético: ¡Se va a casar con un hombre que la agreda! Y ese hombre puede ser el más *mandilón* del mundo, pero ella se las arregla para que la agreda y si no lo logra, adivinen qué hace: ¡Pues lo manda a la chingada! Se busca un macho que la agreda.

Caricias condicionales

De todas las *Caricias negativas*, las *Condicionales* son las peores; hacen muchísimo daño. "Te quiero con la condición de…". Por ejemplo, yo como papá, estoy cotorreando con ustedes, hablando de mi hijito Juanito que tiene seis años de edad. Si bien aún no hay Adulto en Juanito, sí hay un Niño

Mágico (la grabadora) captando los estímulos subliminales. Y yo digo: "¿Qué les parece? Juanito, mi hijito, ¡puros dieces en la primaria! ¿Eh?, ¿cómo no lo voy a querer? Es más, fíjate que en el kínder se sacó dos nueves nada más, ¡los demás dieces!". ¡Mandé a la chingada a Juanito! ¿Qué es lo que él va a grabar?: "Solo sentiré que me quieren si soy el primero en todo". Y entonces ¡tiene que ser el primero en todo! Ya lo trae grabado ahí: "Si no soy el primero en todo, me muero" (Vivencia Catastrófica). Pasan los años, Juan ya es un adolescente de 16 años que está en bachillerato; es un chavo inteligentísimo; ¡es un genio el cabrón! Pero resulta que se sacó un siete en matemáticas; hubo dieces, nueves, ochos… ¿qué pasó con Juan? Nuevamente Vivencia Catastrófica: ¡No fue el primero! Juanito se cortó las venas… nadie entendió eso, no le falló a papá, ¡le falló al *Cassette*!: "Te quiero con la condición de…". En cambio Julio, un compañero de clase de Juan, que tiene 16 años, cuando le entregaron las calificaciones, le dijo: "¿Por qué traes esa cara?, ¿qué te pasó? ¡Tronaste!". Y Juan dice: "¡Me saqué un siete!". Y le dice Julio: "Bueno, ¿y qué? Yo me saqué un seis; vacaciones, ya pasamos año, ya chingamos". Juan se quedó pensando: "Pues qué trae este pendejo". ¿Por qué reaccionó así Julio? Porque a Julio no lo *programaron* así como a Juanito.

Otro ejemplo de caricias condicionadas. ¿Qué hacemos en las fiestas de navidad? ¡Comprar amor a lo pendejo! "Que porque me sale del corazón…". Se quedan sin presupuesto y se gastan lo que no tienen para comprar amor. Hay una frase que dice: "Regale amor, no lo compre". Compro amor a costa de mi salud, de mi presupuesto, de mi tiempo; pero hasta… ¡a costa de mi vida, compro amor! Siempre ando comprando amor porque no me amo yo; por eso las *Caricias condicionales* son las peores del mundo. Quedar bien quiere decir comprar amor, porque una cosa es transmitir amor y otra la necesidad de quedar bien. La persona en *Circuitos Ok*, siempre queda bien y si no queda bien, pues no le afecta. Y no es que no regalen, sino que lo importante es que lo hagan en plena conciencia de no comprar amor. *"Cuando ya me quiero, ya no necesito comprar amor. Ya no tengo miedo a lo que digan los demás"*.

Caricias de lástima

Las *Caricias de lástima* son el coco de los médicos: Voy con el Dermatólogo, el Gastroenterólogo, el Neurólogo, el Cardiólogo y todos los *ólogos* que quieran porque es mi necesidad inconsciente de estar jodido para que me hagan caso. Voy con el médico y me receta, y ni madre… sigo igual. Tomo medicamentos de todos colores y sabores, y sigo enfermo. Necesito estar fregado, solo así sentiré que me quieren.

La persona honesta no se hace pendeja. La persona deshonesta es la que se hace pendeja. Me la paso visitando doctores, siendo que la última cosa que me interesa, no a mí, sino a mi Niño Mágico (mi *programación*), es curarme, porque pienso mágicamente: "Si me curo me quedo sin caricias y me muero", porque a mí nada más me llegan las *Caricias de lástima*. Hasta me dice el especialista: "Lo que pasa es que usted es hipocondríaco". Pero no es eso, es otra cosa; es la necesidad de la persona *programada* a las *Caricias de lástima* de estar jodida y fracasada en todo. No se puede vivir sin caricias.

Caricias falsas positivas

Las *Caricias falsas positivas* parecen positivas pero no lo son; son incongruentes, no son realistas. Si yo le digo a Martha: "Me gusta mucho tu cabello", la caricia fue congruente aunque no me guste. El hecho de que a mí no me guste su cabello no quiere decir que a otra persona sí puede gustarle. Pero si a Martha la agarró un ventarrón o le explotó el boiler y entra con todo el mechero lleno de polvo, con los pelos de punta como hilacho y yo le digo: "Me gusta mucho tu cabello", esa caricia es *falsa positiva*, es incongruente porque a nadie le va a gustar su cabello en esas condiciones.

El valor específico de las caricias

El Niño Mágico (la grabadora) es más potente cuanto menor sea edad cronológica del individuo. Un bebé tiene un Niño Mágico muy potente, ¡pero muy potente! Conforme va pasando el tiempo cronológico, ese pensamiento mágico va desapareciendo, se va debilitando. Si le preguntamos a un niño de tres años de edad, si esto es o no un avión, él toma una tablita en su mano como si lo estuviera volando y… ¡pues claro que lo es! Pero para nosotros ya no, es solo una tablita en mis manos. El pensamiento mágico va perdiendo potencia y pierde mucha más a los siete años de edad porque, como saben, a esa edad ya apareció el pensamiento lógico o racional del Adulto; sin embargo, si queda algo, da mucha potencia a las personas, como en los personajes de los que les hablé antes.

Ahí les va una pregunta: ¿Qué pesa más, un kilo de plomo o un kilo de algodón? Con tu Adulto me dirás que pesan lo mismo, que pesan igual; pero con tu Niño Mágico me responderías que el kilo de plomo pesa más que el kilo de algodón. Porque si te digo: "A ver, vamos a dejarte caer en la cabeza un kilo de plomo y a mí un kilo de algodón", claro que no lo vas a aceptar. El Niño Mágico intuye que el peso específico del plomo es mucho mayor que el del algodón y por lo tanto que ese peso estará concentrado en un área más pequeña y me hará daño. Pero no sucede así con el algodón, ya que ese kilo estará repartido en un área mucho mayor y no me hará daño. De ahí podríamos decir que el Pensamiento Mágico del Niño Mágico es más lógico que el pensamiento lógico del Adulto.

Sucede lo mismo con las "caricias", ya sean negativas o positivas; éstas tienen un valor específico y este fenómeno de especificidad, es el origen de los crímenes que nuestros padres, hermanos, tíos, abuelos, etcétera, cometieron con nosotros y que nosotros ahora cometemos con nuestros hijos. Para darnos una idea del valor específico de las "caricias", supongamos con nuestro Pensamiento Mágico el siguiente caso: tenemos un bebé de tres meses de edad; como ustedes saben, tiene Niño Libre, Niño Mágico potentísimo, Niño Programado, el Padre "*Cassette*" ya está ahí y Adulto pues, no tiene. Son las tres de la mañana, el bebito está zurrado en el pañal; se siente mal. Él no puede resolver esa bronca y como no sabe hablar, no puede decir: "Oye mamá, es hora de que me cambies mi pañal". Entonces se pone a llorar y con ese llanto él está enviando, con lenguaje subliminal, el siguiente mensaje: "Estoy sufriendo y para no sufrir necesito cubrir tres necesidades: estar fresquecito, limpiecito y cambiadito". Mamá despierta y en esos momentos su energía estará concentrada en alguno de los *Estados* del "yo", y dependiendo de dónde se encuentre concentrada esa energía en ese momento, pues le responderá a su hijito que está llorando.

Veamos qué sucede en cada uno de los casos. Supongamos que mamá se despierta y en ese momento, por lo que ustedes quieran, toda su energía está concentrada en su Adulto, puro Adulto. ¿Le conviene cambiarlo, sí o no? ¡Claro que sí! Entonces, ¿qué es lo que hace ella? Pues se levanta como una máquina –puro Adulto– de manera inmediata, eficiente, automática, muy seria, y sin decir palabra alguna va a donde está su hijito llorando; le quita el pañal, lo limpia, le pone su

Víctor Caraveo

talquito y luego un pañal nuevo; lo tapa y listo; se va de nuevo a su cama a dormir. Y nosotros, cámara escondida, decimos: "Logró su meta porque el bebé ya está limpiecito, fresquecito y cambiadito". Fue una transacción: Adulto de mamá - Niño Libre de su hijito. En este caso él, a través del Adulto de mamá, recibió una *Caricia Positiva* captada por el Niño Mágico y grabada en el *Cassette,* en forma de un "te quiero".

Ahora la misma escena, solo que mamá despierta y en ese momento toda su energía o Poder Ejecutivo, está concentrada en su Padre Protector Ok. Ahora díganme, ¿qué es lo que hace mamá con ese bebito? Pues mientras le quita el pañal dice: "Cómo te quiero mi rey precioso". Ahora lo está limpiando: "Cómo te quiero mi niño hermoso". "Tan lindo mi Príncipe Azul". Le pone su pañalito, le da sus besitos y se va. "Pero qué vieja tan ridícula, ¿a poco le va a entender?". Para el bebé no es una ridícula. A través del Padre Protector OK de mamá, él recibió cincuenta *Caricias Positivas*. Al Niño Libre le llegaron cincuenta "te quiero" y además logró su meta de estar limpiecito, fresquecito y cambiadito. Quiero decirles que esto está muy estudiado, estas dos mamás aman exactamente igual a su bebito: "De aquí al sol, de ida y vuelta". Sin embargo, el segundo recibió cincuenta veces más amor que el primero.

Ahora la misma escena, las mismas necesidades: Mamá se despierta y por lo que ustedes manden, toda su energía está concentrada en su Niño Libre, es puro Niño Libre; ¿qué hace la mamá con ese bebito? Juega con él al mismo tiempo que le pone el talco; se revuelca con él, le da sus besitos y le dice: "Qué preciosidad". Nosotros, cámara escondida, aquí también decimos: "Vieja ridícula". Pero para él no es una vieja ridícula porque a través del Niño Libre de mamá, hay mucho contacto físico, mucha intimidad; este bebito recibió cien *Caricias Positivas*, cien "te quiero". Vean la diferencia que hay entre estos tres bebitos.

Ahora, otra escena en la que el bebé está llorando. Son las tres de la mañana; la mamá se despierta y en ese Aquí y Ahora, toda su energía está concentrada en su Padre Crítico Negativo; entonces díganme, ¿qué hace la mamá con ese bebito? Le dice: "¡Mira nada más a qué hora se te ocurre!". Se levanta a cambiarlo de mal humor, agarrándolo como si estuviera cambiando a un animalito; lo levanta por las "patitas" diciéndole mientras lo está cambiando: "Cómo chingas, cabrón; tan a gusto que estaba dormida, chingada madre". Hace todo de mala gana y hace un polvaredón de talco; le pone el pañal todo torcido. Solo que cámara escondida señala: Logró su meta porque él ya está limpiecito, fresquecito y cambiadito; después de todo es un animalito, pero para el bebito no, en este caso él recibió doscientas caricias… ¡pero negativas! Vean aquí cómo es que empieza a cambiar la cosa; todo está tomando un rumbo muy diferente.

Todavía nos falta ver qué hace el Niño Programado de mamá. ¿Qué hace el Niño Sumiso de mamá? Su "deber" es cambiarlo, entonces ella lo va a hacer en su rol de víctima: "¡Ah, cómo chingas cabrón! ¡Tan a gusto que estaba dormida! ¡Puras dificultades! Desde que naciste todo es un desmadre, ¡ojalá no hubieras nacido nunca, cabrón!". Cámara escondida: Sin embargo está limpiecito, fresquecito y cambiadito; pero él recibió la friolera de mil caricias… ¡Mil *Caricias negativas*!

El Niño Opositor: ¿Qué hace el Niño Opositor de mamá? Su "deber" es cambiarlo. ¿Qué hace? ¡Pues no lo cambia! "¡Hay que dejarlo que desarrolle el pulmón!". Es el crimen más grande que puede cometer una madre contra su bebito, ¡el peor! Al otro lo nalguearon, le echaron el polvaredón de talco, el pañal todo torcido, pero al menos lo pelaron; a este ni eso… No hubo *Caricias Positivas* ni *negativas*, ¡ni de ninguna! Descalificación, ausencia de caricias. ¿Se acuerdan de la definición de las caricias? "Las caricias son estímulos

   Víctor Caraveo

que necesitamos los seres humanos para poder vivir". No se puede vivir sin caricias. Este bebito va, ahora sí, como un avión de propulsión a chorro en picada, a una posición existencial que vamos a ver más adelante y que es: "Yo estoy mal, tú estás mal", y esto es de *"soledad de muerte"*.

Todos los *programas* que su bebé traiga del Árbol Genealógico Familiar y del Proyecto Sentido Gestacional, el bebé los regrabará con las *Caricias Positivas* que le transmita su mamá en circuitos OK; ese bebé tendrá muchas posibilidades de ser un triunfador en su vida.

Las *Caricias Positivas* tienen un valor específico: cuando se dan estas *Caricias* hay que darlas con "emoción"; así, con la energía del Padre Protector Ok, que es el que da caricias, mi Niño las recibirá con más potencia y el "tú" también las recibirá igual, por lo que la regrabación será más rápida y efectiva.

Aquí es importante tomar en cuenta lo que nos dice el Dr. Bruce H. Lipton del efecto del medio ambiente sobre la célula. Según Lipton, el destino de la célula no es controlado por los genes sino por el medio ambiente. Nos consideramos entidades singulares e individuales pero esto es un error, somos cuánticos, todo está conectado con todo. No eres una entidad singular, eres una comunidad, porque los organismos vivos de llaman células y tu cuerpo se compone de más o menos cincuenta trillones de éstas. Esto es relevante porque si tomo un cultivo de células y las pongo en un ambiente hostil, el tejido celular se enferma físicamente; se ve claramente que deja de crecer y muere. Si luego tomo el mismo cultivo de células y las saco de ese medio ambiente, al ponerlas en un ambiente apropiado se recuperan enseguida y empiezan a crecer, a reproducirse y a prosperar. La importancia de este hecho es que no eres una víctima, eres el jefe; eres quien que lo controla todo y esto es algo que no se está enseñando en las escuelas. Lo único que enseñamos es: "Víctima tú no te puedes curar a ti mismo…lo hace alguien por ti, y esto es completamente erróneo…" (Lipton 2005, pág. 65). Esto demuestra porque funcionan las *Caricias Positivas*; entramos en coherencia emocional: lo que pienso lo que siento y lo que hago. Eso me lleva a *Circuitos Positivos Ok,* y esto hace que cambie mi entorno ambiental y que modifique el comportamiento de mis células, logrando así una sanación integral.

La comunicación: análisis de las transacciones

Se habla mucho de la comunicación; sabemos de su valor pero no hemos entendido el concepto como tal. Aquí nos vamos a dar cuenta de qué es lo que transmitimos y qué tanto nos comunicamos. Les diré qué es la comunicación sin palabras con una simple señal: acercar las manos como para orar es un acercamiento entre Yo y Tú. Esa es la verdadera comunicación. Cada día estoy más lejos de ti porque yo no sé comunicarme contigo, porque nunca voy a cambiarte, a cambiar al "tú". Lo contrario de un acercamiento entre Yo y Tú, es un alejamiento y echarle la culpa al otro: "Vemos la paja en el ojo ajeno y no vemos la viga en el nuestro".

Nuestro Niño Mágico (grabadora) sí es un experto en comunicación. Desde que nacimos recibimos millones y millones de estímulos, ¡hasta dónde estará entrenado! Se comunica de manera muy efectiva y sin margen de error; a él nada se le escapa, ni el ruido de esa hormiguita que va subiendo por una pared. Graba millones de veces más rápido que la *mente consciente* (el Adulto). Las vías de comunicación más importantes del Niño Mágico son cuatro y en este orden: gestos, actitudes, emociones, y en último lugar, las palabras. Tú puedes estarme diciendo con palabras que

Víctor Caraveo

me quieres pero en la realidad, con tus gestos, actitudes y emociones, me estás diciendo todo lo contrario y yo lo estoy captando con mi Niño Mágico (pensamiento mágico).

La introspección y el egoísmo

En Oriente practican mucho lo que se llama "Introspección", que es mirar hacia adentro de sí mismo; es la observación que una persona hace de su propia conciencia o de su estado de ánimo.

Veamos un ejemplo de introspección con imágenes. Imagina que tiras una piedra en un lago de agua tranquila; se forman olas que cada vez se van haciendo más difusas. Ahora imagina que tú estás en el centro; la piedra es tu corazón y allá en las ondas más lejanas, está alguien que conoces, que está más lejos de tu corazón; luego te das cuenta de que muere. ¿Qué voy a sentir? ¡Qué mala onda pero el mundo sigue y tú continúas tu vida! Luego sucede lo mismo con alguien que está en una onda ya más cercana, como un gran amigo: "Se murió mi amigo, tan buena onda", etcétera; pero al poco tiempo ya no me afecta tanto. Mi vida sigue, el mundo sigue. Y así va sucediendo con personas que están más cerca de mi corazón. Se muere mi Mamá, mi Papá, mi Hijo, y sentiré una tristeza más profunda, pero aun así el mundo sigue. Pero, ¿qué sucede si me muero Yo? ¡El mundo se acaba! Esto es la realidad: si me muero, el mundo se acaba para mí porque Yo ya no existo. Entonces, ¿cuál es la realidad? La realidad es que… ¡Yo soy la persona más importante del mundo! Tú eres importante, mucho o poco, pero yo soy más importante que nadie porque si yo me muero, el mundo se acaba. Esto es el verdadero concepto del Egoísmo. Tenemos un concepto muy equivocado; todo al revés. Ego quiere decir "yo".

Veamos otro ejemplo. Una persona llega y dice: "Yo soy muy egoísta, por eso me va muy mal". No, si fueras egoísta no te sentirías mal, no estarías aquí. Aquí vas a aprender a ser egoísta, le digo. La persona más importante del mundo soy "yo", después los demás. A veces a la gente esto le cae como bomba, pero es la realidad. Es importante no confundir al egoísta con el "narcisista" que dice: Primero yo, después yo, enseguida yo y siempre yo; ese está jodido porque no tiene la capacidad para hacer relaciones con el "tú".

Yo soy más importante que tú, y tú eres más importante que yo, y como te quiero mucho, me da gusto que tú sientas que eres más importante. Porque si tú me dices que yo soy más importante que tú; en este caso te estarías desvalorizando utilizándome a mí. ¡No manches!

Después de mí hay mucha gente importante, pero la persona más importante después de mí, es mi pareja. ¿Y qué es una pareja? Dos personas que decidieron vivir y convivir juntos, y formar una empresa, ¡la más importante del mundo! Pero al contrario, ¡a ésta no se le da ni madre de importancia! Por eso aquí se arregla todo, por eso le llamo "Bío-Regrabación". Generalmente lo último que se arregla aquí es el Rol Pareja, pero se arregla.

¿Y después de mi pareja, quién es más importante? Después de mi pareja están mis hijos, mi mamá, mi papá, mis hermanos, mis tíos, etcétera. ¿Por qué es más importante la pareja que los papás? Más adelante vas a ver cómo papá y mamá son gente del pasado; están en mi corazón y los quiero mucho, ¡claro! Pero ya están lejos. ¡Ah pero cómo sigo simbiotizado! "Primero mi mamá, primero mi papá", y me chingo yo mismo. Aquí no se habla de casamiento, aquí yo hablo de pareja: "Un hombre y una mujer que decidieron vivir y convivir juntos, y formar una empresa". Hablo de pareja que puede ser matrimonio, unión libre, noviazgo, etcétera.

La descalificación

¿Cuál es la función del estado del Yo Padre? Dar caricias, ya sean negativas o positivas.

¿Cuál es la función del estado del Yo Adulto? Dar y recibir información. Y de ahí, hace lo que le conviene.

¿Cuál es la función del estado del Yo Niño? Pide y recibe Caricias, negativas o positivas.

Cuando yo doy *Caricias Positivas*, pasan por mi Niño y ocurre un desplazamiento de energía hacia mi Padre; este recibe un estímulo y se va haciendo muy potente; y como la función del Padre es dar caricias, pues lo estimula para que dé más *Caricias Positivas*.

Si mi Niño recibe *Caricias negativas*, estimula negativamente al Padre Interior.

Por eso es tan importante empezar uno mismo dando *Caricias Positivas* a toda la gente, para restarle poder a nuestros *Circuitos negativos* y estimular así a nuestro estado del Yo Padre y que este dé muchas *Caricias Positivas*.

Veamos un ejemplo. Una pareja tiene seis meses de casada; se casaron, como siempre, enamoradísimos, cacheteando el pavimento el uno por el otro. Pero se casaron mal. ¿Qué quiere decir que se casaron mal? Que se casaron en *Circuitos negativos*. ¿Quién decidió que se casaran? "El *Cassette*". El Casette te va a decir con quién te vas a casar, si te vas a quedar solo en la vida… ¡todo! Todo está ahí en ese *Cassette*: lo que has sido, lo que eres Aquí y Ahora, y lo que vas a ser.

Entonces te das cuenta: "Si lo que yo soy Aquí y Ahora, está para la fregada, pues yo cambio el *Cassette* y mejor grabo lo que a mí me gusta". Pero se tiene mucho miedo, ¿miedo a qué? "A que no me quieran" (Vivencia Catastrófica). Esta pareja vino con broncas. Aquí no se necesita hablar de los traumas del pasado; aquí no importa el por qué te pasó todo lo que te sucede ahora, sino el "para qué" te provocaste todos estos problemas y cómo vas a salir de eso: ¡Aquí y Ahora es lo que importa! Ya verás que el pasado murió, ya no existe.

Ellos empezaron, como todas las parejas, con esta frase que nunca falla: "Desde que me casé, empezaron las broncas". Se habían casado muy mal, estaban enamoradísimos pero en los *Circuitos negativos No-Ok*.

Entonces me pongo Aquí y Ahora; es un día como cualquier otro; son las 7:00 de la mañana; él se levanta y se baña y luego le dice su esposa:

—Vengase, mi rey, ya está su desayuno –besitos: *¡Muack!*

—Ay mi amor, tan linda –besitos–. ¿Qué me hiciste, mi reina?

—Huevos rancheros.

—Mi reina tan linda, te quiero. Ya me voy al trabajo mi reina, nos vemos al rato –besitos: *¡Muack!*

Echa a andar su carro y se va.

Tres cuadras antes de llegar a su trabajo su vehículo empieza a fallar pero por casualidad hay un taller mecánico en esa calle; llega para que se lo revisen y resulta que tiene un corto circuito en el sistema de encendido; le comunican que tiene que dejarlo ahí hasta el día siguiente.

Él se va caminando a su trabajo y claro que llega un poco tarde. A la hora de salida se queda un hora más porque está un poco retrasado con el reporte diario. Ahora véanlo… son las cuatro de la tarde y su meta es llegar a casa para descansar, solo que su Adulto capta la realidad; los camiones van llenos y los taxis no se detienen, todos van ocupados. Díganme, ¿qué opción puede tomar?, ¿hablar por teléfono a su casa? No, porque solo tienen un carro. ¿Entonces qué hace? Se va caminando.

Ahora un hombre sedentario, que fuma, no hace ejercicio, con sobrepeso, caminará cuatro kilómetros con un sol muy

 Víctor Caraveo

fuerte y cuesta arriba en pleno mes de julio, ¡justo cuando más calor hace! ¿Cómo llega a su casa? Cansado y sudado. Apenas entra en su hogar, va a la cocina donde se encuentra ella y le dice: "¡Uf! Mi reina, qué calor tengo, ¡cómo vengo cansado!".

Aquí vamos a hacer una pequeña Gestalt. Yo voy a ser él y algunas de ustedes, damas, serán ella: mi esposa, mi pareja. A cada una le voy a decir lo mismo y ustedes me van a responder como si fueran ella, ¿de acuerdo?

—¡Uf! Mi reina, qué calor tengo, ¡cómo vengo cansado!

—Ven mi amor, siéntate.

—¡Uf! Mi reina, qué calor tengo, ¡cómo vengo cansado!

—Tómate un vaso con agua.

—¡Uf! Mi reina, qué calor tengo, ¡cómo vengo cansado!

—¿Pues qué te paso?

Todas me respondieron para la fregada. ¡Pero muy mal! Veamos ahora que contestó. Juana mi esposa.

—¡Uf! Mi reina, qué calor tengo, ¡cómo vengo cansado!

—Mi amor, mi rey… quítate el saco y recuéstate en el sofá…

Su esposo no le contestó nada. Pero también ella está para la fregada.

¿Se fijarón que yo no contesté?, yo, tú marido no te contesté.

Ahora vamos a repetir el ejercicio con las tres damas: "Te voy a repetir la frase y tú me vas a responder lo mismo, solo que ahora yo sí te voy a contestar, a ver qué chingados pasa, ¿de acuerdo?". ¡Aquí voy a exagerar las respuestas para que se entienda mejor!

—¡Uf! Mi reina, qué calor tengo, ¡cómo vengo cansado!

—Tómate un vaso con agua.

—¡El agua es para los bueyes! Vieja fodonga.

—¡Uf! Mi reina; qué calor tengo, ¡cómo vengo cansado!

—Ven mi amor, siéntate.

—Vengo cansado y me dices "pues siéntate", ¿qué estás loca? ¿Que no ves cómo ando todo sudado!

—¡Uf! Mi reina, qué calor tengo, ¡cómo vengo cansado!

—¿Pues qué te pasó?

—Ay sí, ¿qué te pasó?, Vieja pendeja, ¿Pues qué no ves que vengo a pie?

Como ven ustedes, tres damas están encabronadas con su pareja y se van con un consejero matrimonial, hasta que al fin les dice: "¿Cómo aguantas a ese cabrón? No te respeta, es un hijo de la chingada, ¡divórciate mejor!". Y ella va y se divorcia, y está peor la cosa. Y luego dicen: "¡Ay Dios mío, no vuelvo a casarme!". Es lo que veo muy seguido. Pero qué paso, ¿qué no contestaron muy bonito las tres damas?

Estoy hablando del Análisis de las Transacciones. ¿Qué quiere decir? Que ambos andamos en *Circuitos negativos*. Ustedes me lo dijeron muy bonito y hasta el consejero matrimonial estuvo de acuerdo.

Cómo es posible que si ella me dice muy bonito: "Mi amor, mi rey, quítate el saco y recuéstate en el sofá...", el Consejero Matrimonial le recomiende: "Pues manda a la chingada a ese cabrón". Sin embargo no te das cuenta de que tú eres la responsable. Vean lo fácil que es entender esto: dije entenderlo, aceptarlo puede que no lo acepten, pero entenderlo sí.

Vamos a ver paso a paso qué fue lo que sucedió aquí. "¡Uf! Mi reina, qué calor tengo, ¡cómo vengo cansado!".

¿Cuál de los tres *Estados* del Yo de Juan está hablando aquí? El Niño está expresando lo que siente, este es el principio de una Transacción. Su función pide y recibe caricias. El Niño es mi cuerpo, es el que siente la vida.

El Adulto es el que da la información. Su función es dar y recibir información, "no siente".

    Víctor Caraveo

Con el cuerpo el Niño está hablando más; recuerden que el Niño Mágico se comunica a través de gestos, actitudes, emociones, y en cuarto lugar las palabras.

El Niño de Juan está pidiendo caricias: "¡Mi reina, qué calor tengo, vengo muy cansado!".

Ahora díganme; ¿Quién da caricias? El Padre. El Niño de Juan quiere un apapacho, un abrazo un "masajito", un te quiero. La que contesta: Juana. "¿Qué te paso?", lo hizo con su Adulto (Consciente). ¿Y a quién se dirigió? Al Adulto de Juan.

Todo esto es inconsciente no nos damos cuenta. El Adulto no se da cuenta, pero el Inconsciente lo guarda todo.

Vean esto con los Círculos Mágicos:

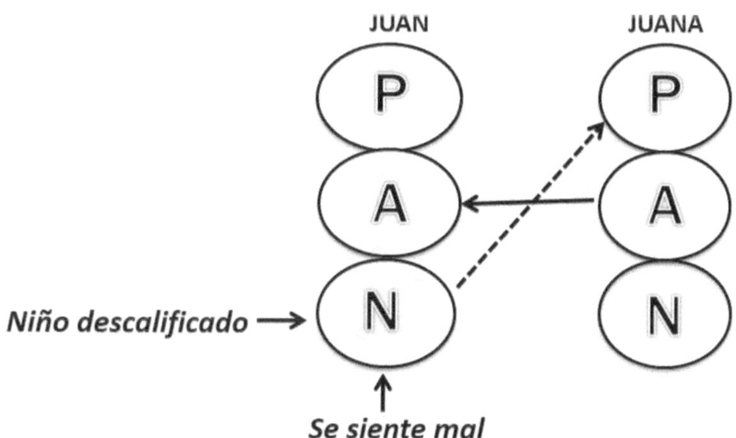

El Niño de Juan le está pidiendo caricias al Padre de Juana (su esposa) y el Adulto de Juana (su esposa) le habla al Adulto de Juan. Como ven, ahí está una transacción cruzada.

"El Niño de Juan quedó descalificado y se siente mal". Y recordemos que lo más importante es el sentir. Pero sigamos con el ejemplo de Juan y y su esposa: el Niño de él se siente mal y en ese momento hace un diálogo interno: "Bueno, ¿y por qué chingados me siento mal yo? ¡Mejor que se sienta mal ella!" Ahí está la competencia y no nos damos cuenta; son juegos psicológicos inconscientes de los hablaremos más adelante. Entonces, ¿cuál es el mecanismo?: "Me siento mal, la voy a fregar". Se llama "desplazamiento de energía". La energía de Juan se va de su Niño descalificado a su Padre, y este le echa toda la caballería al Niño de Juana su esposa, así como yo les eché la caballería a ustedes, damas: "El agua es para los bueyes".

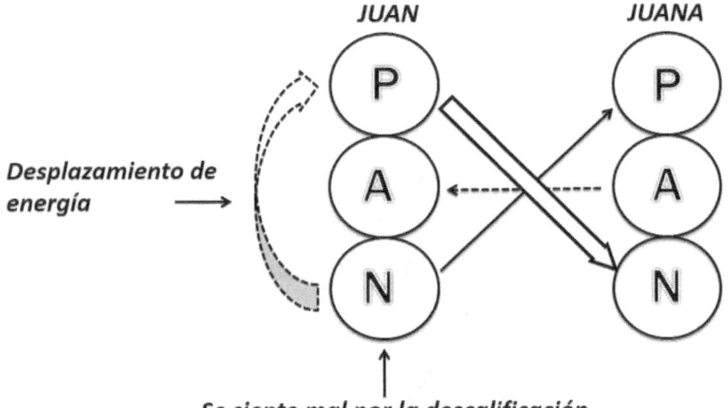

Siguiendo con el ejemplo, le dice él: "¡Óyeme! Se me descompone el carro, vengo todo jodido del trabajo y tú empiezas a chingar. ¡Vete a la fregada!".

¿Cómo se siente ahora el Niño de ella? Mal.

Pues la esposa va a hacer lo mismo: También va a tener un desplazamiento de energía de su Niño –que se siente mal– hacia su Padre, y ahora ella le va a echar toda la caballería al Niño de Juan, y como humanos que son los dos, pues empieza "la competencia".

Víctor Caraveo

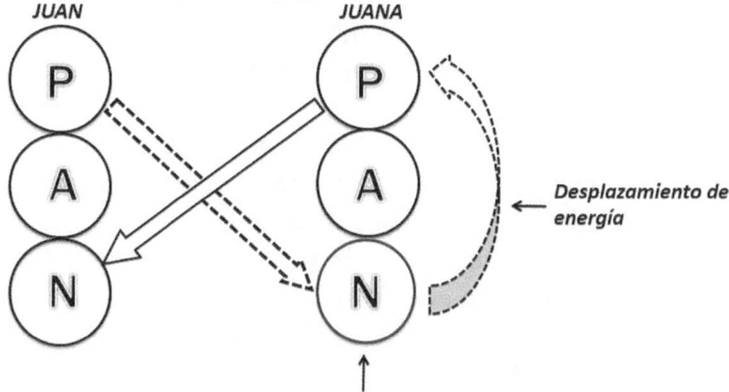

—¡Pero mira qué cabrón! Se te descompone el carro y te vienes a desquitar conmigo, ¡después de que toda la mañana estuve haciendo la comida que preparaba tu mamacita!

—¡Con mi mamacita no te metas, cabrona!

La mayoría de las veces, en la pareja sucede esto: Para ella: "Papá sí era un hombre decente, trabajador, no como tú: borracho y mujeriego". Y para él: "Mamá sí sabía hacer una buena comida, no como tú: vieja fodonga".

Y ahí están los dos, vuelta y vuelta en el mecanismo de los "espadazos".

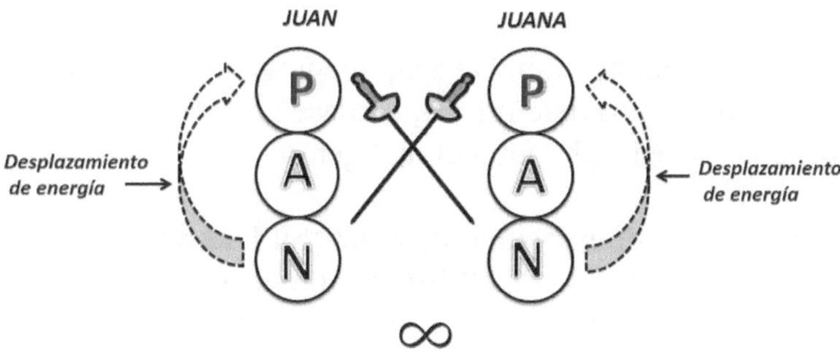

Vean cómo hay una serie de Juegos Psicológicos. Ya verán que los juegos tienen su nombre y aquí hay algunos que ustedes conocen muy bien: peléate por mí, patadón, cachetadón, mentada de madre, etcétera. ¿Por qué después él se va a la sala y ella se queda en la cocina?, ¿qué sucedió? Hubo un alejamiento entre ellos. En este caso puede ser él o ella quien recapacite y tenga este diálogo interno: "Puras broncas, ¡me lleva la chingada! ¡Pero es que yo tengo la razón! Pero es que con ésta no se puede, pero pues la quiero mucho, ya la he de ir amansando a la cabrona; pero ni modo, por ahora no me queda más remedio que bajar la antena, aguantarme".

Y ahí va él a buscarla a la cocina, donde ella se quedó y le pregunta: "¿Estás enojada?". "¡Cómo crees mi rey?". Sus besitos: *¡Muack!*

Como ven, se acabó el problema, ¿verdad? Se acabó el infinito y hablo de broncas muy por encima; luego veremos los "cuernos" y todas esas pendejadas que existen y que hacemos todos los días.

Sigue el ejemplo de esta pareja:

—Mira, para que veas lo que te quiero mi amor –le dice ella– toda la mañana estuve preparando tu platillo favorito, el que hacía tu mamá.

—¿De veras mi reina?

—Sí, mi rey: ¡tus chilaquiles norteños! –Otros besitos: *¡Muack!*

Ella se acerca amorosamente a él, mientras se encuentra sentado a la mesa: "Ándele mi rey, cómase sus chilaquiles norteños, a ver si así se le quita el mal genio".

A ver, ¿quién está hablando de ella? ¡Su Padre Crítico jodiendo de nuevo al Niño de él! Ella no lo está agrediendo, pero el Padre de ella sí: "A ver si se le quita el mal genio… cabrón". ¿Cómo se siente el Niño de él? Mal. Otra vez la competencia, el desplazamiento de energía… ¡y a los espadazos.

— ¡Mira cabrona! No te estés adornando, tú tienes la obligación de hacerme buena comida; para eso me chingo trabajando.

—¡Óyeme cabrón!, no te olvides que también yo trabajo para ayudar con los gastos de la casa.

Otra vez infinito… ¿Saben ustedes cuándo van a terminar los problemas de esta parejita? ¡Nunca! ¡Y ya verán! Un poco más tarde ella se sale de la casa y él se va de cabrón a seguir "el destino" de su *programación*: el *Cassette*.

¿Cuál es la meta de él? Ensartarla a ella.
¿Cuál es la meta de ella? Ensartarlo a él.
¿Podremos así bailar juntos un vals? ¡No!
¿Qué nos impide bailar el vals? ¡Las espadas!
Dice él: "¡Ah no! Pero si yo dejo mi espada, entonces me ensarta esta cabrona".
¿Y qué dice ella?: "¡Ah no! Si yo dejo la espada, me ensarta este cabrón".
¿Saben cuándo vamos a arreglar nuestras broncas? ¡Nunca! ¡Infinito!

Naturalmente que sí hay una solución porque en la vida todo tiene solución. Para variar, se llama "honestidad" porque esta es la que trae toda la responsabilidad; es muy difícil ser honesto. ¿Sí recuerdan qué es una persona honesta? Aquella que no se hace pendeja. ¿Qué es una persona deshonesta? La que se hace pendeja y responsabiliza a los demás de lo que le pasa. Puede ser que ella o yo empecemos a ser honestos. Voy a poner que soy yo. ¿Cuál es mi diálogo interno? "Esta cabrona me quiere ensartar. ¿Y por qué me quiere ensartar esta cabrona? Pues no sé… si yo soy una blanca palomita". No te hagas pendejo, cabrón; se llama "introspección".

¿Qué estás haciendo para que esta cabrona te quiera ensartar? "De veras nada; si yo soy un esposo ejemplo de la comunidad". No te hagas buey, ¿de veras nada? "Bueno, a ver… ¿qué estoy haciendo? ¡Ay cabrón! Hace diez minutos la dejé hablando sola, la descalifiqué. ¡Ay güey! Hace media hora le rayé la madre. Anoche estuve hablando mal de su hermano. ¡Pues si todos los días la estoy chingando! ¡Con razón esta cabrona me quiere ensartar! Yo la estoy invitando constantemente a que me ensarte. No, no me conviene; ya sé qué voy a hacer; voy a cambiar estas conductas tóxicas como me aconsejaron. Ya no le voy a rayar la madre, ya no voy a insultarla, ya la voy a respetar". ¡Y lo logró! A veces después de veinte o treinta años… Pero aquí con la magia lo puedo lograr en menos de tres meses con las *Caricias Positivas*.

Veamos qué son las transacciones duplex con el siguiente ejemplo

—¡Uf! Mi reina; qué calor tengo, ¡cómo vengo cansado!

—Mi amor, mí rey, quítate el saco y recuéstate en el sofá.

¿Verdad que me lo dijo muy bonito? Pues aparentemente sí me lo dijo muy bonito pero en realidad me dijo pendejo. Pero, ¿dónde está la palabra pendejo, que no la encuentro? "Mi amor, mi rey, quítate el saco y recuéstate en el sofá". ¡No veo la palabra "pendejo" por ningún lado! ¿Se los traduzco? Pues me dijo: "Eres tan pendejo que tengo que decirte que el calor se quita quitándote el saco; y eres tan pendejo que te tengo que decir que el cansancio se quita recostándose en el sofá. ¡Grandísimo pendejo!" Estas transacciones se llaman *dúplex*, el Adulto no capta pero el Niño Mágico inconsciente

Víctor Caraveo

sí, y es cuando empieza la guerra. Son los juegos psicológicos de los que hablaremos a continuación. *"Lo más importante es el sentir: 'Me puedes querer mucho pero no me lo sabes transmitir"*.

La persona positiva

Ahora bien, quiero que tengan presente este otro ejemplo: imaginen a un hombre con mucho magnetismo; un hombre que a todo el mundo le cae bien; te le acercas y te cae bien, y eso que no lo conoces. Este hombre es casado, se lleva a toda madre con su esposa. ¡Pero a toda madre! Tiene tres hijos, ¡una chulada de hijos! En su trabajo, sus compañeros lo procuran mucho; lo quieren; es un hombre –como ustedes dicen– muy positivo. Pero resulta que en su Árbol Genealógico, su mamá era prostituta y su papá era un borracho, con varias entradas al "bote". ¿Cómo es posible que sea tan positivo, si creció en un ambiente tan negativo? Lo más probable es que cuando nació ese niño, lo adoptó otra pareja. "No señor, él vivió con su mamá prostituta y con su papá borracho". ¿Cómo la ven? Esa mamá prostituta y ese papá borracho sí le supieron transmitir amor a su hijo en su Pequeña Infancia.

Este es el caso del bebé que recibió cien *Caricias Positivas* de la mamá que fue a cambiar al bebé y que en ella su energía estaba concentrada en su Niño Libre Ok. Si ustedes me preguntan: "Víctor, ¿qué opinas de una prostituta?". Mi Padre Crítico va a decir lo mismo que el tuyo y que el tuyo: "Una prostituta es una vieja sucia e inmoral". Ahora bien, si me hacen la misma pregunta, mi Adulto va a decir lo mismo que el tuyo y que el tuyo: "Una prostituta es una mujer que vende su cuerpo; tú vendes muebles, tú vendes sabiduría… pues bien, ella vende su cuerpo. Cada quien vende lo que quiere". Sin embargo, como ser humano que soy, ¿con qué estado del "yo" contesto siempre esa pregunta? Con el Padre Crítico. Siempre viendo lo negativo en los demás, para no ver mi propia negatividad.

¡Pero el caso contrario abunda! El clásico ejemplo del "junior". Ese jovencito de dieciséis años con su carrazo, asaltando licorerías, violando chavas, quebrando aparadores, mentando la madre a todo mundo y adivinen qué… ¿quiénes son sus papás?: "Un matrimonio ejemplo de la comunidad". Su mamá, una señora chulísima, muy tierna. Su papá: olvídense, es un señor muy chingón que coopera con la comunidad, presidente de casilla... ¡Una chulada de matrimonio! Entonces, ¿de dónde salió esta calamidad? "Han de ser malas compañías". ¡Tenga sus malas compañías! Ese par de angelitos –me refiero a papá y mamá– no supieron transmitirle amor a este jovencito antes de que cumpliera los siete años… porque a ellos tampoco se los transmitieron.

Sí tú me quieres mucho pero no me lo sabes transmitir, yo no me voy a dar cuenta de cuánto me quieres. "Sí, yo te quiero mucho pero no te lo sé transmitir; tú no te vas a dar cuenta de lo que yo te quiero". ¿Pero cómo es posible que no te lo pueda transmitir, si lo estoy sintiendo? Pues así es. Acuérdense del valor específico de las "caricias". Entonces, ¿qué es lo que me impide transmitirte cuánto te quiero? Mis *programaciones*, no aprendí a transmitir eso. ¿Y qué es lo que me impide sentir todas las cosas bonitas que tú me estás transmitiendo, pero en mi interior se desvanecen? Mis *programaciones*; no tengo permiso de sentir amor, felicidad. ¿Cómo puedo yo, dejar atrás mis *programaciones*? Muy fácil, dando *Caricias Positivas*.

Recuerden que andando en *Circuitos positivos* un "chinga tu madre" puede significar "te quiero" y andando en *Circuitos negativos* un "te quiero" puede significar un "chinga tu madre". Es pura realidad todo esto, no son teorías; el problema está en que usamos mucho el Niño Mágico (Pensamiento Mágico), ¡pero en negativo! Puras fantasías. En *Circuitos positivos Ok*, transmito amor y en *Circuitos negativos No-Ok*, transmito pura negatividad. Andando en los *Circuitos positivos Ok*, se obtiene salud, amor y éxito.

Las programaciones: Juegos Psicológicos

La meta más auténtica a que podemos aspirar las personas, es vivir en el Amor porque para eso estamos en este mundo: para ser felices, para amar y ser amados. El Amor es vida pero no es lo mismo estar en la vida que vivir la vida; estar en la vida es estar vegetando como ese árbol que está "Pues ahí *pasándola*", "Ahí la voy llevando". Vivir la vida es disfrutar, sentirse bien a cada momento; dije a cada momento porque me pueden pasar las peores cosas y si estoy en el Amor, siempre voy a estar clavado en lo positivo; lo negativo no me afecta tanto, me vale madre. Estoy clavado en lo que sí tengo, eso es el amor.

Ahora, ¿qué es lo contrario del Amor? Tú me dices que el odio pero yo te digo que no porque el odio es una manera de amar muy negativa, pero es amor. Si recuerdan una canción: *"Ódiame por favor, yo te lo pido, porque el odio hiere menos que el olvido"*. "Pélame con odio pero pélame". Lo contrario del Amor es el Desamor; aquí le llamamos "Rechazo". Recuerden que para el Pensamiento Mágico del niño es la muerte (Vivencia Catastrófica).

Como ven, "yo" estoy entre dos fuerzas antagónicas: amor (vida) y rechazo (muerte). Todos nacemos con Amor en nuestro interior; es la capacidad de amar y ser amado, capacidad que tiene más potencia que el miedo que tiene mi *Niño Interior* de ser "rechazado". Si estoy viviendo en el amor, siempre me voy a clavar en lo positivo porque me amo a mí mismo. El "rechazo" es algo con lo que no nací; me lo *programaron* papá, mamá y toda la gente que rodeó mi Pequeña Infancia. El "rechazo es la muerte", es el miedo que tiene mi *niño interior herido*, yo no; pero mi *Niño Interior* sí tiene miedo de ser rechazado; por algo no da *Caricias Positivas*, porque es la Vivencia Catastrófica. Voy a ejercer el amor pero, ¿y si me rechazan? ¡Pues es la chingada! Yo lo haré de todos modos; voy a tomar el riesgo de que me rechacen y el más grande que yo conozco se llama: *¡Caricias Positivas!* Porque solo eso es lo que me va a llevar, automáticamente, a vivir en el Amor. Una vez que me tomo el riesgo de dar *Caricias Positivas*, me doy cuenta de que "el león no es como lo pintan", no pasa nada y automáticamente me paso a los *Circuitos positivos* donde están la capacidad de sentir el Amor, la Salud, el Éxito, y algo más que se llama Intimidad.

La Intimidad es la capacidad o el derecho que tiene mi Niño Libre para hacer transacciones con el Niño Libre del Tú; en la Intimidad hay muchos matices como la amistad, la simpatía, la camaradería, el afecto, la atracción física y la más linda de todas las intimidades que es la intimidad sexual, que no es lo mismo que relaciones sexuales. Yo puedo tener muchas relaciones sexuales y no conocer la intimidad sexual.

Yo como ser humano tengo derecho al Amor; quiero sentir y expresar mi amor, pero hay un problema: resulta que por otro lado están las *programaciones* de papá, mamá y de toda la gente de la que recibí todos esos estímulos negativos que empezarán a meterme miedo; a mí no, a mi *Niño Interior*, y ese miedo se va incrementando, potencializando; entonces mi rechazo va subiendo y mi amor va bajando; aumenta la potencia del rechazo y disminuye la potencia del amor. Llenos de miedos rechazando al "tú". Tengo mucho miedo: Y si me rechazan, ¿qué me pasa? Me muero. Mi diálogo interior es:

"Pues yo quiero hacer intimidad con ese grupo de personas y para ello tengo que acercarme". En ese momento me enfrento a mi Vivencia Catastrófica de supervivencia.

Entonces, ¿cómo me voy a asegurar de que no me rechacen? ¡Pues primero los rechazo yo! ¿Cómo los voy a rechazar? Haciendo juegos psicológicos. La justificación puede ser: "Aquel que está en el grupo me cae muy gordo", o "ya es muy tarde y tengo que levantarme muy temprano", etcétera. Y hablo de tomarme riesgo porque tengo mucho miedo a que tú me rechaces y para que tú no me rechaces, yo te rechazo primero haciendo –sin darme cuenta– haciendo juegos psicológicos (Villatoro Chacón, 1986).

Características de los Juegos Psicológicos

Los juegos psicológicos son inconscientes, los hace el *Niño Mágico No-Ok*. Se juegan con uno mismo, entre dos personas, entre tres, cuatro, etcétera. Sin límites. Siempre hay una transacción dúplex que el Adulto no capta, pero el *Niño Mágico* sí.

Tienen como finalidad evitar la Vivencia Catastrófica, pero el costo es muy grande porque para evitar la muerte renuncio al amor, a la intimidad, y entonces soy una persona que estoy en la vida… pero no vivo la vida. Son inconscientes; el jugador es el último en darse cuenta que está jugando a algo; nadie se da cuenta de que está jugándolos. Tienen sus nombres: "Peléate por mí", "Te agarré, desgraciado", "Patéame", etcétera. Están siempre en los *Circuitos negativos*. El que hace los juegos siempre tiene una justificación. Los beneficios finales de los juegos son cárcel, hospital, manicomio y panteón. Como seres humanos que somos, siempre estamos haciendo juegos. No quiere decir que la persona que esté bien no haga juegos; los hace pero en menor grado y no se jode tanto con ellos. Pero lo más importante es que el *Adulto* no se da cuenta pero el *Niño Mágico* sí y empiezan las broncas.

Veamos un ejemplo. Yo soy Juanito, de siete años, y Sandra es mi mamá; yo quiero ir al cine pero mi mamá no quiere que vaya; ella tiene sus razones para no darme permiso. "Mami, ¿me dejas ir al cine?" ¿Qué es lo que va a contestar? "Pídele permiso a tu papá". Mi mamá Sandra no se atreve a decirme que no porque su *Niño Interior* tiene miedo de que yo no la quiera y dice: "Si le niego el permiso a Juanito, su *Niño Interior* ya no me quiere". Y si él ya no la quiere, ¿qué es lo que puede pasar? Ella se muere, eso es una Vivencia Catastrófica de Supervivencia para ella; entonces, para evitar eso, Sandra va a hacer un juego psicológico. Recuerden que son inconscientes, que nadie se da cuenta; en este caso se llama "peléate por mí". El mensaje dúplex es: "De que te pelees conmigo, a que te pelees con papá, peléate con papá; y así a mi no me dejas de querer". En los Juegos Psicológicos siempre hay una justificación: "Él es el que manda aquí". Ahora sí, claro.

Veamos otro ejemplo. Luis tenía una depresión nerviosa muy severa con intento de suicidio; acababa de salir del hospital porque se había tomado una caja de antidepresivos y le hicieron un lavado de estómago. Empezó a asustarse y decidió pedir ayuda: "Oiga, vengo a que me hipnotice y me ordene que no esté deprimido, y que ya no me suicide". El primer juego que hizo Luis y que detecté, fue este que se llama: "A que no me curas". Cuando ustedes me dicen sin palabras: "A que no me curas", ¿saben lo que voy a contestar yo? ¡A que no! La responsabilidad es de ustedes; hay gente que viene a una o dos terapias y juegan "A que no me curas", y no vuelven. "Oye, pero si yo vine contigo hace tres años y estoy peor". ¡Pues claro! No hiciste tu *overhaul*.

Además él me dijo:

Víctor Caraveo

—Mira, el problema es más serio.

—A ver, dímelo.

—Yo soy homosexual. Como ves, no hay solución. Tú sabes que es una enfermedad incurable; tengo cinco años en psicoanálisis.

No caí en la trampa y ya no le mencioné de la homosexualidad sino que le dije: "Oye, ¡pero qué friega estar deprimido! ¡Llegaste hasta el suicidio! ¿No te gustaría quitarte la depresión?

—Bueno, eso sí.

Entonces tomó la información que di y vino a terapia, pero como a las cuatro terapias vi que él estaba un poco atorado. Estar atorado quiere decir que no está haciendo lo que se aprende aquí en la terapia. No hacen la tarea. De pronto empezó a cumplir su contrato de dar *Caricias Positivas* y empezó mejorar en cuanto a la depresión, sin embargo seguía atorado. Cuando esto sucede se echa mano de otras técnicas como la *Gestalt*, palabra alemana que no tiene traducción al español y que significa algo así como una integración; juntar las piezas de un rompecabezas, resolver problemas del pasado a los que no se les dio solución, lo cual haremos Aquí y Ahora, en este momento a través de vivencias. Esta técnica tiene bastante magia; se trata de una vivencia con personajes que sí existen en la vida de esa persona, generalmente con los papás, haciendo un rol o papel que parece una representación teatral al ser tan mágica que se sale de la realidad. En este caso le dije: "Vamos a tener una vivencia con la técnica de las tres sillas vacías: Cuando Luis se siente en la silla núm. 1, ya no va a ser Luis; va a ser Luisito cuando tenía siete años de edad y va a vivir lo que vivió ahí, en esa edad. Cuando Luis se siente en la silla núm. 2, va a ser el papá de Luisito cuando Luisito tenía siete años. Y cuando Luis se siente en la silla núm. 3, Luis va a ser la mamá de

Luisito cuando este tenía siete años; solo que va a vivir aquello que está grabado en el *Cassette*. Es como echarle reversa al *Cassette* (*programa*).

Ya después de haberle explicado todo esto, le dije:

—A ver, Luis, siéntate en la silla núm. 1 –me obedece y se sienta– ¿Quién eres tú? –le pregunté.

—Luis.

—No, ¿quién eres?

—Luisito.

—Muy bien. ¿Con quién estás hablando?

—Pues con mamá –se dirige a la silla núm. 3. Mamá: Yo me siento muy mal porque siempre te veo triste; toda la vida estás triste. ¿Por qué estás triste?

Sin embargo Luis está hablando con una silla Aquí y Ahora, y las sillas no hablan. Entonces, ¿qué vamos a hacer para que mamá le conteste? Cambiar a Luis a la silla núm. 3 y una vez ahí, ¿quién es él ahora? La mamá de Luisito.

Y ella contesta: "No hijito, no estoy triste" (con cara de tristeza).

Luisito se cambia de nuevo a la silla núm. 1.

—Es que te veo triste.

Se cambia a la silla núm. 3.

Mamá: "No hijito, no estoy triste".

Vean que el Adulto de la mamá de Luisito le dice: "No estoy triste"; pero el *Niño Interior* de mamá, el que siente, ¿qué le está diciendo?: "Sí estoy triste".

A medida que avanza el ejercicio, él se va energizando y llega un momento en que Luis ya es la mamá de Luisito, y se abre: "Mira hijo, lo que pasa es que los hombres son unos cabrones; se emborrachan y luego se largan con otras viejas y la dejan a una abandonada; ni el *chivo* (dinero) nos llevan". Y apresurada, haciendo énfasis, le aclara: "Ah… ¡pero tu papá no es de esos! ¿Eh?".

                                    Víctor Caraveo

¿Qué le está transmitiendo el *Niño Interior* de la mamá de Luisito, al *Niño Mágico* de su hijito? Pues le está diciendo que su papá es un hijo de la chingada que la tiene abandonada, que no le trae ni el *chivo*, que se gasta el dinero con otras viejas. ¿Pero qué más le dice? Recuerden cómo se comunica el *Niño Mágico*: gestos, actitudes, emociones y palabras: "Siento rabia por tu papá". Estos mensajes se llaman "transacciones dúplex".

Y eso no es todo, ¿qué más le dice? "Le tengo mucha rabia a tu papá, solo que yo no me voy a pelear con él para que te quiera; tú te vas a pelear con tu papá porque si tú no te peleas por mí, yo ya no te quiero. Y si no te quiero, ¿qué te pasa? Te mueres". He ahí una Vivencia Catastrófica y una toma de opciones del *Niño Mágico* de Luisito: "O me peleo con papá o mamá no me quiere y me muero". ¿Adivinen cuál opción tomó? Pelearse con papá. En ese momento el *Niño Interior* de Luisito siente rabia por papá. Esto se llama una "papa caliente". No hay mamá que no juegue con sus hijos a la "papa caliente", "Peléate con papá". El primer juego que hizo Luisito para fregar a papá, fue provocarse una enfermedad que se llama: enuresis nocturna. ¿Saben qué es eso? Que se orinan en la cama. Hay gente que hasta los quince o veinte años la padecen y los llevan al médico, y lo primero que les dicen es esto: "A las cinco de la tarde ya no pueden ingerir líquidos". Les dan medicamentos para retener al agua y el niño sigue orinándose. ¿Por qué? Porque la meta es joder a papá. La mamá le suplicaba, lo sobornaba: "No te orines. Si no te haces pipí en la cama, te doy cinco pesos". Cuando pasó esto, la reacción del papá fue: "Son cosas de la infancia, ya se le pasará". Como ven, no pudo fregar a papá. Pero en la escuela le hacían *bullying* y le decían *el mión*. Son niños que sufren mucho; los señalan y hasta huelen a orina. Entonces él tiene que hacer otros juegos porque no lo pudo joder. Uno de los últimos que hizo Luisito fue este: De ser un niño como les gustan a ustedes, muy estudioso, muy educadito que da las gracias y pide las cosas por favor. ¿Se han fijado que papá y mamá les dicen: "Saluda", "Da las gracias", "Pídelo por favor"? A ver si a ellos les gustaría que sus hijos les dijeran delante de sus amigos: "Mamá, papá, saluda, da las gracias, pídelo por favor". ¿Les gustaría? No, pero ustedes sí pueden hacerlo, ¿verdad?

Entonces Luisito, en la escuela, se vuelve un desmadre, un *güevón* que saca malas calificaciones. ¿Adivinen para qué hacía eso? Para joder a papá: "Que manden malas notas y que se chingue el viejo".

Pero en este caso, como siempre, mamá abnegada y sufrida, pues las intercepta para que no le lleguen: "Lo salva". ¿Y el papá? En el limbo, ¡ni cuenta se dio! Total que Luisito otra vez no pudo joder a papá y entonces, sentado en la silla núm.1, Luisito comienza a rememorar: "Recuerdo que llega mi papá… son las once de la noche; recuerdo que él llega borracho y cuando viene así, se vuelve agresivo. Luego recuerdo que abre la puerta de su recámara; se mete dando un portazo y empiezan los juegos con mamá: "mentada de madre", "cachetadón", etcétera. Y en ese momento, sin que nadie se lo diga –como impulsado por un resorte–, se levanta Luis y se sienta en la silla núm. 2. Pregunto: ¿Quién es él ahora? El papá de Luisito, y dice: "¡Lo peor que le podría pasar a un macho como yo, sería tener un hijo joto!. ¡Eso sería la muerte para mí!". Es el último juego que hizo el Niño Mágico de Luisito. Se llama: "¡Te agarré, desgraciado!". "Ahora sí ya sé cómo chingarte cabrón: ¡Me vuelvo homosexual!".

A ver Luis: Ahora siéntate en esta silla, la núm. 4, y habla con papá. Dile de qué te acabas de dar cuenta. "¡Pero papá murió hace cinco años!". "¡Siéntate y habla con él, no

   Víctor Caraveo

te hagas pendejo! –A veces hay que hacerlo así–. ¡Dile de lo que te acabas de dar cuenta!" "Papá: me acabo de dar cuenta que yo nunca te tuve coraje; me acabo de dar cuenta que era una 'papa caliente' de rabia, que mamá me echó".

Luis empieza a llorar; claro que llorar es más difícil para los hombres; somos más rajados.

Las mujeres se dan más permiso para perder el control. Luis pierde el control y llora y dice: "También una cosa papá, me acabo de dar cuenta que este coraje no es mío, era de mi mamá. Y también me acabo de dar cuenta que esa falsa rabia me impidió decirte lo que realmente siento por ti, cuando estabas vivo. Pero no me queda más remedio que decírtelo ahora que estás muerto. Papi: ¡Te quiero mucho!".

En ese momento, cuál es el Diálogo Interior de Luis: "¡No tengo por qué joder a papá! ¡No tengo la necesidad de ser así para que me quiera papá! Se acabó el pedo. No tengo rabia y por lo tanto no necesito ser homosexual".

Naturalmente se los digo resumido. Luis fue a darle *Caricias Positivas* a la tumba de su papá. ¿Su mamá lo quería joder? No. ¡Claro que no! Pero lo jodió.

Los Juegos Psicológicos no son cosa de juego. En *Circuitos positivos Ok*, hago muy pocos juegos. En *Circuitos negativos No-Ok*, hago un chingo de juegos.

Este ejemplo nos remite a la homosexualidad y las personas que acuden a terapia por esta razón. Lo importante en cualquier conducta sexual está bien mientras que las personas involucradas en ella estén satisfechas con la misma y sean respetuosas para quien no la deseen. No hay una preferencia sexual mejor que otra, ni hay una norma absoluta de lo que es bueno para todas las personas.

Cada vez hay más reconocimiento del derecho al placer y el respeto a la diversidad sexual.

Aquí lo importante es que la persona se sienta bien con su orientación sexual y esté en coherencia emocional: lo que pienso, lo que siento y lo que hago, es decir en *Circuitos positivos Ok.*

Una homosexualidad masculina de origen psicológico estaría en parte relacionada con la Estructura de la Personalidad del niño en la Pequeña Infancia, con una identificación parental relacionada con papá. Es común que un padre homofóbico tenga un hijo varón homosexual; esa homosexualidad puede ser más bien adquirida. Sellam (2014) dice: "Otra homosexualidad puede provenir del Proyecto Sentido Gestacional (Hijo de Reemplazo) o puede tener influencia del Árbol Genealógico Familiar, siendo la más frecuente y más fuerte la de la Pequeña Infancia" (pág. 19)

Roles en los Juegos Psicológicos

Los Juegos Psicológicos son cosas ficticias que están sucediendo; tomamos roles como en una película.

En los Juegos Psicológicos hay tres principales roles que forman un triángulo dramático: Perseguidor-Salvador-Víctima, como se muestra en la imagen.

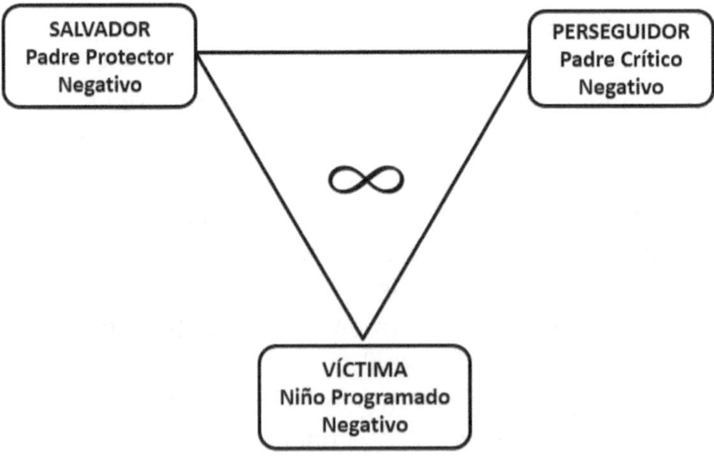

                                        Víctor Caraveo

Perseguidor

Siempre está fregando, agrediendo; es un enemigo abierto. Su meta es que lo respeten y le tengan miedo. Pero lo que logra es que los demás le tengan rabia y no lo respeten.

Salvador

Este rol es el enemigo oculto. Cuando estoy en mi rol de Salvador está mi Padre Protector No-Ok: "gran mamá, gran papá". La abnegada y sufrida madrecita. Una persona en la terapia le puso la "gallina búlica". ¿Han visto cómo son las gallinas búlicas? Son gallinas petaconas llenas de corucos, que son los piojos de las gallinas. Castra, no deja crecer a sus polluelos; los salva de todo, les quita la oportunidad de que crezcan, de que aprendan a defenderse por sí mismos y los quiere tanto que los asfixia y los mata. Pero eso sí… con mucho amor.

Víctima

¿Qué haríamos todos los hombres, si ahora entra Pedro (Perseguidor) y le da un golpe a Laura (Víctima)? ¡Pues lo agarro a chingadazos al cabrón! Aquí me convertí en salvador; la salvé a ella, persiguiéndolo a él y el perseguidor de ella pasó a ser mi víctima. Lo golpeo y Pedro (Perseguidor) me manda a la cárcel a mí (Víctima), acusándome de lesiones. O él me golpea a mí y me manda al hospital. Ahora yo soy la Víctima. Pero ahí no quedó todo, ya estoy en la cárcel o en el hospital y para acabarla de chingar, adivinen qué me dice Laura: "Tú para qué te metes, Pedro me puede golpear cuando él quiera". Ahora ella me persigue a mí después de que yo la salvé, y luego digo la frase favorita del Salvador: "Por meterme a redentor, salí crucificado".

Estos roles los tenemos todos y los hacemos todos los días: Perseguidor, Salvador, Víctima.

Los Juegos Psicológicos son inconscientes, siempre tienen justificación.

Veamos un caso. La Víctima es el hijo alcohólico; el Salvador es la Madre y el Perseguidor es el Padre.

El Perseguidor (Padre) agrede y reprende a la Víctima y el Salvador (la Madre) lo defiende. El Perseguidor, entonces, acusa a la Madre de ser la culpable del alcoholismo del hijo. ¿Qué quiere decir esto? Que la Madre cambió de rol; ya no es Salvador, pasó a ser Víctima del Padre. Entonces el hijo sale a atacar al Padre diciéndole que en realidad él es el responsable, no la Madre.

Aquí la primera Víctima (el hijo) pasa a ser Perseguidor del Padre y el Perseguidor original (el Padre) pasa a ser Víctima. La Madre (que la habíamos dejado como Víctima) comienza a defender a su esposo; es decir, nuevamente es Salvadora.

El juego de la Víctima es sencillo: Hacerte sentir culpable y que pagues por ello: "Pobrecito/a de mí". Todo esto es Inconsciente y a medida que vamos regrabando el *Cassette*, iremos dejando los Juegos Psicológicos. El Perseguidor manipula con miedo. El Salvador manipula con culpa. La Víctima manipula con miedo y culpa.

Veamos otro ejemplo de un juego psicológico muy común en las familias.

Están papá, mamá y su hijo en terapia.

Habla papá: "¡Ya no hallamos qué hacer con esta calamidad! ¡Le tiró la comida a su mamá!".

Dice el niño: "¿Me dejas hablar papá?".

Habla el papá: "Usted cállese".

Le digo: "Déjalo hablar".

El niño dice: "Es que mi mamá me da todos los días albóndigas, estoy harto".

La mamá dice: "No es cierto, nomás lunes, miércoles y viernes".

La justificación: "Son más baratas y muy alimenticias".

Y empieza el juego psicológico: la Mamá Perseguidora del niño con las albóndigas, y el niño es víctima de mamá.

El niño: "Ya me tienes harto con las albóndigas". Perseguidor de su mamá.

Mamá Víctima: "Hijo, ¿por qué me haces esto?". Mamá Víctima de su Perseguidor.

Para que el juego siga aparece el Salvador: el papá (el metiche).

El papá decide salvar a su esposa y para lograrlo, persigue al hijo.

Papá: "Óyeme cabrón, te me vas a tu cuarto. ¿Qué te has creído?

Papá tiene dos roles: Salvador de su esposa y Perseguidor de su hijo. El niño era víctima de mamá, ahora es víctima de papá. El niño se va a su cuarto y poco después va mamá y le lleva un postre muy rico; le dice que no le haga caso al cabrón de su papá. Así la Mamá es Salvadora de su Perseguidor (del niño). Sale mamá, el papá está leyendo el periódico y le dice: "Tú todo lo quieres arreglar a gritos" y la Mamá ahora es Perseguidora de su Salvador (papá). El niño oye la pelea, sale del cuarto y dice: "Ya mamá, deja a mi papá que lea el periódico en paz". Ahora el Niño es Perseguidor de su Salvador (mamá) y es Salvador de su Perseguidor (papá). ¡Qué bonita familia!

Carácter y Codependencia

Sabemos la verdad pero no vemos la realidad. La realidad es que: todos los seres humanos somos iguales aunque seamos distintos. O al revés: Todos los seres humanos somos distintos aunque seamos iguales. Vamos a ver como se determina lo que forma el carácter en la gente.

Hay dos tipos de *programaciones*: la *Programación* Genética y la *Programación* Ambiental.

La *Programación* Genética se refiere a la estatura, al color de piel, al color de los ojos, etcétera. La *Programación* Ambiental: "No son los genes los que controlan nuestro cuerpo y nuestra mente, sino los *programas –creencias–* que, en consecuencia, controlan nuestro cuerpo y nuestra mente, y por tanto, nuestra vida" (Lipton, 2006: 68). Esto determina el carácter de la gente.

En los seres humanos, es cuando la energía tiende a mantenerse en un Padre constante, un Adulto constante y un Niño constante. Lo ideal es que la energía fluya como de hecho sucede de Padre, Adulto, Niño. Que la persona esté equilibrada entre su Padre, su Adulto y su Niño.

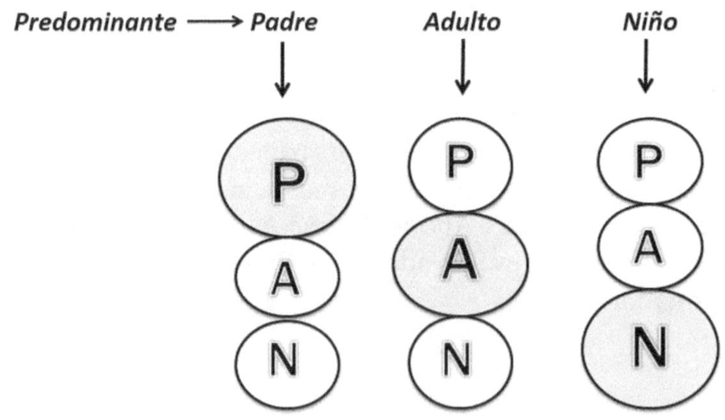

Víctor Caraveo

En el primer *egograma,* el Padre excluye al Adulto y al Niño. Son personas críticas, moralistas, con muchos deberes, salvadoras.

En el segundo *egograma,* el Adulto excluye al Padre y al Niño. Son personas racionales, aburridas, rígidas.

En el tercer *egograma,* el Niño excluye al Padre y al Adulto. Son personas que no toman decisiones, irresponsables, divertidas, mucho carisma con las mujeres/hombres.

Esto es igual para hombres que para mujeres.

Veamos un ejemplo. Al contar un chiste, nuestro Poder Ejecutivo, "la energía", se va al Niño Libre y se disfruta. Estamos poniendo atención a algo, y entonces el Poder Ejecutivo se va al Adulto, y desaparecen el Niño y el Padre. Hay personas que usan más el Padre, y aunque tienen claro que tienen Adulto y tienen Niño, les funciona muy poco. Esto quiere decir que el Padre Interior se chupa toda la energía del Adulto y del Niño; ellos son puro Padre: siempre tienen razón y dejan al Adulto y al Niño sin energía. Su Padre absorbe toda la energía. Hay personas en las que su Adulto es muy potente; ahí está concentrada su energía; o sea que funcionan más como Adulto. Son muy mentales, razonan mucho. En otras personas, el *Niño Interior* se chupa toda la energía del Padre y del Adulto; o sea, son puro *Niño Interior.* Esto es lo que conforma el carácter; eso no viene *programado* genéticamente; se les programó por el entorno ambiental.

Hay contextos donde las personas han sido *programadas* para usar más el Padre. Claro que tienen Adulto y Niño, pero predomina el Padre; o sea que tiene mucho Padre, poco Adulto y poco Niño. Su Padre absorbe casi toda su energía. Esas personas siempre tienen razón, siempre viven en el pasado. Hay contextos donde la gente usa más el *Adulto.* ¿Cómo dijimos que son los adultos? Convencieros. No tienen tantas tradiciones, son prácticos, materialistas. Hay otros contextos donde usan mucho el Niño; el baile, la fiesta, el futbol, ¡tienen mucho Niño Libre!

En una familia de ocho hermanos y hermanas, en unos predomina el Padre, en otros el Adulto y en otros el Niño, y esto trae muchos problemas. "¡Pero si son del mismo Papá y de la misma Mamá!". ¿Por qué son tan distintos?. Esto de deba a varios factores uno de ellos al tipo de *programación* que recibimos en nuestra Pequeña Infancia, como Niño Sumiso u Opositor. Otro factor es por las afinidades familiares, y el Rango de hermandad en el Árbol Genealógico. Esto lo veremos ampliamente en el siguiente capítulo.

La persona negativa y sus opciones

Hay personajes que nos encontramos con mucha frecuencia: "El positivo", a quien todo lo que hace le sale bien: su trabajo, su esposa, sus hijos, etcétera. También a "El negativo", el que transmite *Caricias de lástima*: "Ya ni modo", "Ahí se va". También son de esos "cuchillitos de palo" que siempre están chingue y chingue, que te rayan la madre. Son muy agresivos y transmiten puras *Caricias negativas*: a*gresivas* y de *lástima*. Generalmente decimos que nos hacen sentir mal, pero no es cierto que me hacen sentir mal, yo utilizo lo negativo que veo en esas personas para sentirme mal, para darme en la madre por órdenes del *Cassette*, porque este me dice: "Siéntete mal, cabrón, y usa a los demás". Y, ¿cuándo voy a arreglar mis broncas? ¡Nunca! Nosotros mismos nos hacemos negativos. Esta también la persona común y corriente: "El Estándar", con sus *Circuitos negativos No-Ok* y sus *Circuitos positivos Ok*. Éste tiene en la vida dos opciones: estar positivo o estar negativo. Y por otro lado, tenemos uno más al que llamamos: "El negativo"; éste nada más está en *Circuitos negativos No-Ok*, lo cual quiere decir que este

                    Víctor Caraveo

siempre anda negativo, y ¡ah, cómo chinga! Es un pendejo, un quejumbroso; implica que esta persona, la mayoría del tiempo de su vida, está negativo, por eso la única opción que tiene es estar jodido.

Veamos un ejemplo. Julio es esa persona negativa que da *Caricias agresivas*. Está en su oficina y en ese momento se para la secretaria Magda en la puerta, la ve y le dice:

—Oye idiota, ¿qué haces ahí? ¡Vete a trabajar!

—¡Oye, no me hables así estúpido!

—¡Cállate!

—¡No me callo, idiota!

¿Qué les parece la actitud de Magda? Correcta diríamos. Démosle un aplauso; defendió su honor, su dignidad, su orgullo. ¿Qué pasa si la pendejea? Ella lo pendejea y ya están en un juego. Pero esto puede ir más lejos y llegar a los golpes, y después hasta a la cárcel o al hospital.

¿Qué hubiera hecho Magda ante la actitud de Julio desde otra perspectiva? ¡Darle *Caricias Positivas*! A *Caricias negativas*, responde con *Caricias Positivas* (no fallan). Cuando Julio estaba jode y jode, dándole todas esas *Caricias negativas* a Magda, ¿adivinen para quién eran esas agresiones? ¡Para el *Niño Interior* de Julio! Pero llegó un momento en que Magda toma otra actitud y empieza a darle *Caricias Positivas*: "Me gusta mucho tu cabello", "Me gustan mucho tus ojos", etcétera.

Con esa invitación de Magda, entonces Julio empezó a darle *Caricias Positivas* a ella. ¿Y para quién fueron esas *Caricias Positivas*? ¡Para el *Niño Interior* de Julio! Y el *Niño Interior* de Julio, que se sentía mal, ¿ahora cómo se siente? ¡Bien! Así de sencillo es esto; en ese momento dejé de ser "negativo". Ya podemos bailar el vals juntos; nada malo puede pasarnos aquí y ahora.

Si alguien me agrede, tengo derecho a encabronarme aquí y Ahora; luego tomo mi responsabilidad –porque siempre me haré responsable de lo que a mí me pasa– y me pregunto cómo lo invité a que me agrediera. Ahora, con mi Adulto, hago lo que me conviene y decido tomar la opción de dar *Caricias Positivas*. ¿Qué te conviene, que te quieran o que no te quieran? El mensaje de la *Caricia Positiva* es: "En el aquí y el ahora estoy encabronado por la agresión, ¡pero te quiero como persona!". Aquí está la magia.

Hay miles de conferencias motivacionales; libros y simposios que integran estas palabras: ¡Éxito en la vida!

¿Qué es el Éxito? Lograr mis metas. Cuando ustedes tomen la opción de dar *Caricias Positivas*; y cuando lo automaticen, júrenlo que ya están del otro lado, no es tan difícil. Esto de las caricias sí funciona en un 95 por ciento de los casos. Es mucho más potente la positividad que la negatividad. Naturalmente hay un cinco por ciento de que a pesar que Magda le da *Caricias Positivas* a Julio, y él sigue chingue y chingue hasta que llega un momento en el que ella se va a hacer un diálogo interno: "Me hago responsable de no tener la capacidad para que Julio baile el vals conmigo…", y que no diga: "Con este cabrón no se puede". Yo no lo responsabilizo a él, yo no tuve la capacidad de lograr que Julio aceptara mi invitación y, por tanto, como yo me quiero mucho, no quise tirar esta pared a topes, no lo quise cambiar. Yo lo invité a bailar el vals, él no aceptó y lo respeto; por lo tanto, me retiro de su vida y de su entorno con mucho respeto porque a mí no me conviene hacer transacciones con personas negativas que no acepten bailar el vals conmigo; lo invito, ¿no acepta? Me retiro; es bronca de él, no mía. Yo quiero mucho a Julio, pero yo me quiero más.

Estoy hablando de "esposo-esposa", "mamá-hijo", "papá-hijo", "hermano-hermana", "amigo-amiga", "empleado-jefe". En toda relación siempre nos encontramos con nosotros mismos en el otro, es nuestro espejo. La víctima siempre se

                                        Víctor Caraveo

une al victimario; el que no se respeta se encuentra con el que le falta al respeto.

La Simbiosis (codependencia)

Es la cárcel portátil que a todos lados llevamos. Cuando les hablé de que lo más bonito del mundo es el Amor, y les pregunté qué era lo contrario, alguien dijo que el odio. No, el odio es una manera de amar; muy para la chingada, pero es amor. Pero todavía hay otra manera de amar peor que esta; es un amor muy bonito, lindísimo, pero al mismo tiempo este es el peor. Es el amor más perro del mundo. Se llama Simbiosis (codependencia).

Franca Simbiosis normal positiva

Generalmente la simbiosis de los bebés es con mamá porque es ella quien le da su lechita y le cambia el pañalito. Sólo que la necesidad de la mamá es tremendamente potente con el bebito; la mamá puede estar dormida como un tronco, puede pasar un tráiler haciendo mucho ruido y ella sigue bien jetona. Sin embargo, si el bebito, en el otro cuarto hace "coff, coff", la mamá sale a madre para ver qué le pasa al bebito: es una Comunión Bioenergética.

Ahora lo ideal sería que la Simbiosis desaparezca a los siete años cuando ya hay un Adulto que toma decisiones. Resulta que a los siete años ya van a estar completos y entonces sí, el niño de mamá se asusta cuando su Niño Interior Mágico No-Ok, capta que ya está completo y que se va a largar. "¿Y qué va a pasar conmigo? Me voy a quedar sola y… ¡me voy a morir!". Para mamá, esto es una Vivencia Catastrófica, de eso nadie se da cuenta. La mamá se siente muy mal porque no quiere que se vaya y le dice: "Si te vas, te mueres". Y no deja que se vaya. Claro, aquí yo lo estoy diciendo con palabras pero ella lo dice con actitudes, gestos, emociones y al último con palabras. Es un amor muy lindo hasta los siete años, pero después es un amor no tan lindo. Ya salimos de casa y seguimos simbiotizados; buscamos gente con quién simbiotizarnos: amigos, jefes, empleados y claro, la pareja. Todos tenemos un grado de codependencia (Simbiosis) pero no es lo mismo tener un diez que un cincuenta o un ochenta por ciento. Todas nuestras relaciones se mantienen "unidas" por el sentimiento de la culpa y de la soledad. ¿Qué es el amor? Es cuando aceptamos al otro con sus cualidades y defectos. Si lo quieres cambiar no es amor. El amor verdadero significa que nada hay que quitar, nada hay que agregar.

Desgraciadamente no somos como las golondrinas que hacen su nidito, ponen huevos, los incuban y nacen los golondrinitos; luego papá y mamá los alimentan y van creciendo hasta que empiezan a volar, y una vez que los golondrinitos saben volar, ¿adivinen qué hacen papá y mamá? Los corren del nido porque el nido es de papá y mamá. ¡Pues hacen bien! En cambio yo mamá, yo papá, ¡qué esperanzas! "¡Yo no tengo un corazón de piedra!" Yo mamá, yo papá, mi *Niño Interior*, empieza a captar que mis hijos ya son libres, que ya están completos y para pronto empezamos: "Si te vas, te mueres". Los hago dependientes pero yo me hago dependiente de ellos a partir de los siete años. Hay quien dice: "Yo me salí de mi casa a los siete años". Pues te puedes ir al otro lado del mundo y hasta allá va el *Cassette* contigo, lo traes cargando aunque ya hayan muerto papá y mamá.

La Simbiosis sigue, la voy a hacer con otras personas. ¡Qué bonito es ser libre! Pero le tememos a ser libres. Sin embargo, esto no es una tragedia, la Simbiosis o codependencia se puede romper. ¿Cómo? Tomando la información, dándome cuenta, tomando conciencia y utilizando las herramientas sobre cómo hacer una regrabación de los *programas* del *Cassette*. Cuando dos personas están simbiotizadas y una de ellas empieza a romper la Simbiosis, que es mala para ambos, la otra siente que se muere (Vivencia Catastrófica).

Veamos algunos ejemplos de cómo las relaciones de pareja funcionan como espejo. Una chica va con su novio al restaurante; ella pide una cosa pero no es de su agrado y reclama y pide que se la cambien. Al novio le molesta que su chica esté siempre reclamando; no es tan amable como a él le gustaría que ella fuera. Echándose un clavado (introspección), se da cuenta que a él le falta más determinación para reclamar; su energía está en el Niño Sumiso.

Veamos otro ejemplo. Una señora siente que ella y su esposo no pueden disfrutar juntos; sus padres dependen de su esposo. Los padres le llaman constantemente y ella se molesta porque no puede pasar tiempo con su pareja. Es más fácil decir que la culpa la tiene el otro. "Hay que tener presente que cuando con un dedo señalo a otro, tres dedos me señalan a mí". Por lo tanto, el otro solo me está haciendo de espejo, de algo que yo también debo sanar y resolver. ¿Qué pasaba con esta señora? Al igual que su esposo, quien no tenía permiso de disfrutar, ella tampoco tiene permiso. Lo que pasa es que es más fácil culpar al otro. Deberíamos darnos la oportunidad de decirnos qué es lo que el otro nos quiere mostrar, de qué nos está haciendo espejo.

Veamos ahora un ejemplo de una pareja con simbiosis. Él vino por un problema de alcoholismo y empezó como todos tomando esta información; siguió con la terapia y empezó a crecer. Tenía siete meses de divorciado y él se quedó sin Niño Libre; ya él usaba el Niño Libre de su exesposa. Para que saliera ese Niño Libre, lo hacía emborrachándose, aunque en este caso era el Niño Libre Negativo No Ok. Después del divorcio, ella regresó a casa de sus padres, ya que usaba el Padre Interior y el Adulto Interior de su mamá. Durante su matrimonio, ella usó el Padre Interior y el Adulto Interior de su esposo. Ella tenía mucho Niño Libre y no tenía Padre Interior ni Adulto Interior. Su exesposo no tenía Niño Libre y tenía mucho Padre Interior y Adulto Interior. Cuando una mujer tiene exceso de Niño Libre, Padre bloqueado y Adulto bloqueado, buscará un hombre con exceso de Adulto y Padre, y a la vez Niño Libre bloqueado, como en la figura. Y se hace la simbiosis.

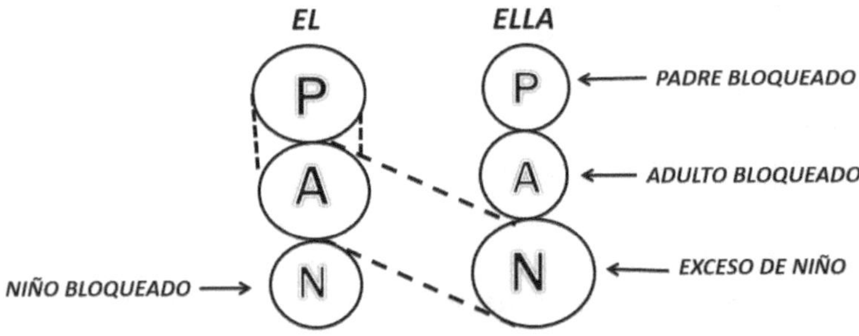

La madre de esta mujer divorciada conservó la habitación de su hija cuando ésta se casó y les decía a todos: "En esta recámara no entra nadie, es que yo quiero mucho a mi hija". Esto no era cierto, la mamá sabía —entre comillas— que su hija se iba a divorciar. La pareja divorciada tenía un bebé de ocho meses al momento del divorcio; al padre se le permitió visitar al bebé los fines de semana. La exsuegra es quien toma las decisiones, el Adulto Interior y el Padre Interior de la suegra, de los que la exesposa carece. La exsuegra abre la puerta y dice: "Tenía que ser usted, miserable". Él tomó la opción de las *Caricias Positivas*. "¡Tan linda mi suegra!", "¡Tan preciosa!", "¡Me gusta mucho su cabello!", etcétera. En la próxima visita, la suegra lo recibió

     Víctor Caraveo

muy cariñosa y le dice: "Usted puede venir cuando quiera". La exesposa se enojó, se sintió traicionada por su mamá, se quedó otra vez sin Padre Interior y sin Adulto Interior y le dice: "Mamá, tú siempre te metes con mis cosas, ya no. ¡Yo voy a recibir a este cabrón!". La exesposa abre la puerta: "Ya vienes tú, degenerado borracho". Él le dice: "Tan linda, cómo te quiero. Me gustan mucho tus ojos", etcétera. La exesposa empieza a manipular con el hijo de ocho meses: "Me voy a largar y ya no vas a volver a ver a tu hijo". Él se da cuenta que es un juego de ella porque ya sabe cómo funcionan los Juegos Psicológicos y le dice: "Yo sé que a mi hijo le va a ir muy bien con una mamá tan linda (*Caricias Positivas*); si quieres, desde ahora no vuelvo a ver a mi hijo". Ella tragó bolitas y le dice: "Me voy a conseguir un verdadero hombre". Él le dice: "Yo sé que vas a encontrar un hombre que te quiera mucho, te lo mereces". Él tampoco cayó en la trampa. ¿Qué pasó? Ella vino a la información, luego a la terapia y se puso bien; se volvieron a casar y bien. Tuvieron tres hijos más. Al entrar en *Circuito positivo Ok*, la ventaja es que no tienes qué preguntar a nadie qué vas a hacer porque lo que tú hagas en *Circuitos positivos* estará bien hecho para ti, aunque mucha gente te diga que estás equivocado. Aquí no hay ningún consejo. Aquí van a aprender a crecer y a hacer las cosas bien. Esto les va a dar libertad, autonomía y tú no vas a depender de lo que digan los demás.

La mayoría de las canciones tienen mensajes de amor simbiótico. ¿Qué les parece ésta de mi inspiración?

"Ya seeee"
Ya sé lo que haré
Cuando ya no estés
He de seguir y cambiar
Lo que quiere mi alma

Con la despedida
Ya sé lo que soy
Ya sé, que tú te has ido
Te recordaré
Como algo aprendido
Como dos espejos
Que se han coludido
Porque en el amor
Nada hay que cambiar
Nada que agregar
Todo está en su sitio

Tu imagen será
Para mí un delirio
Del que siempre tendré
Mi mejor suspiro.

Tiempo Cronológico y Tiempo Existencial

El tiempo al que nos enseñaron a darle mucha importancia, pero que en realidad no tiene tanta, es el tiempo cronológico. Se mide con el reloj y con el calendario, es cíclico: está yendo y viniendo. La primavera vuelve, el sabadito lindo vuelve, etcétera. El pasado no importa y el futuro menos, porque ya se murió pero me paso la vida torturándome pensando en "qué va a pasar mañana", y ni siquiera puedo dormir. No sabemos vivir Aquí y Ahora pero ustedes sí aprenderán a vivir de esta manera; a disfrutar de esta hora, de este momento. El tiempo, en realidad, no tiene la importancia que le damos, pero me *programaron* para ello. Sí tiene importancia, claro, pero no en la manera en que me lo *programaron*.

Víctor Caraveo

Tiempo 'Interno' o Existencial

En primer lugar, el Tiempo Existencial no se mide ni con el reloj ni con el calendario; este no es cíclico. Pronto me daré cuenta qué fue lo que hice con mí tiempo: perderlo miserablemente. Aquí no existe el pasado ni el futuro, sólo existe el "Aquí y Ahora".

La pensadera: Es el deporte que más practicamos los seres humanos; siempre estamos en el pasado o en el futuro, pero rara vez en el Aquí y Ahora; estamos *programados* para clavarnos en el pasado o en el futuro; no es lo mismo "pensar" que "clavarse" en él; si yo me clavo en el pasado genero muchas pendejadas, pero hay tres que nunca faltan: rabia, culpa, depresión; y si me clavo en el futuro, también genero otras pendejadas, pero no faltan estas tres: miedo, ansiedad y angustia. Lo que sigue quizá no me lo entiendan: sólo hay vida Aquí y Ahora. Claro que puedo pensar en el pasado y en el futuro, aun cuando son fantasías, pero no voy a clavarme en ellos porque los empiezo a vivir nuevamente y cada vez que me clavo, ya sea en el pasado o en el futuro, me salgo de la realidad, me salgo del Aquí y Ahora; hacemos de la fantasía una realidad y luego andamos que nos lleva la chingada… Y lo más importante en la vida es el "sentir".

Yo les digo: "Aquí te mueres y renaces". ¿Qué hacer para vivir en Aquí y Ahora? Dar *Caricias Positivas*. El tiempo que más importa es el Tiempo Existencial; vivir la vida quiere decir, que lo más importante es vivir Aquí y Ahora. Según nuestra manera de vivir, hay muchas maneras de *programar* nuestro tiempo; sin embargo, ¿qué es lo que hago con mi tiempo? Dos cosas: cargar mis baterías positivas, estar positivo e invitar al "tú" a estar positivo, o cargar mis baterías negativas y estar negativo e invitar al "tú" a estar negativo sin darme cuenta.

Cómo programamos nuestro tiempo

Las maneras más comunes de programar el tiempo son: el aislamiento, los rituales y ceremoniales, los pasatiempos, los Juegos Psicológicos, la actividad y la intimidad. Veámoslo uno por uno.

El aislamiento puede ser positivo o negativo, *Circuito Ok* o *Circuito No-Ok*. La tercera parte de nuestra vida la pasamos en aislamiento positivo o negativo. El aislamiento implica la desaparición del "tú" durmiendo; es un aislamiento positivo. El Insomnio es un aislamiento negativo; duro toda la noche pensando pendejadas o bien, duermo hasta diez horas y me levanto todo adolorido, diciendo que creo que dormí torcido, que no descansé. El insomnio es un aislamiento negativo; al pasar al aislamiento positivo, aunque tenga años de insomnio, con pastillas desaparece en tres o cuatro semanas. Es fácil hacer aislamiento positivo pero sólo cuando estoy en *Circuitos positivos Ok* porque si digo "voy a ser positivo", eso es inútil, puedes repetir una y otra vez que eres muy positivo, pero sí de niño escuchaste una y otra vez que no sirves para nada, eso está en tu *programación*. Se necesita algo más que "pensamientos positivos" para mantener el control de tu cuerpo y de tu vida. De pronto viene gente que tiene años de insomnio tomando medicamento; eso es andar en aislamiento negativo. Se acabó la droga y a dormir tranquilo. Siempre se sueña, pero una persona en *Circuitos positivos Ok*, rara vez tiene pesadillas.

A través de los rituales y ceremoniales empiezan las relaciones entre el "yo" y el "tú". Al principio yo no les daba importancia a los rituales pero la tienen porque estos tienen que ver con el éxito en la vida y en ellos también existe la bipolaridad; pueden ser positivos o negativos. Si son positivos, me llevan automáticamente a estar en *Cir-*

cuitos positivos Ok y voy a hacer rituales y ceremoniales positivos automáticamente. Ahora, si son negativos, me llevan automáticamente a estar en *Circuitos negativos No-OK*, y voy a hacer rituales y ceremoniales negativos automáticamente. A través de un ritual estoy transmitiendo un rechazo o intimidad.

Una manera de transmitir un rechazo es cuando saludamos a una persona y ahí estamos volteando para otro lado; o saludando y apretando demasiado la mano; o bien, con la mano como de trapo. Por ejemplo, ¿cómo nos abrazamos los hombres? Nos damos de golpes en la espalda: "Hola Pedro, ¿cómo estás?". Zas, zas... ¡Una de cabronazos que le doy, que Pedro mejor se va! Me lo encuentro la siguiente semana: "¡Hola Pedro!". Y él muy serio, me da la vuelta y se va. "Pero pinche cabrón, ¿por qué me rechaza? Porque yo lo agredí primero, pero no me doy cuenta de eso. Los hombres somos emocionalmente más débiles que las mujeres, sobre todo en el sexo; de diez personas con problemas sexuales, ocho son hombres y sólo dos mujeres; los hombres le tenemos más miedo al propio sexo; las mujeres pueden decir a otra mujer: ¡Qué bonita! Y hasta darle un beso; y nosotros los hombres, ni pensarlo; van a decir que soy *gay*. Las mujeres son más seguras de sí mismas en este sentido. Tenemos mucho miedo a lo que se llama intimidad; puede ser la empatía, la simpatía, la camaradería, el afecto, la amistad, la atracción física, lo que sigue es la inimidad sexual, la más linda de todas las intimidades.

Una de las broncas que hay en la pareja son los pasatiempos. ¿Pero para qué son los pasatiempos? La palabra lo dice: para llenar mí tiempo. Cuando no estoy en aislamiento, cuando no estoy en rituales, cuando no estoy en actividad, cuando me sobra tiempo. Es una manera de llenar mi tiempo y no caer en *Circuitos negativos* que, si no lo lleno, voy a caer en un vacío existencial, en *Circuitos negativos*. "La ociosidad es la madre de todos los vicios". También en los pasatiempos existe la bipolaridad: pueden ser pasatiempos positivos o pasatiempos negativos. Si son positivos me llevan automáticamente a estar en *Circuitos positivos Ok*. Si son negativos, me llevan automáticamente a estar en *Circuitos negativos No-Ok*, ocupando el tiempo que me sobra de algo, como cuando no estoy trabajando sino dormido, en los rituales, en la intimidad, y tengo que llenarlo porque de lo contrario caeré en un vacío existencial donde están los *Juegos psicológicos negativos No-Ok* como deportes, *hobbies*, reuniones, que son necesarísimos; se llena el tiempo. Veamos un ejemplo: las mujeres se van al café de los martes, se juntan y hay un intercambio de *Caricias Positivas*. Se saludan, se chulean unas a otras, se cuentan sus proyectos familiares, etcétera. Pero el ir al café los martes puede ser pasatiempo negativo con los Juegos Psicológicos. El juego que más practicamos tanto hombres como mujeres se llama: "Juego de boca chueca". El chisme. Veamos un ejemplo de esto. Soy Blanca y le digo a Martha: "Sé que eres una tumba y no vas a decir este secreto". ¿Qué es lo que estoy diciendo por debajo (dúplex)?: "Si tú no lo dices, no te quiero". ¿Qué es lo que va a hacer Martha? Lo va a contar más adelante. Martha va a hacer un juego que tiene nombre: "Difamación", "Cárcel", "Hospital", "Manicomio" o "De panteón". Y ya cuando sucede eso, aparece Blanca y dice: "¿Ya viste lo que hiciste con tus chismes? Si he sabido que eras tan chismosa, ni te lo digo". Pero, ¿quién es más chismosa?, ¿Blanca o Martha? ¡Blanca! Todos los días lo hacemos, ¿y saben qué? ¡No me doy cuenta!

Otra manera de programar el tiempo son los Juegos Psicológicos. Aquí no hay bipolaridad: siempre son negativos y me mantendrán siempre en los *Circuitos negativos No-Ok*; mientras más Juegos Psicológicos haga, más refuerzo el *Circuito negativo No-Ok*.

Otra manera de programar el tiempo es la actividad. Aquí sí hay bipolaridad; la actividad a la que me dedico puede ser positiva o negativa. Si la actividad es positiva me lleva automáticamente a los *Circuitos positivos Ok*, y viceversa. La actividad está al servicio del instinto de conservación, del individuo. Es privativa del Adulto: ¿Cómo obtengo el dinero para satisfacer todas mis necesidades? Trabajando en actividades positivas o negativas.

La temida y a la vez deseada intimidad constituye transacciones de Niño Libre a Niño Libre, y se acabó. La intimidad está al servicio de los *Circuitos positivos Ok*, al servicio del argumento del Triunfador. La intimidad siempre es positiva, me permite disfrutar de la vida a cada momento; dije "a cada momento". Mientras más Juegos Psicológicos tenga, más voy a estar en aislamiento negativo; rituales y ceremoniales negativos; pasatiempos negativos, actividades negativas. Voy a tener menos capacidad para disfrutar con el Niño Libre Ok. Conforme me vaya saliendo de los juegos, a través de las *Caricias Positivas*, voy a pasar de los *Circuitos negativos* a los *Circuitos positivos*. En lugar de tomarme pastillas para dormir, voy a hacer aislamiento positivo; en lugar de hacer juegos de boca chueca, voy a tener pasatiempos positivos y voy a tener una actividad positiva. Y, por último, voy a tener permiso para hacer intimidad porque la *programación* el "*Cassette*" prohíbe, pero mi Niño Mágico da permiso a mi Niño Libre para cualquier tipo de intimidad, incluyendo la más linda: la intimidad sexual.

Rol del Triunfador

Hay personas que se encuentra uno con frecuencia en la vida, que tienen muy buena suerte. Decimos: ¡Fulano qué buena suerte tiene! Y luego la justificación: "Es que unos nacieron con estrella y otros nacimos estrellados". Todos nacimos con estrella pero la gente dice: "No, es que Javier es un 'suertudo', ¡les salieron muy buenos sus hijos! Pues claro, si a él le tocó muy buena esposa, ¡así que chiste!". Todas esas son fantasías; lo que pasa es que Javier hace transacciones complementarias, paralelas y cerradas con su pareja, con sus hijos, con sus amigos, y por eso todo le sale bien. El Adulto no cree en la suerte, por eso no lo llama "Suertudo". Le llama Triunfador. Todos nacimos triunfadores. Como le decimos el "suertudo", lo vamos a representar con un signo de la buena suerte que es el trébol de cuatro hojas. En el centro vamos a poner el área mental sana; quiere decir que aquí no hay *rebusques*, angustias, depresiones, culpas, pensadera, etcétera. Luego, como si fuera un anillo, esta área estará sana y rodeada por su espacio físico; o sea que estoy sano, mi cuerpo está sano. Con esto ya tenemos el centro de nuestro trébol, área mental, área física. Ahora vamos a poner las cuatro hojas; cada una nos va a representar los roles más frecuentes que desempeñamos los seres humanos y que corresponden a cada uno de los instintos que tenemos *programados* genéticamente.

Rol Pareja: Instinto sexual.

Rol Familiar: Instinto de Procreación.

Rol Social: Instinto Gregario.

Rol Laboral: Instinto de conservación del individuo.

El Trébol de cuatro hojas

Rol de pareja (Instinto sexual)

Los elementos esenciales de este rol son: dialogar, respetar, coincidir, proteger, ser protegido, disfrutar de la vida juntos, tener intimidad sexual.

Dialogar

Diálogo es el principal punto en el rol de pareja. El diálogo es fácil pero muy difícil; es muy fácil cuando tengo idea de lo que es un diálogo y muy difícil cuando no lo tengo. Pregunto a ustedes: ¿Cuánto tiempo dialogaron con su pareja? Un buen diálogo dura de uno a cuarenta segundos; son transacciones de dos computadoras: el Adulto de él y el Adulto de ella. Por ejemplo: ¿Qué hora es? Son las 4:00 pm. En el momento en el que se mete el Padre o el Niño a pedir explicaciones, será todo lo que quieras, menos un diálogo.

Veamos un ejemplo: Vamos a ensayar un diálogo con una *Terapia Gestalt*; ustedes son mi pareja. Yo les digo lo mismo: "La comida está salada", y cada una de ustedes me contesta:

Juana: se queda callada.

Blanca: pues no te la comas.

Laura: se me pasó la mano con la sal.

Y empieza el juego de esgrima.

El diálogo dura unos cuantos segundos. "La comida está salada". Es una información de mi Adulto al Adulto de ella; claro que si tu Adulto está en *Circuito positivo Ok*, lo capta, no se defiende con eso de: "pues no te la comas". Lo procesa en el Diálogo Interior, que puede durar hasta un segundo. ¿Cuál es el Diálogo Interior de Juana? "Carlos me está informando que la comida está salada; a ver, qué pasó (esto dura menos de un segundo). Cuando le puse sal a la comida estaba hablando con la comadre por teléfono" (no me conviene darle a Carlos la comida salada, lo estoy agrediendo; él vale mucho, lo estoy desvalorizando). Naturalmente que me lo puede decir con palabras: "Mira Carlos, tienes razón, me hago responsable de esto. Me siento mal por darte esa comida, no vuelve a suceder. Te invito a comer unos tacos". No tienen que hacer lo que les estoy diciendo, ¡son automatismos! Cuando ustedes anden en *Circuitos positivos Ok*, sus diálogos van a salir solitos; no hay necesidad de estar estudiando o *programando*; se siente y se dice. Todo viene automático.

    Víctor Caraveo

Respetar

Cuando hay un buen diálogo, que es intercambio de información, vienen cosas muy hermosas y automáticas como el respeto; y respeto no es que yo le abro la puerta o que no digo palabrotas delante de ella. El *"Respeto"* lo puedo decir en dos frases: la primera es "Yo soy yo, Tú eres tú". La segunda es: "Yo no voy a buscar que tú seas como yo quiero que tú seas, y con esto te estoy invitando a que tú no busques que yo sea como tú quieres que yo sea. Si aceptas la invitación, qué buena onda; pero si no aceptas, es tu bronca porque yo sí te voy a respetar a ti, aun cuando tú no me respetes". La relación de pareja es cuando cada uno de sus miembros le permite al otro ser lo que quiere. El "respeto" se basa en la independencia, no en la dependencia.

Coincidir

Aquí sigue el proceso automático; quiere decir que viene solito. De respetar sigue el coincidir.

Coincidir no quiere decir pensar igual; ni dos gotas de agua son iguales, menos dos personas. Coincidir quiere decir estar de acuerdo, aunque pensemos totalmente distinto.

Veamos un ejemplo: A Laura le gustan las películas románticas pero no le gustan las de misterio; a Julio le gustan las de misterio y las románticas no. ¿Qué opciones puede tener esta parejita? "Ver una película de terror", dice Julio. ¿Te parece que ella renuncie a ver las películas que le gustan, o que él renuncie a ver las que le gustan, por ver otra película?, ¿entrar a diferente sala o primero a una y luego a la otra?, ¿te parece bien que nunca vayan al cine juntos? "Ah, pero nada más dije cine: A ella le gusta la playa y a mí me gustan las montañas; a ella le gusta el

Rock, a mí la Cumbia; a ella le gustan los mariscos y a mí me gusta la carne…".

Si estoy en *Circuito positivo Ok*, mi Niño Interior Sumiso Ok, decido ir a ver esa película, tengo Diálogo Interior y decido pasar el Poder Ejecutivo (Energía) a mi *Niño Interior* Sumiso Ok; tengo diálogos internos, sufro y antes de que le transmita algo negativo, entran los *Click*; paso el Poder Ejecutivo al Padre Protector Ok y dice: "Bueno, ¿y por qué no la he de acompañar a ver esa película, si yo la quiero mucho, y ella se merece eso y más…?". O bien, mi energía se va al Adulto Interior… Me conviene llevarla a ver esa película; ¡va a estar muy contenta y me va a ir muy bien en la cama!

Proteger y ser protegido

Continuando con la historia, ya en la sala de cine, paso mi Poder Ejecutivo o energía a mi Niño Libre Ok y decido echarme un sueñito; ella en *Circuito positivo Ok*, no me va a decir: "Si vienes a dormir, mejor ni vengas", porque es mi Niño Libre *Ok*. El Padre Protector Ok de Laura dice: "Tan lindo mi viejo, acomódese aquí y descanse", eso es bailar juntos el vals; cuando hay diálogo, las cosas van muy bien. Yo la protejo y ella me protege. Ambos en el *Circuito positivo Ok*, tenemos la capacidad de disfrutar de la vida; las Transacciones se hacen de intimidad; su Niño Libre con mi Niño Libre.

Disfrutar de la vida juntos

Aquí también hay mucha bronca porque las parejas no saben disfrutar juntos. ¿Cómo evitan disfrutar? A través de los Juegos Psicológicos. Aquí hay muchos juegos pero les digo uno: se llama "Carne asada". En la casa de los compa-

     Víctor Caraveo

dres, ¿qué sucede?, ¿qué es lo que te dicen? "Los señores por aquí y las señoras por allá", lo cual implica una mutua descalificación. El mensaje dúplex es: "Me importas una chingada" y "Tú, cabrona, ¡me vales madre!". Si salieron juntos, ¿para qué se separan? Para eso ella tiene su club de lectura sola y yo el club de dominó. En el juego siempre hay muchos jugadores: El anfitrión: "Ya comadre, ¡váyase a chismear con las viejas! Usted y yo, compadre, vamos a pistear. ¡Salud compadre!". Pasa una hora y le dice ella: "Oye, ¡ya estás tomando mucho!". Y él le contesta: "¿Qué chingados te importa?". Pasan dos horas y ella le dice: "Ya me voy". "¡Pues vete a la chingada!". En eso terminan las carnes asadas. Si salen juntos, sigan juntos. Los demás les echan ganchos para que se separen.

Intimidad sexual

Hablando del rol de pareja, si en ésta pareja ya existe el diálogo, el respeto, el coincidir, el proteger, el ser protegido y el disfrutar de la vida juntos, pues el proceso es automático, lo que sigue es la intimidad sexual, la más bonita de todas las intimidades. Son las relaciones sexuales adecuadas, esto quiere decir: relaciones sexuales placenteras. (Transacciones Niño Libre, Niño Libre). De esto hablaremos ampliamente en el tema de: La Sexualidad y sus Mitos.

Rol Social (Instinto gregario)

Los elementos esenciales de este rol son los mismos que los del rol de pareja: dialogar, respetar, coincidir, proteger, ser protegido, disfrutar de la vida juntos, tener intimidad sexual. Este rol obedece al instinto gregario, que es la necesidad de convivir con otras personas porque de otra manera no habría intercambio de caricias y nos moriríamos. Quiere decir, que yo puedo tener diálogo con la gente, respeto con la gente, coincidir con la gente, proteger a la gente, ser protegido por la gente, divertirme con la gente; "intimidad sexual" con la gente, que no es lo mismo que relaciones sexuales. Esto lo veremos en el tema de La Sexualidad y sus Mitos.

Rol Familiar (instinto de procreación)

Información. 2. Tiempo existencial. 3. *Caricias Positivas*. 4. Bienes materiales adecuados.

Primero hablemos de la información. Aquí es donde están los hijos. ¿Qué es lo que nosotros, matrimonio ejemplo de la comunidad, damos a nuestros hijos? Como padres, ¿cuál es la meta con nuestros hijos? ¿Darles una buena educación? ¿Y en qué consiste la buena educación que damos a los hijos? Pues en la escuela.

No esa es educación escolar, formación escolar; a esa educación no nos estamos refiriendo aquí. Darles el ejemplo: ¿Y qué ejemplo les damos? Como ven esa educación consiste en que hagan lo que yo, papá, lo que yo mamá hago, a través de consejos, regaños etc. La mal llamada educación es una falta de respeto a los hijos, porque está hecha a base de miedos, culpas, etc. Y esos son Juegos Psicológicos que están dentro del *Circuito negativo No-Ok*. ¡Y luego queremos que nuestros hijos nos respeten!

Lo adecuado es dar una información de Adulto- Adulto; si bien, un niño no tiene Adulto si tiene su Niño Mágico al que hay que informarle haciendo uso de nuestro Niño Mágico, de nuestro lenguaje mágico. Aquí le llamamos "lenguaje de las imágenes". A los niños menores de siete años los tratamos como si fueran adultos y ellos no entienden ese lenguaje, los estamos *programando* con mensajes muy negativos. Es necesaria una escuela para Padres y Maestros para que tengan esta información tan importante. Los problemas de violencia y sumisión (*bullying*) no se solucionan porque no van a la raíz del conflicto. La solución es sanar al *Niño Interior* lastimado que está en el inconsciente.

Veamos un ejemplo: Yo papá le digo a mi hijita Juanita que no cuente mentiras: "Le voy a decir porqué mi reina: porque si usted cuenta mentiras (¡fíjense qué lindo consejo eh!), todo el mundo se lo va descubrir, tarde o temprano…se lo digo por su bien mi amor". En ese momento suena el teléfono, y adivinen qué pasa… le pido que diga que no estoy. ¿Cuál es el diálogo interno de mi hijita? El diálogo consciente no interesa, el diálogo inconsciente es peor: ¡Viejo hijo de la chingada!, me dice que respete aun cuando él no respeta; me dice que no diga mentiras y él es primer mentiroso del mundo, por eso le tengo mucha rabia, y como le tengo mucha rabia lo voy a joder; ¿y cómo lo voy a joder?: haciendo lo que él no quiere que haga. ¿Él no quiere que pruebe las drogas?; ¡pues voy a probar las drogas!, ¡Él no quiere que tenga relaciones sexuales porque me puedo quedar embarazada!, ¡Pues me embarazo!. Es la realidad.

Veamos otro ejemplo: Un niño de cinco años no tiene Adulto, pero yo sí tengo un Niño Mágico y puedo hablar ese lenguaje a través de gestos, actitudes, emociones y por último, palabras. Un consultante que asistía a la terapia de grupo, tenía un Niño Mágico muy potente con mucha intuición y comentó que tenía un niño de seis años, el cual había sido un hijo no deseado. Traía mensajes del Proyecto Sentido Gestacional de inexistencia y el niño hacia Juegos Psicológicos de muerte, como subirse a las azoteas, jalarle la cola a los perros… y tenía *mandato* de muerte; por otro lado, tenía el instinto de conservación. Todo esto es Inconsciente, el niño no quería matarse. El niño no le hacía caso a su mamá; el papá, que tenía un Niño Mágico muy potente, hizo lo siguiente: se subió a la azotea con una sandía donde estaba su hijito y le dijo: "¿Qué onda m'ijo?". El niño le dijo: "Aquí no se viene a comer papá". El papá respondió: "No vengo a comer m'ijo. Mira". Y, ¡pum! Tiró la sandía. ¿Qué le dijo sin palabras a su hijo? "¿Viste lo que le pasó a la sandía? A ti te puede pasar también, sólo que yo te respeto y tú sabes lo que haces". Ese niño jamás se volvió a subir a la azotea. Si dejas una botella con algo tóxico, un niño con un *mandato* de muerte puede ser que se la tome. Un niño que no tenga ese mandato, la escupe inmediatamente. Las personas con un *mandato* de muerte escogen profesiones en donde se juegan la vida; inconscientemente hacen Juegos Psicológicos de muerte.

Hablando de lo que se llama información y no educación, el investigador en neurociencia Francisco Mora, asegura que el elemento esencial en el proceso de aprendizaje es la emoción, porque solo se puede aprender aquello que se ama, aquello que le dice algo nuevo a la persona; que significa algo, que sobresale del entorno. En *Neuroeducación*, el libro que acaba de publicar este autor (Dr. en Neurociencia por la Universidad de Oxford y catedrático de Fisiología de la Universidad Complutense) en Alianza Editorial, Granada (1945), dice que "sin emoción no hay curiosidad, no hay atención, no hay aprendizaje, no hay memoria". Con este volumen pretende desarrollar "las preguntas centrales que son de interés y preocupación en el mundo de la enseñanza a cualquier nivel, y ayudar a desentrañar las claves de cómo contestarlas a la luz de los conocimientos más recientes de la Neurociencia Cognitiva.

El científico señala que "los niños hoy, aprenden desde muy temprano conceptos abstractos en habitaciones con

Víctor Caraveo

ventanales sin mucha luz o luz artificial, con el rigor y la seriedad de maestros que se aleja de aquel "fuego" primitivo que generaba aprender y memorizar de lo sensorial directo "con alegría, base de la atención y el despertar de la curiosidad". Entender esto hoy en su raíz y desde la perspectiva de cómo funciona el cerebro y sacar ventaja de ello –afirma–, "es un primer principio básico de la enseñanza con el que se puede llegar a aprender y memorizar mejor. Estos principios se pueden extender en su aplicación no solo la enseñanza básica o durante la adolescencia, sino a los más altos estudios universitarios o a estudios aplicados, sea la empresa o la investigación científica".

A su juicio, para revitalizar hoy la enseñanza y el aprendizaje en este nuevo contexto de una cultura avanzada, "requieren conocimiento de cómo funciona el cerebro en esos procesos y llevarla a los maestros y los profesores para que estos finalmente lo apliquen en las aulas". Asegura que "de esto se han dado cuenta muy recientemente prestigiosos pensadores e instituciones como el recién creado Centro de Neurociencia para la Educación, de la Universidad de Cambridge o la Internacional Mind-Brain and Education Society a través de su revista Mind-Brain and Education". No obstante, asegura que "es bien cierto que, hasta ahora, el conocimiento extraído de las neurociencias no ha sido fácil mostrarlo a los maestros y ellos transferirlo como método a la enseñanza de los niños o los estudiantes del Instituto".

Reconoce que "existen problemas en la relación neurocientífica-maestro (y más allá, profesores universitarios), sobre todo en el lenguaje utilizado por los primeros para dirigirse a los segundos en la transferencia de estos conocimientos, para que a su vez los maestros puedan captar con certeza y seguridad esos conocimientos a la hora de emplearlos con los alumnos". "Desde esta perspectiva como base –subraya–, se pretende construir este libro que propongo con el título de *Neuroeducación* y que tendría un formato similar al libro *¿Se puede retrasar el envejecimiento del cerebro?*".

Mora, utilizando un lenguaje sencillo, conciso y asequible, pretende "desarrollar las contestaciones a las preguntas básicas y los componentes esenciales del problema que representa el advenimiento de la neurociencia para la educación y enumerar y describir brevemente las soluciones y ventajas de estas nuevas concepciones".

Después de haber visto la importancia de la Información, pasemos al tiempo existencial como aspecto fundamental en el rol familiar. A los hijos hay que darles Tiempo Existencial, no Cronológico. Veamos un ejemplo. Papá está sentado viendo el fútbol. Se acerca el hijito de seis años. El niño tiene hambre, no de comer sino de caricias: reconocimiento, valorización, amor, ¡que lo pelen! Y le dice: "Oye papi…". Pero el papá reacciona: "Espérese tantito; ¡goool! Espéreme, siéntese aquí". Y el chavo chingue y chingue; no le dio tiempo, el hambre del niño no se sació. A los hijos se les va a dar tiempo pero no cronológico; se les da Tiempo Existencial. Si papá está en *Circuitos positivos Ok*, si se acerca m'ijito: "Oye papi", "Espérese mi amor". Me levanto, apago el televisor y le digo: "¿Qué onda m'ijito?". "¡Les ganamos a los del kínder!". "Ah sí, ¿cuántos a cuántos?". "4 a 2 papi". *El Niño Interior* del chavito sació su hambre de amor; el Diálogo Interior del chavito es: "¡Híjole! ¡Papá me quiere mucho! Prefirió estar conmigo que ver ese juego en la tele". Ahora el *Niño Interior* del chavito tiene un Diálogo Interior y dice: "¿Me quedo a ver ese juego que ni le entiendo aquí con papá, o me voy a jugar con mis cuates? Me voy a jugar con mis cuates". Generalmente se recomienda que pasen más tiempo con los hijos, llénelos de Tiempo Existencial y en unos cuantos segundos comen y se acabó el hambre de amor.

A los hijos, aparte de darles información y Tiempo Existencial, les vamos a dar *Caricias Positivas*. Nada de "Te quiero mucho porque sacaste diez", "Te quiero mucho porque eres obediente". ¡Esas son caricias condicionadotas! Veamos un ejemplo: Hay una canción que en la letra lleva esta frase: "Te quiero porque te quiero". Así es como les vamos a decir a los hijos: "¡Te quiero porque te quiero!". "Hijo: Te quiero. ¡Tú tienes tu cuarto hecho un cochinero! Te quiero". "Hija: Te quiero. ¡Tú estás toda tronada en la escuela! Te quiero". "Hijo: Te quiero. ¡Tú eres un barbaján, majadero! Te quiero". No pasan cuatro semanas o menos, que el que tenía el cuarto hecho un trochil, ahora su cama está tendida, sus juguetes ordenados; la chavita que estaba tronada ahora puros nueves y dieces; ese niño que era un barbaján majadero, ahora es un niño simpático y respetuoso.

Aquí la clave es que el hijo que recibe el mensaje te quiero "*Caricia Positiva*". El mensaje inconsciente que le llega al Niño de la persona que recibe la caricia es un "te quiero como persona". Separo la actitud negativa de la persona, que está en sus *programaciones*, con el valor que tiene como ser humano. Recuerden que todo lo que molesta de allá, lo tengo yo. Es mi espejo.

¿Qué más les vamos a dar a nuestros hijos? Bienes materiales adecuados a mis posibilidades. Esto quiere decir, que no les voy a dar menos de lo que puedo, ni más de lo que tengo. Si soy una persona que tiene mucho dinero, no tengo porque comprarle un automóvil a mi hijo de diez y seis años; ¡Aguas! Siempre y cuando antes le haya dado información, tiempo existencial y *Caricias Positivas*. Porque solo así, él va a apreciar mucho ese regalo, no lo va a andar chocando, ni haciendo desmadres. Si soy un individuo que gana el mínimo, no lo voy a meter a una escuela particular, ¡por favor papás sacrificados! Lo saco de su círculo, y los demás niños lo van a estar jodiendo.

Rol Laboral

En este rol revisaremos: remuneración, eficiencia, caricias y gusto.

La remuneración es privativa del Adulto. ¿Qué es lo más importante en el rol laboral? El dinero. "Aquí me pagan seis mil pesos, no me conviene, por acá me pagan diez mil pesos, me alcanza muy bien, me queda dinero para alguna emergencia. ¿Me conviene o no me conviene conservar este trabajo?, Si. ¿Entonces qué voy a hacer para conservar este trabajo?: ser más eficiente".

Primero le conviene a mi *Adulto* y después le gusta a mi *Niño Interior*. Lo que estoy dando está siendo valuado en forma adecuada y cuando la remuneración es la correcta, es un automatismo, hay eficiencia y hago mejor mi trabajo. Y cuando esto pasa en el Rol Laboral, se meten las *Caricias Positivas* y entra el *Niño Interior*. A través de las caricias la persona recibe una valorización por su trabajo. Si la persona no se valoriza, vende muy barato su trabajo; cuando la persona se valoriza, ya no compra amor porque ya está en Argumento de Triunfador: Disfruta su trabajo y lo vende muy bien, con un estado de ánimo relajado, tranquilo, sin dolor de cabeza; desempeña mejor sus funciones y es más eficiente. A esto se le llama *"feed back"*, la retroalimentación.

Una persona, en su Argumento de Triunfador, está bien en sus cuatro roles: pareja, familiar, laboral, social. En su cuerpo no hay soponcios: dolor de cabeza, colitis, gastritis, presión alta, riñón, etcétera. En su área mental no hay angustia, depresión, envidia, celos, insomnio, rabia. El triunfador está como quiere. Basta que ande mal en uno solo de los roles, para que contamine a los demás.

Las emociones auténticas

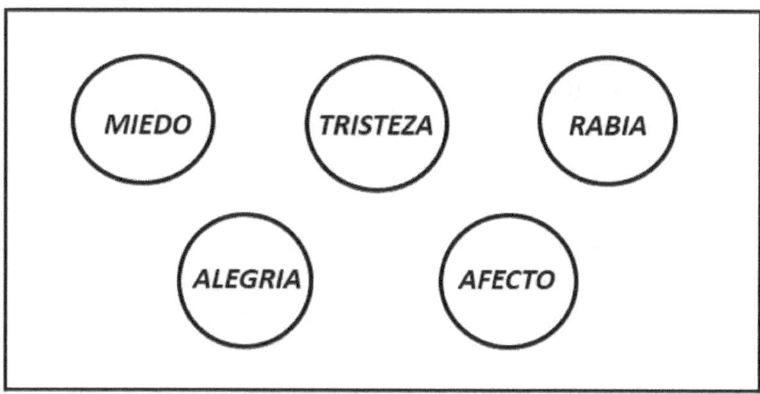

Villatoro Chacón (1986)

Las emociones auténticas son la respuesta adecuada y realista a un estímulo. También hay emociones falsas; eso no significa que yo sea falso, pero las emociones que siento sí lo son y se llaman *"rebusques"*, es decir, re-buscar una emoción. En cuanto a las emociones auténticas, nacimos con ellas; las emociones falsas me las enseñaron papá, mamá y toda la familia. Aprendí a sentirlas a través de todos los estímulos tan negativos que me transmitieron. Estamos llenos de *rebusques*.

Hay que tomar en cuenta también los estados emocionales transmitidas al bebé de los padres desde la concepción, embarazo y nacimiento. Las emociones auténticas son la respuesta adecuada y realista a un estímulo.

Veamos un ejemplo para entender la definición: lo que vemos con los reflejos; si golpeas bajo la rodilla, la pierna se va hacia arriba; yo puedo poner la pierna dura y de todas maneras le pegas ahí y la pierna se va para arriba, solo que ande mal la pierna no va responder al estímulo como se debería; esa es una respuesta refleja a un estímulo realista, es en automático, lo mismo sucede con las emociones auténticas.

Bruce H. Lipton en su libro La biología de la *creencia* nos dice: "La mente inconsciente es un "disco duro" *programable* en el que se almacenan las experiencias de nuestra vida. Los *programas* son en su mayoría comportamientos grabados de estímulo- respuesta. Los estímulos que desencadenan dichos comportamientos pueden ser señales que el sistema nervioso detecta en el mundo exterior o señales procedentes del organismo, tales como las emociones, el placer o el dolor. Cuando se percibe un estímulo, se desencadena de forma automática una respuesta aprendida cuando se detectó ese estímulo por primera vez. De hecho, la gente que se da cuenta de la naturaleza automática de estas respuestas suele admitir que es como "si le hubieran pulsado un botón" (Lipton, 2005, pág.128).

Se conocen cinco emociones auténticas: 1. Miedo. 2. Tristeza. 3. Rabia. 4. Alegría. 5. Afecto. Las características de las emociones auténticas es que son: a) temporales, duran el tiempo que dura el estímulo; b) están en el Niño Libre (no entra el Adulto); c) nací con ellas, se sienten y punto; d) me permiten vivir más Tiempo Existencial y Cronológico porque son respuestas adecuadas a los estímulos.

Las Emociones Auténticas son temporales; duran poquito, van y vienen pero los *rebusques* son eternos. Una Emoción Auténtica dura lo que dura el estímulo y una vez que este pasa, la emoción desaparece, ya sea de golpe o diluyéndose suavemente, y da lugar a otra emoción u otras emociones. Es el problema de algunos especialistas que dicen: "Lo que pasa es que tú tienes un mal congénito, así naciste". No es cierto, ¡son emociones aprendidas!

Veamos un ejemplo. Fíjense que ayer lunes, Juan me mentó la madre; ahora díganme ustedes, como ser humano que soy, ¿qué emoción sentí? Sentí rabia: que es una emoción auténtica: Eso lo hizo ayer y yo soy una persona en mi argumento de Triunfador, y hoy martes me vuelvo a encontrar a Juan; lo estoy viendo y no siento rabia con él. ¿Por qué, si ayer me la rayó? Porque yo vivo el Aquí y Ahora, yo no estoy en el pasado, no es que se me haya olvidado que ayer me la rayó, pero eso fue ayer. Otra pendejada que dicen: "Es que ya lo perdoné". En este momento no me la está rayando, no tengo por qué sentir rabia pero si me la vuelve a rayar, pues voy a sentir rabia otra vez. Ahora, si yo no estoy en argumento de Triunfador, si ando en *Circuitos negativos*, veamos qué es lo que sucede, tomando el mismo ejemplo: "Ayer lunes, Juan me mentó la madre y sentí rabia auténtica". Hoy martes lo veo y le digo: "Vas a ver, hijo de tu abuela". Esa rabia es más falsa que una moneda de seis pesos. No es congruente que hoy martes sienta rabia con él, porque en este momento no me la está rayando.

Veamos otro ejemplo. Juana, mi esposa, me dejó de amar. Algo hice yo pero eso no importa ahorita. Si soy una persona con argumento de Triunfador, mi amor hacia ella se va diluyendo poco a poco; digamos en unas cuantas semanas... Se acabó porque ya no está el estímulo amoroso de allá para acá y pues no hay respuesta de aquí para allá.

A veces me dicen: "Oye, tú quieres hacernos robots". Al contrario, aquí vamos a dejar de ser robots, vamos a ser triunfadores; porque si yo no soy un Triunfador, si ando en *Circuitos negativos*, pues hay un montón de emociones no auténticas. Retomemos el mismo ejemplo: Juana me dejó de amar, y puedo tener una Conducta Rebusque de poca madre: "Vieja cabrona, nomás te llego a ver con otro y te parto la madre" (todos los días sale eso en los periódicos). O bien, me pongo a llorarle: "Vuelve conmigo... no puedo vivir sin ti... Te compro el carro que querías... que se venga tu mami a vivir con nosotros... Pero ya vuelve conmigo". Ese amor es más falso que una moneda de seis pesos y se llama

"Simbiosis" (Codependencia). O bien, se murió mi pareja: "Ya no vuelvo a tener a nadie más… Me voy a consagrar a mis hijos". También ese amor es más falso que una moneda de seis pesos. Las emociones auténticas son temporales, los *rebusques* son eternos. Imagínense cómo tienen a su *Niño Interior* lleno de *rebusques*, de rabia, culpa, celos, envidia, valentía, cobardía, vanidad, humildad, vergüenza, etcétera. Y entonces me pregunto, ¿dónde están en mi persona, las emociones auténticas? Pues en mi parte más auténtica, más primitiva. Ustedes ya conocen siete partes, entonces díganme en dónde está. En el "Niño Libre".

Veamos el caso de Juana. Ella llegó con un diagnóstico de depresión nerviosa acompañada de su bolsa de medicamentos y con los síntomas clásicos: una gran tristeza, mucha desvalorización, dolor de cabeza, insomnio, intento de suicidio. Le pregunté a Juana: ¿Desde cuándo estas triste? Ella me dijo que desde hace cinco años. Por lo que acabo de explicar esa tristeza es falsa. Le pregunté qué había pasado hace 5 años. Ella me dijo: "en junio murió mi mamá, yo quería mucho a mi mamá, era tan grande mi dolor, que no pude llorar". Pero eso no es cierto. ¿Qué pasó cuando su mamá murió? Juana no estaba triste, ella no se daba cuenta, la tristeza se manifiesta con llanto. En realidad Juana pensaba: "Para mí, mi mamá es una vieja méndiga y cabrona." En los velorios es común identificar un Juego Psicológico: dar Caricias de Lástima y Falsas Positivas. Juana escucha que su madrina dice: "¡Tan buena que era, era una santa!" Pero para Juana su mamá era una vieja méndiga y cabrona, imagínense qué sucede dentro de Juana, ella se pregunta: ¿qué clase de persona soy? ¡Soy un monstruo!, y se siente muy mal (Vivencia Catastrófica), necesita hacer desaparecer esa rabia que siente. Lo que hace Juana es re-buscar la rabia a través de los estímulos de tristeza y depresión que vio en el sepelio; entonces con mi Niño Sumiso construye una depresión nerviosa. El Rebusque está

    Víctor Caraveo

ahí para no dejar que Juana se ponga en contacto con una emoción prohibida: la rabia. Vean ustedes que lo último que le importaba a Juana era curarse, ella fabrica la enfermedad para no ponerse en contacto con la rabia. Todo era inconsciente. Juana me contaba que en el servicio médico hasta la regañaban y le decían que lo que quería era estar enferma. Ella necesitaba estar enferma para no enfrentar la Vivencia Catastrófica.

Después de analizar esto, Juana necesitaba una vivencia, a través de una terapia de Gestalt, con la silla vacía. Ahí se le pide a Juana hablar con su mamá. Esto para hacer que la energía de Juana se vaya al Niño Libre y que entonces sienta la verdadera emoción. Juana me decía ¿Qué le voy a decir a mamá? Y yo le dije: "pues lo que quieras, desde cuando estaba chiquita, como quieras". Entonces Juana dijo: "¡Ay mamá! ¡Cómo me daba gusto cuando me esperabas a la salida de la escuela! ¡Tan bonita que te veías!" Ahí Juana está sintiendo una emoción auténtica de alegría y amor; está pasando su energía al Niño Libre porque solo así se pondrá en contacto con la emoción prohibida. De repente dice Juana: "Bueno mamá, pero también me daba corajito cuando papá te pedía comida y tú no le hacías caso". Juana va poniéndose poco a poco en contacto con la rabia. Y sigue diciendo: "¡Y también mamá, lo que hiciste conmigo no tiene nombre; yo me quería casar con Luis y me casé con Raúl! ¡Por tu culpa! Tú querías que me casara con Raúl porque tenía dinero y mira cómo me fue; salió un irresponsable, borracho, hasta me tuve que divorciar; y lo peor, cuando Luis se fue a Estados Unidos –que era al que yo quería– me escribía, tú escondiste las cartas y yo nunca le pude contestar, y él se casó con otra. Vieja méndiga, cabrona". ¿Qué sucede en ese momento? Ella se pone en contacto con esa emoción tan prohibida. Entonces le digo: "Oye Juana, ¿te das cuenta que tenías coraje, y aparte tenías toda la razón? Oye, ¡qué buena onda que te pusiste en contacto con el coraje! ¡Tenías toda la razón!" Entonces el *Niño* de Juana se da cuenta de que puede sentir rabia hacia su mamá y no dejará de ser amada.

Después le pedí a Juana hablar con su Adulto y ella dijo: "Mamá, me siento muy bien y me doy cuenta que te tenía mucho coraje y tenía razón; sin embargo, también me doy cuenta de que tú no eres responsable de lo que me pasó; yo sé que tú lo hiciste con la intención de que yo hiciera un buen matrimonio; esas eran tus expectativas; no te hago responsable. Yo me hago responsable de mi coraje hacia ti; ya no lo tengo. Mamá te quiero mucho".

En ese momento Juana ya no necesita la depresión nerviosa, se curó mágicamente. Juana fue al panteón. Juana había hecho una fobia a los panteones desde que murió su mamá, no podía ir al cementerio porque inconscientemente eso significaba ir a ver a la vieja méndiga y cabrona; conscientemente de su deber, ella estaba en la encrucijada y para no ir, hizo la fobia. En el panteón platicó con su mamá, le envió *Caricias Positivas* y desapareció la depresión y todo lo demás. Las emociones auténticas están en el Niño Libre, son temporales; los *rebusques* son aprendidos, y son eternos. Cualquiera de las cinco emociones auténticas pueden estar en el Niño Programado Sumiso u opositor, pero es fácil darse uno cuenta porque no tienen una respuesta adecuada a ese estímulo.

Veamos otro ejemplo. Salgo del antro a las dos de la mañana, y desvieló mi coche. Les digo a mis amigos riéndome: ¿Qué creen que me pasó anoche? ¡Se desvieló mi carro jajaja! Falta que me digan: ¡¿Y de que te ríes pendejo?! Porque si hubiera sido auténtico, se los diría así: "qué mala onda, desvielé el carro; ¿cuánto me ira a salir?, como treinta mil pesos, un motor nuevo, chingado." Pero en cambio se los digo con una sonrisa de pendejo; ¿por qué?, porque cuando yo era chavito mi papá decía: "en esta casa no quiero caras

                                              Víctor Caraveo

tristes, al mal tiempo buena cara." Tengo prohibida la tristeza, la rebusco con falsa alegría. ¿Cómo es posible que de todo se sientan contentos, si hay cinco emociones?

Veamos un ejemplo de cómo funcionan los *rebusques*, y que los maestros para ejecutarlos son papá, mamá, etc. Llego a mi casa y me dice mi esposa: "Oye, ¿qué vamos a hacer con Juanito (mi hijito de seis años de edad que no tiene Adulto)?" "¿Por qué?", le pregunto a mi esposa. Y ella me dice: "Pues cómo friega; nomás le apago la luz y empieza a chingar… digo, a chillar. Dizque tiene miedo. ¡Yo no sé de dónde habrá sacado eso!". Claro que a mi esposa no le conviene darse cuenta que ella es la responsable porque fue quien le enseñó eso años antes, cuando le cantaba amorosamente: *"Duérmase mi niño, duérmaseme ya, porque viene el coco y se lo comerá"*, "Te portas mal y viene el robachicos y te lleva…", "El policía te lleva a la cárcel…", "El doctor te inyecta…", etcétera. ¿Cómo chingados quiere que no sienta miedo?

Y yo digo: "¡Pero cómo! ¿Un hijo rajón? ¡Qué vergüenza!". "Pues anda y corrígelo, ahí está en su cuarto", me dice ella. Ahí está la "papa caliente" (Juego Psicológico que significa: peléate por mí). "¡Claro que lo voy a corregir!", le digo. Llego al cuarto de Juanito, quien tiene miedo y le digo: "¿Qué no sabe usted que los hombres no lloran? ¡Marica! Hasta me dan ganas de comprarle su brasier y sus calzoncitos rosas. ¡Eso déjelo para las viejas, maricón!".

Ya lo mandé a la chingada. ¿Por qué? Porque Juanito tiene muchos ídolos, muchos héroes; les voy a decir tres: Superman, Batman y Papá. ¿Cuál es el héroe más fregón para Juanito? Pues Papá. "Mi papá le gana a Batman, a Superman… les gana a Batman y a Superman juntos; mi papá le gana al tuyo". "Es el personaje más importante del mundo… y ya no me quiere". ¿Cómo se llama eso? "Vivencia Catastrófica", muerte inminente: "Papá no me quiere y me voy a morir".

¿Cuál es el Diálogo Interior de Juanito?: "Jamás volveré a sentir miedo porque si siento miedo, papá no me quiere y me muero". Es un Diálogo Interno de Juanito; él no dice eso pero su Niño Mágico sí; es un mecanismo inconsciente que se llama emoción prohibida: "Si siento miedo, me muero" (Vivencia Catastrófica). Sin embargo, tiene que sentir algo en lugar de miedo, y entonces él produce un Rebusque que cubra esa emoción prohibida (re-buscar otra emoción).

Poco después llega Juanito todo madreado; la camisa rota, sangre en la nariz, desgreñado. "¿Qué te pasó mi hijito?", le pregunta el papá. "Es que me pelee con el vecino", dice. "¿Y por qué te peleaste?", le pregunto. Y Juanito dice: "Porque me dijo pendejo". Y yo contento: "¡Ese es mi hijo! ¡Mándelos a la chingada a esa bola de cabrones! ¡Jódalos, no se deje!". Ahí está el remedio y el trapito: "Papá no me quiere si siento miedo pero acabo de ver a papá encabronado, ¿qué voy a hacer? En lugar de sentir miedo, de sentir rabia —pues tengo permiso de papá para estar encabronado—, de aquí en adelante, cada vez que tenga miedo, voy a sentir y a expresar coraje". El ejemplo es facilito: quiere decir que de ahí en adelante cualquier estímulo que en cualquier niño produce miedo, Juanito va a sentir rabia.

Para que se entienda mejor. Van Juanito y Pepito caminando por la calle; en la esquina viene un perro bravo a morderlos, ¿qué es lo que hace Juanito? Si Pepito es un niño como cualquier otro, pues sale corriendo a madre; instinto de conservación. ¿Y Juanito qué hace? Se le enfrenta: "¡Pinche perro cabrón, a ver de a cómo nos toca!", porque él tiene prohibido sentir miedo. Como ven, cualquier emoción puede estar en el Niño Programado, como en el ejemplo de Juanito: "Papá se encabrona porque yo tengo miedo", este es el Diálogo Interno del Niño Mágico. Pero, ¿viste a Papá cómo estaba encabronado? "Esa emoción sí la permite papá, entonces me la llevo al Niño Programado". Y ahí se formó el Rebusque en el Niño Opositor; cada vez que haya un estímulo que produce miedo, él sentirá rabia.

Nada más que el tiempo pasa y los *rebusques* se van multiplicando porque Juan, de 16 años, ya no solo sentirá rabia con los estímulos que provocan miedo, sino que él ahora va a sentir rabia con cualquier estímulo; se encabrona porque hay mucho tráfico en el periférico, siente rabia porque lo rebasa otro auto y hasta le raya la madre con el claxon; de todo siente rabia y, adivinen cómo le va a Juan en su Rol Familiar, Laboral, Social, Pareja, en su Cuerpo… ¡Pues de la chingada! Porque es un agresor de poca madre. Una Emoción más falsa que una moneda de seis pesos. Claro que el problema no queda ahí; todo le produce rabia. "Ese es su carácter". No señor, esas son emociones falsas porque él siente rabia ante cualquier estímulo (los experimentos dc reflejos condicionados de Pavlov con los perros).

Las emociones auténticas son la respuesta adecuada a un estímulo y como pueden ver, cualquiera de estas puede estar en el Niño Programado, ya sea Sumiso u Opositor. Esto es fácil de detectar, pues no es lógico que siempre tenga rabia; es un rebusque. No es posible que alguien esté encabronado siempre. Sin embargo, hay emociones que nunca serán auténticas porque aquí sólo hay cinco. Una emoción falsa que jode mucho, es la culpa. A mí, desde pequeño, me enseñaron a tener culpa y la sentía por todo; pero sé que la culpa nunca será auténtica. Por ejemplo, padres que *programan* a sus hijos con sentimientos de culpa. Si usted asegura a los niños que su conducta es directamente la responsable de los sentimientos de otra persona, les está usted *programando* a sentir culpas. Frases como: "Mira lo que has hecho, estás matando a tu madre". Así nuestros padres nos enseñaron a hacernos responsables de los demás.

Otras emociones falsas y que también joden mucho, son los celos y la envidia: "Tengo envidia de la buena". No jodan, son emociones falsas. Una persona con argumento de triunfador jamás siente celos ni envidia. Algunos hasta dicen: "Ahí donde hay amor, hay celos". ¿Pero por qué chingados tiene que haber celos? Si tengo celos es porque soy un desvalorizado de poca madre, que no le tengo confianza a mi pareja ni a nadie más, ¡ni a mí mismo!

Veamos ahora un ejemplo de Rebusque que involucra la verdad y la mentira. Lo que existen son las Transacciones. La verdad y la mentira en ocasiones no tienen tanta importancia porque vamos a suponer que Juana, mi amiga, me pregunta: "Oye Julio, ¿cómo se me ve este vestido?". Yo le digo la verdad: "No me gusta". El Adulto pide una información al Adulto. Viene Juana y me dice: "Oye Julio, ¡mira qué bonito vestido! Me lo voy a comprar". A mí no me gusta el vestido y le digo: "Oye, ¡está a toda madre! ¡Qué chulada!" El *Niño Interior* de Juana le está pidiendo permiso a mi Padre Interior y mi Padre se lo da. Si tengo Rebusque de franqueza, en la segunda Transacción ella estará muy contenta y yo le digo: "Está muy feo". Julio sabe hacer transacciones; en este caso le valen madre las mentiras y las verdades.

Las Estampillas

Digamos que en el supermercado, por poner un ejemplo, cada vez que tú haces una compra en esa tienda, según el monto de lo que lleves, te dan cierta cantidad de estampillas de diferentes colores, mismas que tú vas pegando en un álbum que te dan para ese fin ahí mismo; y ya cuando lo completas, pues vas ahí y lo canjeas por un premio. Veamos una analogía. Tú vas haciendo una colección de estampillas que son *rebusques*, y cuando completas tu álbum, después de pasar por todos los *rebusques*, por todos los malestares, pues te llevas tu "premio": cárcel, hospital, manicomio o panteón.

El álbum tiene tres hojas; cuando lleno la primera hoja de aquella colección de estampillas (*rebusques*) aparece lo que se llama la pequeña enfermedad psicosomática, la pequeña bronca, que puede ser física como dolor de cabeza, colitis, gastritis, insomnio, algo anda mal en mi vida sexual. Cuando lleno la segunda hoja aquella bronca ya es más grande, es la gran enfermedad psicosomática, aquella gastritis se vuelve una ulcera gástrica, aquel dolor de cabeza se vuelve una migraña tremenda, no duermo. Cuando lleno la tercera hoja recibo el "premio", el beneficio final de las estampillas, que como dije puede ser la cárcel, el hospital, el manicomio, y/o el cementerio.

Esta interrelación entre las emociones auténticas y los *rebusques* nos trae como consecuencia una colección de estampillas, porque precisamente aquí es donde está la emoción prohibida, por ejemplo si tengo una emoción prohibida, un rebusque de rabia, esa rabia que tengo hay que cubrirla con otra emoción y al rato esa emoción también va a estar prohibida, y la cubro con otra, y con otra, por eso se llama colección de estampillas. Hay estampillas de varios colores, por ejemplo las de rabia, que son de color rojo, como se van generando.

Veamos un ejemplo: Juan me hace una chingadera y yo siento un coraje de la fregada con él: "Te voy a chingar, cabrón, ya lo verás". Pero mi Adulto capta la realidad: "Juan está muy grandote, además es judoka. No pues si lo agarro a chingazos me jode". Y entonces empiezo a coleccionar sus Estampillas: "Pero vas a ver cabrón", y pego mi estampilla. Lo veo en la tarde y digo: "Vas a ver cabrón". Cada vez que lo veo hasta se me revuelve el estómago y pego otra estampilla. ¿Será por culpa de ese cabrón o serán mis Estampillas de Rabia? ¡Pues por mis Estampillas de Rabia! Lo malo es que el problema no se queda ahí, porque Carlos dice que Juan es a toda madre, entonces ahora colecciono estampillas porque

Carlos no se solidariza conmigo, luego voy con Claudia y me dice que a ella le cae muy bien Juan; ahora estampillas a Claudia. Pero resulta que estoy hablando de Carlos mi hijo, y de Claudia mi esposa, dos personas que están muy cerca de mi corazón y a las que ya involucré en la bronca.

Veamos otro ejemplo. Juan me vendió un equipo de sonido que estaba defectuoso, y no me quiere devolver mi dinero y hasta se burla. Yo le dije: "a mí se me hace que tú necesitabas el dinero, tú eres un tipo muy derecho, yo no creo que lo hicieras por cabrón, yo quiero seguir siendo tu amigo". Vean ustedes, a caricias agresivas, tomo la opción de responder con *Caricias Positivas*. Entonces Juan me dice: "Oye la verdad no te puedo pagar pero se me ocurre esto: tengo en la casa una televisión, vamos a verla si te gusta quédatela". Juan y yo seguimos siendo amigos; me evité la posibilidad de ir a la cárcel, o al hospital, tomando la opción de dar *Caricias Positivas*. Ahora bien pudiera ser que a pesar de que le doy caricias a Juan, él no acepta mi invitación de estar en circuito positivo Ok. En ese momento, Juan está muerto para mí. ¿Qué significa que Juan está muerto para mí? Si veo a Juan, no me hace daño verlo, le quite el poder que yo le di alguna vez de hacerme sentir mal, incluso si me saluda, pues lo saludo. Esa persona ya no tiene poder para hacerme sentir mal.

El poder lo damos siempre a base de la fantasía, no nos damos cuenta de las pendejadas, vean ustedes en el siguiente ejemplo. Yo le digo a Carlos: "Oye Carlos, Juan es muy chismoso" Entonces a partir de ese comentario para Carlos, Juan es chismoso. Eso ¿es fantasía o realidad? Fantasía porque Juan no lo sabe por sí mismo. ¿Para Carlos es fantasía o realidad que yo soy chismoso? Es realidad, porque yo estoy haciendo el chisme de que Juan es chismoso, me encanta hacer eso. Fíjense qué pendejos somos. ¿Estoy desvalorizando a Juan? Mentira. Me estoy desvalorizando a mí.

     Víctor Caraveo

Nunca me doy cuenta de que las Estampillas existen; pero así como hay rojas, hay otros tipos de Estampillas de colores. Veamos algunos. Estampillas Grises dejan a las farmacias muy buena lana; la famosa enfermedad del siglo: "la depre". La depresión nerviosa no es más que una tristeza falsa; tengo años y años deprimido, tomo antidepresivos que lo único que hacen es darme un mal sabor de boca. Ustedes vienen a esta información y terapia, y en tres o cuatro semanas, se acabó la "depre".

Estampillas Azules: son las estampillas de culpa que mi abuela me enseñó a coleccionar: *"Por mi culpa, por mi culpa, por mi grande culpa"*, que me pueden llevar a la clásica nota: "No se culpe a nadie de mi muerte".

Estampillas Blancas: de pureza, "Si ya no eres casta, no te puedes casar de blanco". ¡Me lleva la chingada! A ver, les pregunto a las mujeres: ¿Les importa mucho que su pareja haya tenido relaciones sexuales antes del matrimonio? "No". Y a los hombres, ¿les importa mucho que su pareja haya tenido relaciones sexuales antes del matrimonio? "Sí". Generalmente los hombres tenemos más estampillas blancas que las mujeres.

Estampillas Doradas: "de Deber". No de dinero sino de obligaciones; "Yo me daré el lujo de ahí irla llevando, siempre y cuando cumpla con todos mis deberes de buen hermano, de buen esposo, de buen padre, de buen hijo…". Hasta parece que estoy rezando. Imposible y, para acabarla de joder, cumplo con mi deber, con mi Niño Sumiso, y me lleva la chingada. Cumplo con mi deber, con mi Niño Opositor, haciendo lo contrario y también me va para la chingada. Deberes que me exige el *Cassette*.

Por ejemplo, a los niños en el preescolar los premian con su estrella dorada, es la "Estampilla del Deber". Al niño se le educa con vergüenza y culpa, por ejemplo, el niño saca un seis en alguna materia y el papá le dice: "yo me mato trabajando y tú…." (culpa). Y además remata: "Deberías ser como tu hermana, ella saca nueves…." (vergüenza)

Vamos a hacer un ejercicio. Generalmente los que se han atrevido a dar caricias lo han hecho con niños. ¿Por qué? A los niños es más fácil dar caricias, porque mi Niño no siente tanto miedo del rechazo de otro niño. Ahora traigan a su mente la imagen de un niño, puede ser un hijo, un nieto, sobrino, alguien con el cual tengan afecto, ahora imaginen que lo tienen enfrente de ustedes, ese niño tiene mucho miedo, qué van a hacer con ese niño, o de hecho qué es lo que hacen, qué es lo que hicieron con ustedes. Una persona dice: ¡Lo abrazamos! Y lo dice sin hablar en primera persona, lo que implica no se hace responsable de lo que dice. Es lo que se llama conducta tóxica.

Haber ahí está el niño. ¿Quién es? Tu hijo. ¿Qué te pasó? El niño dice: "¡Es que le tengo miedo al coco!" Y tú le dices: "¡El coco no existe!" Pero el diálogo interno del niño es: "Viejo cabrón hablador, tú me dijiste que si existía el coco". Estampillas a papá. Tu hijo tiene miedo y está buscando una transacción a tu Padre Protector Ok, pero le contesta tu Adulto al preguntarle: "¿Qué te pasó?". Al hacer esto lo estás descalificando, el niño necesita amor, apapacho, "Te quiero".

El Padre Protector Ok, es protector, permisivo, y es potente. Si ustedes se ponen a pensar qué sienten cuando tienen miedo y una persona se acerca a ustedes; pues el miedo baja un poco. Entonces si el papá se acerca, lo que se llama el contacto físico, la "protección" es mayor; el acercarme y tocarlo suavemente donde sea, incluso el simple contacto visual ya está dando una protección. Imaginen qué pasa si al tocar a mi hijito Juanito le digo te quiero. Tenemos miedo de decir te quiero, eso es lo más importante, ya que al recibir el te quiero mi hijo Juanito está sintiendo más valorización, y el miedo le está bajando.

                                   Víctor Caraveo

La parte permisiva del Padre Protector Ok, es la que da los permisos y es muy honesta. Y puede decir: "¿tienes miedo?, fíjate que yo también he tenido miedo muchas veces. Tengo miedo de decirle a mi hijo que yo también tengo miedo, porque me siento desvalorizado, eso me enseñaron. Pero qué pasa en mi hijito Juanito cuando papá le dice: oye yo también he tenido mucho miedo. El diálogo interno de Juanito dice: ah no estoy tan jodido, papá también tiene miedo, y su valorización va subiendo. De ahí ya pueden haber miles de frases, de palabras, lo más importante fue el acercamiento físico y las primeras palabras de amor, de afecto, un "te quiero" es universal.

Cuando un niño pequeño tiene miedo y le decimos no tengas miedo, el mensaje es: no te quiero si tienes miedo, así que haz un rebusque. ¿Van entendiendo porque estamos llenos de *rebusques*? Por ejemplo con la tristeza: ¡no estés triste!, ¿por qué estás triste? Si el niño está triste es lo mismo que con el miedo, acercarte, valorizarlo. También hay muchas prohibiciones de afecto. ¡Viene el niño con la boca llena de azúcar a darle un beso a mamá, y le dice: "quítate, mira, ya me corriste el maquillaje". O viene el niño a darle un beso a papá y éste le dice: ¡Ay, no sea maricón, no sea empalagoso! Ahí hay muchas prohibiciones.

Cuando un niño es *programado* con rebusque de rabia, el niño raya paredes y destroza todo. A esos niños, los etiquetan como niños hiperkinéticos o hiperactivos. ¿Cuál es el tratamiento que les dan a esos niños hiperactivos? Lo que hacen es recetarles depresores del sistema nervioso central, lo que se les da a las personas que padecen epilepsia. ¿Para qué se les da esto? ¡Para que no estén chingando! Y ahí empieza el sufrir de este niño, ahora está atontado, va a la escuela y no aprende. Claro, es un niño problema; vamos a meterlo a una escuela especial, y pues ya lo mandaron a la chingada, le imposibilitan desarrollar su potencial. Claro que no es porque seamos malos, sino por el concepto de no comprender la vivencia del niño. Estos niños tienen hambre de *Caricias Positivas*, de amor.

Veamos otro ejemplo. Ahí está mi hijo de siete años; ¿qué es lo que hago con ese niño que anda haciendo cabronada y media? Llega un momento en el que ya me colmó y le doy sus nalgadas. El niño logró lo que quería, lo estoy *pelando*… a nalgadas, pero lo *pelo*, le doy *caricias agresivas*: nalgadas. Y luego digo: "Me dolió más a mí la mano que a él" (sentimiento de culpa). ¿Ya se va comprendiendo por qué se llaman caricias aunque sean negativas? Le digo: "Y no te voy a dejar de pegar hasta que llores". El niño no llora; ¿cómo va a dejar de llorar si lo están *pelando* a nalgadas?

Esto es una chingonería porque mamá o papá, en circuitos positivos Ok, de un día para otro, cambia totalmente el niño, aunque tenga mucho tiempo tomando medicamentos. Resumiendo: ¿Qué se va a hacer con ese niño problema? Primero: Se vas a usar el Padre Permisivo; imagínelo rayando paredes, escupiendo, etcétera. Se le dará permiso de que exprese lo que sienta; lo vas a dejar que haga todo eso, pero no como dice el orientador familiar, dejándolo hasta que se le pase la rabia. Segundo: Vas a usar el Padre Protector Ok, diciéndole que lo quieres, abrazándolo, valorándolo, como en el caso del miedo; naturalmente que no vas a dejar ahí las cosas porque se pondrán peor cuando el niño diga: "ya sé cómo manipular".

Luego que ya le diste permiso y esa protección, entonces va a entrar el Adulto. ¿Qué información le puedes dar? Voy a usar a mi Adulto Aquí y Ahora, el tiempo del Adulto y el tiempo del circuito Ok, es Aquí y Ahora. Si estoy en el Aquí y ahora, ¿qué información le puedo dar? Bueno podría ser lo siguiente: "Me doy dando cuenta de lo que está pasando; y que es darme cuenta, pues veo que tienes mucho coraje". Vean qué simple. A través del Adulto, llegó una caricia,

　　　　　　　　　　Víctor Caraveo

porque llegó una valorización: "Te estoy pelando, me estoy dando cuenta de que existes, y veo que tienes mucho coraje". El punto álgido o mágico es pedir información. ¿Qué información le puedes pedir a ese niño? Puedo decirle: veo que tienes mucho coraje, ahora quiero saber en qué he participado para que tengas coraje, porque de seguro yo he hecho algo para que tengas ese coraje. Los niños ni siquiera contestan. En su diálogo interno podría escucharse: Mi papá me respeta, me quiere, se hace responsable de muchas cosas, y me estoy dando cuenta de que sufre por las chingaderas que estoy haciendo, yo creía que no me quería, ya no voy a fregarlo, porque ahora me estoy dando cuenta de que también soy responsable de lo que le pasa, porque él se siente mal cuando yo rayo las paredes.

Al niño pequeño hay que transmitirle que lo queremos por su esencia como persona. Su comportamiento es otra cosa; es una *programación* que le imponemos los padres sin darnos cuenta, así como a nosotros nos *programaron*; es inconsciente. No es que los padres seamos malas personas, sino que por no comprender el mecanismo de cómo funciona el cerebro de un niño, sus vivencias, no los respetamos.

Posición Existencial

Existen dos tipos de *programaciones*: una que se llama Posición Existencial y otra que se llama Argumento de Vida o Destino. Las *programaciones* fueron hechas antes de los siete años y estas son las que nos importan ahora en todo esto que estamos viendo. Lo digo porque hay *programaciones* que fueron hechas después de los siete años; también tienen su nivel de importancia, pero no tanto como las primeras. Imposible ver todas las grabaciones que tenemos almacenadas ahí en ese *Cassette*, porque a cada segundo hay un estímulo, una memoria; millones y millones de persuasiones y registros; así que imaginen el desmadre que tenemos ahí. A veces mis amigos me preguntan: "Oye, a ver, ¿dónde está todo eso?, ¿dónde están grabadas? Están registradas en la *mente inconsciente*, en el "disco duro" o Grabadora, en una parte de nuestro cerebro.

Todos los seres humanos tenemos cinco Posiciones Existenciales. Siempre hay una que predomina sobre las otras: todas son aprendidas, con excepción de la Posición Realista. Con tantos estímulos que me enviaron papá, mamá, etcétera, la mayoría negativos, voy a grabar lo que se llama: Posición Existencial. Son *Posiciones* que adopta el "yo" y el "tú": "Lo que yo pienso y siento de mí". "Lo que yo pienso y siento de ti". "Y lo que Yo pienso y siento que hay entre Yo y Tú". Esa es una Posición Existencial grabada con Pensamiento Mágico antes de los siete años. Fueron grabadas sin razonamiento, no hay Adulto.

Este concepto de las posiciones existenciales lo publicó el Dr. Thomas A. Harris en su libro "I'm Ok, You are Ok", que en español se llama "Yo estoy bien, tú estás bien". Este libro fue durante dos años consecutivos el tercer libro más vendido en el siglo pasado, y fue traducido a seis idiomas.

Tenemos cinco posiciones existenciales.

Yo estoy bien +/- Tú estás bien +/- <+-Ok -   +- Ok>
Yo estoy bien - Tú estás bien   <Ok   -   Ok>
Yo estoy bien - Tú estás mal   <Ok   -   No-Ok>
Yo estoy mal   - Tú estás bien   <No-Ok -   Ok>
Yo estoy mal   - Tú estás mal>   <No-Ok - No-Ok>

Víctor Caraveo

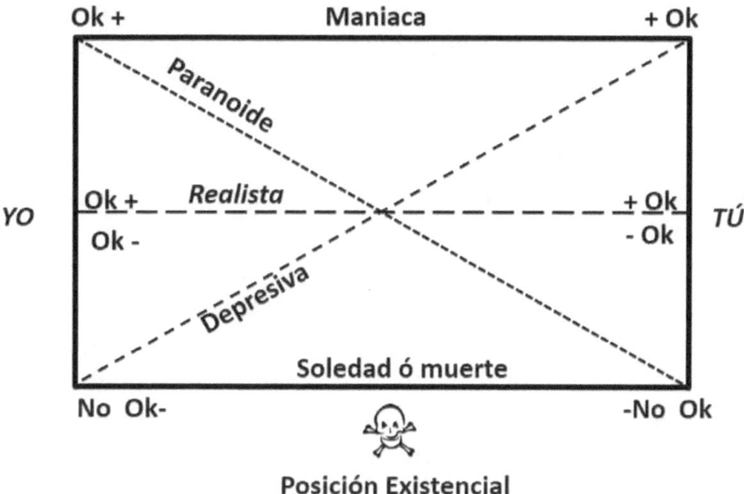

Posición realista

<+-Ok - +-Ok>   *Yo estoy bien +/- = Tú estás bien +/-*

De estas cinco posiciones, solo hay una que corresponde al Argumento del Triunfador. Las otras me las *programaron* papá, mamá, hermanos, tíos, abuelos, etcétera. Esta Posición Existencial se llama realista porque está dentro de la realidad: ¿Cuál es el Diálogo Interior de esta posición? "Yo estoy bien; tengo cosas positivas y negativas; me quiero y me acepto". "Tú estás bien, tienes cosas positivas y negativas; te quiero y te acepto". Ustedes Aquí y Ahora, tienen muchas cosas negativas; ya se dieron cuenta que compran amor, que son agresivos, que se quejan mucho, que salvan y persiguen. Ya me di cuenta de estas cosas; me las voy a quitar, pero puedo quitármelas en veinte años o con la *Magia de las Caricias Positivas* en menos de tres meses.

Tú estás bien, tienes cosas positivas y negativas; te quiero y te acepto; esto es muy importante porque les va a costar mucho trabajo, óiganlo bien: jamás, nunca, me voy a meter con lo que yo veo negativo de ti; ¡nunca! Ya seas mi amigo, mi hermano, mi esposa, mi esposo, mi hijo, mi papá, mi mamá… ¡nunca! Salvo en una excepción, que será cuando tú me lo preguntes: "Oye Roberto, ¿qué ves negativo en mí?". "Bueno, yo veo negativo en ti esto...". Pero si no me lo preguntas, no te lo voy a decir; ese es el verdadero respeto hacia mí mismo y que te estoy invitando a que lo hagas; si aceptas la invitación, ¡qué bueno! Y si no la aceptas, pues es tu bronca, porque yo sí te voy a respetar aun cuando tú no me respetes. Además, lo que puede ser negativo de ti para mí, puede ser que no sea negativo para ti. Naturalmente que aquí predominan las *Caricias Positivas*; es la posición del Triunfador. Hay muy pocos Juegos Psicológicos; hay muy pocos *rebusques*; la mayoría de las emociones son auténticas. Muy pocas Estampillas. Se casará con una pareja triunfadora; si no es, la invita; si no acepta, se retira.

Posición Maniaca

<Ok - Ok>   Yo estoy bien – Tú estás bien

Yo estoy bien, Tú estás bien. En esta Posición predominan las Caricias Falsas Positivas.

Esta Posición implica: "Yo estoy bien, no tengo nada negativo; y tú también estás bien, no tienes nada negativo, puro positivo. ¡Viva la vida! ¡Viva la *güeva*, el amor y la paz! Se llama Posición Maniaca; la locura se llama psicosis y cuando estoy en esta posición, no soy un loco maniaco; el verdadero psicótico maniaco es el clásico e inofensivo loquito que ven en la calle lleno de mocos: "Yo soy Napoleón".

   Víctor Caraveo

Es una posición de irresponsabilidad. En esta posición todo está a toda madre: "¡Viva la vida! ¡Viva la *güeva*!". Siempre andamos soñando que nos vamos a sacar la lotería; que el Melate... etcétera. Siempre andamos en las nubes fuera de la realidad, ¡felices con los mariachis! Eso sí, pero con el Niño Libre No-Ok.

Por ejemplo: Yo le debo a Juan diez mil pesos y él me dice: "Oye Carlos, págame". Y yo le digo: "Mañana te pago". Poco después Pepe me dice: "Oye, ya págale a Juan". Y yo le contesto: "Ahí se va, ahí se va". Juan no quiere perder su dinero y él tiene documentos: "Me lo va a probar y me va a meter al 'bote'". Con esa actitud Juan me saca de esa Posición Maniaca donde yo estaba tan a gusto y me trae a la realidad. Aquí la realidad, para mí, es una Vivencia Catastrófica (Supervivencia), no se me ocurre pedir prestado para pagarle a Juan y que no me meta a la cárcel. Aquí mi Diálogo Interior es: "Este cabrón me sacó de aquí; tan a gusto que estaba, y me trae a la realidad. ¡Ni madre! Yo me voy a regresar a la posición en que estaba". ¿Y cómo lo voy a lograr? ¡Pues recurro al alcohol y a las drogas! Aquí hay una mamá sobreprotectora No-Ok, no lo dejo crecer emocionalmente, ante cualquier bronca ¿Dónde está mamá?, ¡no está!

Va a buscar una pareja que se parezca a su mamá.

Posición Paranoide

<OK – No-Ok>   *Yo estoy bien – Tú estás mal*

Yo estoy bien, Tú estás mal; yo tengo puras cosas positivas y los demás puras cosas negativas. Esta posición es clásica de los adolescentes: "Yo siempre tengo la razón y los demás son una bola de pendejos. En esta etapa es cuando se pueden activar más los *programas* del Niño Programado Opositor. A esta posición se le llama Paranoide; no es que yo sea un loco paranoico pero sí asemejo la conducta de un loco paranoico porque este sí es muy peligroso; parece gente tranquila y hasta inteligente, pero en un momento se les "bota la canica" y pueden cometer crímenes horribles. Imagínense si me dieron muchas caricias falsas positivas, eres el niño más bonito del mundo, no te juntes con los nacos, etc. ¿Qué va agravar ese niño? Yo estoy bien y los demás están mal.

Yo tengo puras cosas positivas y los demás no; Niño Opositor. En esta posición predominan las *Caricias Agresivas* y *Condicionales*. "Te quiero con la condición de...", invita al "tú" a alejarse. Aquí la desvalorización está muy oculta; lo que sí logro es que la gente, el "tú", se me vaya retirando y hasta me defiendo: "Más vale solo que mal acompañado" (justificación). Pero la desvalorización es tan oculta, que todos se van retirando.

En la pareja si yo tengo una posición existencial "Yo estoy bien tú estás mal" júralo que voy a escoger una mujer que tenga la posición "Yo estoy mal tú estás bien", yo le refuerzo a ella que está mal, y ella me refuerza que yo estoy bien, y se hace la simbiosis.

Posición Depresiva

<No-Ok - Ok>   Yo estoy mal - Tú estás bien

En esta Posición Yo estoy mal, Tú estás bien; ve su negatividad y valoriza a los demás. Yo tengo puras cosas negativas y tú puras positivas. En esta posición predominan las Caricias

                                   Víctor Caraveo

de Lástima y Condicionales, pero hay caricias. Aquí la desvalorización está en todo su esplendor: "Yo estoy mal, siento que valgo pura chingada y por eso estoy muy triste, muy deprimido. Puedo ser muy bueno para todo pero no tengo permiso de triunfar porque yo no valgo". De ahí por qué a esta Posición se le llama Depresiva; es un niño muy desvalorizado, Sumiso. "Hago juegos de estúpido". Va a buscar una pareja con características de Opositora, Perseguidora, para hacer la Simbiosis.

Posición de Soledad:

<No-Ok - No-Ok>   Yo estoy mal – Tú estás mal

Esta posición es muy peligrosa porque no hay caricias y no se pueden recibir caricias. Aquí el Diálogo Interior es: "Yo estoy mal, los demás están mal; ¿Qué chingados estoy haciendo en esta vida?". Se le llama Posición de Soledad, Juegos de Muerte.

No es lo mismo estar solo, que la soledad; yo puedo estar rodeado de gente que me quiere mucho y sentirme muy solo, o puedo estar solo y que nadie me pele, y estar a toda madre. Aquí está la muerte; las caricias ya no llegan y yo no puedo vivir sin caricias; entonces decido morirme; me doy un balazo, me tiro de un tercer piso o simplemente me vuelvo loco… Juegos de Muerte.

La Posición Realista es la Posición del Triunfador y ahí los juegos son muy escasos y eventuales. Pero en las otras cuatro posiciones puede haber una inmensidad de Juegos Psicológicos que hacemos para mantenernos en ellas, fieles al *programa, al Cassette*. En esta posición Yo estoy mal, Tú estás bien, hay un juego que se llama "Juego de estúpido".

Recuerden que los juegos son de primero, segundo, tercero y cuarto grado, según la pérdida. En este caso hay muchos Juegos de estúpido. Naturalmente se puede tratar de una persona muy inteligente, pero hace "Juegos de estúpido". ¿Se acuerdan de los roles o papeles en los Juegos Psicológicos?

Por ejemplo:
"¿Dónde dejé el borrador?", pregunta Juan.
"Ahí lo traes en la mano, Juan", le dice Julio.

Aquí tenemos un juego de primer grado:
"Ahí lo traes en la mano… ¡pendejo!".
Ahí está la Caricia Agresiva.

Claro que él no quería decirme pendejo, yo lo invité a que me dijera pendejo (Caricia Agresiva); y todavía Julio dijo: "Híjole, ¡pobre Juan!". *Caricia de Lástima.*

Veamos otro ejemplo. Mi hijito Juanito tiene seis años de edad. ¿Qué le falta? Adulto. Pero su Niño Mágico está grabando. Yo le digo de malas a mi hijo de seis años: "¡Ah, cómo serás pendejo! ¡Mira nada más qué calificaciones: puros cincos y seises! ¡Ya ni chingas, pendejo! Deberías aprender a Pepito y Luisito, tu hermano y tu amiguito; ellos sí son chingones: ¡Puros nueves y dieces!". Ahí está la pinche competencia. "En mis tiempos yo me sacaba de perdida ocho pero, ¿qué se puede esperar de ti? Eres un pendejo". Como podrán observar ustedes, la cantidad de *Caricias agresivas* que está recibiendo mi hijito, pero fueron caricias; porque fueron las que predominaron, son las que le dio papá, las que recibió más; a las que se acostumbró él y las que va a necesitar toda su vida, se llama selección de caricias, las otras no le llegan.

                                    Víctor Caraveo

Ahora vamos a otra respuesta de papá, en el mismo ejemplo de Juanito: "¡Ay, pobrecito de mi hijito Juanito! Puros cincos y seises. No lo voy a comparar con Pepito y Luisito; ellos sí son inteligentes, puros nueves y dieces. Yo me sacaba ochos pero pues… ¿Qué vamos a hacer? No hay que comparar. *'El que nace para maceta no pasa del corralón'*. ¡Pobrecito m'ijo!.

Vean ustedes qué cantidad de caricias de lástima está recibiendo ese niño, son *Caricias negativas*; las demás nunca llegaron; se llama potencia de las caricias, que es la intensidad emocional con la que se transmite el mensaje positivo o negativo, y cómo la reciba en este caso el niño.

El comportamiento y las *creencias* de sus padres se convierten en las suyas. Hay que recordar que el niño graba en este orden, con su *Niño Mágico*: gestos actitudes, emociones y por último palabras. Todo lo graba sin un razonamiento, para el niño es una verdad absoluta. "La mente inconsciente no hace juicios, es inocente, solo es sensible a la emoción."

Entonces Juanito va a grabar una Posición Existencial: "Yo estoy mal; Pepito, Luisito y mi papá están bien". Yo estoy mal-Tú estás bien. Y toda mi vida, mi Niño Mágico va a reafirmar que Yo estoy mal y que Tú estás bien, porque de esa manera voy a recibir *Caricias Agresivas* y de lástima a las que me acostumbró Papá; y entre más *Caricias Agresivas* y de Lástima reciba, más voy a reafirmar que estoy mal y que tú estás bien, y de ahí hasta el infinito. Ahora ¿cómo le voy a hacer para reafirmar que yo estoy mal y que tú estás bien? Con los Juegos Psicológicos. En este caso voy a hacer "Juegos de estúpido". Una cosa es una persona estúpida y otra cosa es una persona que juega a estúpido, así como también, una cosa es un loco y otra es una persona que juega a loco.

'Juego de estúpido' de primer grado. Me tropiezo en la calle; se me quedan las llaves adentro de la casa; estoy en una comida y "sin querer" derramo el refresco sobre la mesa.

'Juego de estúpido' de segundo grado. Estoy en la mesita de un banco llenando un documento para depositar; termino y voy a hacer fila; llego a la caja y me piden el dinero del depósito; me doy cuenta de que no lo traigo y adivinen qué hago: me regreso a madre a la mesita donde estuve llenando el documento y no hay nada. Digo: "¡Chin! ¡Me robaron!". No. La realidad es que yo invité a que me robaran… Hice un "Juego de estúpido" donde ya empieza a costarme algo. Ahí no están mis amigos para que me den Caricias de Lástima sino que me las dio mi Padre Interior. "¡No manches! ¿Por qué no te fijas? Ahora vas a tener que pedir prestado".

'Juego de estúpido' de tercer grado. Voy a salir a la carretera y mi carro tiene un ruido extraño en la rueda izquierda; yo no hago nada para remediar eso y aun así salgo a la carretera; al rato, en una curva, tengo un accidente; se me sale una llanta, mi carro se vuelca y yo voy a dar al hospital; la clavícula rota y un pie enyesado. Viene a visitarme un amigo y me dice: "Oye, ¿qué no me habías comentado que tu carro traía un ruido en esa llanta?". Yo le contesto: "Sí pero yo pensé que era una polvera". Claro que mi *Niño Mágico* sabía que ese balero andaba ya muy mal y que esa rueda se iba a salir, pero necesitaba mi juego de tercer grado.

'Juego de estúpido' de cuarto grado. Si bien en el juego anterior, mi carro fue a dar al taller y yo fui a dar al hospital, en un juego de cuarto grado lo que sigue es que mi carro va a dar al yonque y… mi amigo está depositando unas flores en mi ataúd.

   Víctor Caraveo

El Dr. Bruce H. Lipton, en su libro, "La biología de la creencia" comenta: "Dada la precisión de este sistema de almacenamiento de conductas, imagina las consecuencias que tiene que un padre le llame a su hijo "niño estúpido", o que le diga "no te mereces nada", "no vales nada", "nunca deberías haber nacido" o "eres una persona débil y enfermiza". Cuando los padres desconsiderados o poco afectuosos transmiten estos mensajes a los hijos pequeños, sin duda no son conscientes de que semejantes comentarios se almacenan en la memoria inconsciente del niño como "verdades" absolutas, de la misma forma que lo *bits y los bytes* se almacenan en el disco duro de tu ordenador personal. Durante las primeras etapas del desarrollo, la consciencia de los niños no ha evolucionado lo suficiente como para discernir que estos comentarios de sus progenitores no son más que estallidos verbales y no necesariamente verdaderas características de su ser. Una vez almacenadas en el inconsciente, no obstante, los abusos verbales se convierten en "verdades" que moldean de forma inadvertida el comportamiento y el potencial del niño a lo largo de toda su vida" (Lipton, 2005, pág.127).

Vocación para el matrimonio

Juego psicológico de la "papa caliente"

Aquí tengo la "papa caliente" (una bronca); está en mis manos, estoy viendo a quién se la paso. Me está quemando. No se vale que se caiga al suelo. Se la paso a alguien que mi Niño Mágico sabe que sí la va a tomar. Se la paso a Claudia y como ven, mágicamente ya no me quemé mis manos y ahora es ella quien se está quemando. Yo descansé. Luego Claudia se la pasa a José y ahora es él quien se está quemando, y así continúa el juego. ¿Resolví la bronca? No. Ahora tienen las manos ampolladas dos personas a quienes quiero mucho: Claudia mi esposa y José mi hijo. Los invité a estar mal.

En el juego psicológico de la "papa caliente" hay tres pasos muy importantes; como todo Juego Psicológico tiene una Transacción Aparente y una Transacción Dúplex que es la que importa. De esa Transacción Dúplex no se da cuenta el Adulto (no es Consciente). La "papa caliente" nos permite aparentemente solucionar el problema pero no lo soluciono, involucro a otras personas. Todo juego tiene dos Transacciones: una que el Adulto capta y otra que el Adulto no capta, pero el *Niño Mágico* sí lo capta (Transacción Dúplex).

Los pasos del juego: "papa caliente"

1. Eres admirable. 2. Solo trato de ayudarte. 3. Peléate por mí.

Eres admirable. El mensaje Dúplex es: "Así harás lo que yo te ordene". "Así permitirás que te manipule".

Solo trato de ayudarte. – ¡Qué bonita ayuda! –. "A que te jodas", "A que te enfermes", "A que te divorcies en mi lugar".

Peléate por mí. Así evitas que yo me pelee (clásico de las mamás).

Veamos un ejemplo de "papas calientes" de divorcio. Todas las parejas hacen juegos de divorcio abiertamente como: "Claudia, ¿cuándo me das el divorcio? Quiero mi libertad". "¡No te lo doy!". Un día me dice mi esposa: "Oye Juan, pensándolo bien, vamos a divorciarnos; ya le hablé a mi hermano el abogado para que haga los trámites". "¡No te lo doy!" (Cambio de roles). Es muy frecuente que ya está la firma y la demanda; que al fin convencieron al otro para que venga a firmar, y el que ya había firmado retira la demanda.

Los juegos de divorcio son captados por el *Niño Mágico* de los hijos; "papas calientes" de divorcio que ellos repetirán con sus parejas cuando sean adultos. Se recomienda que nunca discutan delante de los hijos; váyanse a un restaurante o enciérrense en un cuarto. Esto es inútil; el *Niño Mágico* de los hijos, de menos de siete años, tiene un *Niño Mágico* muy potente. Ya captaron todo a través de gestos, actitudes, emociones, y por último palabras, de papá y mamá. Traemos muchas "papas calientes" de nuestros padres. Son cosas que vivimos todos los días; son reales. Todo el santo día estamos jugando pero, ¿cómo dejar de hacer tantos juegos? Dando *Caricias Positivas*.

Un hombre y una mujer deciden vivir y convivir juntos, y formar una empresa; la más importante del mundo. Sin embargo es a la que menos importancia le damos; es la relación con más conflictos entre Yo y Tú. La pareja es la gran oportunidad que el Universo me envía para que yo pueda conocerme a mí mismo porque sin el otro, no me podría conocer. Generalmente el último de los roles que se arregla es el de pareja, pero se arregla.

Veámoslo con los circulitos mágicos. Las primeras transacciones entre dos personas que se van a casar, son las transacciones de Niño Libre a Niño Libre (es el cuerpo). Por ejemplo, nos acaban de presentar a Claudia y a mí. Yo le gusto a ella y ella me gusta a mí. Ahí está el clásico flechazo. Probablemente lleguemos a ser pareja posteriormente sin que desaparezcan las transacciones de intimidad de Niño Libre a Niño Libre; habrá transacciones de las dos máquinas computadoras de Adulto a Adulto. Aquí no entra el Padre, porque contamina al Adulto con todos los prejuicios, "*Creencias*". Un buen matrimonio es cuando se gustan los niños, y después el Adulto decide lo que le conviene.

Como ven, los Niños se atraen, los Adultos se conocen y se llega a una decisión. Claudia me gusta mucho y yo sé quién es ella a través de lo que capta mi Adulto. Aquí se presentan algunas opciones: Dice Claudia: "¡Qué lindo Juan! Me gusta y lo quiero mucho. Él es mi primer gran amor". Sólo que el Adulto de ella capta: "Me he dado cuenta que Juan anda en malos negocios y es muy borracho; toma mucho y puede ser peligroso casarme con una persona así". Claudia llora, patea, se pone triste pero no se casa porque no le conviene. O yo, Juan, igual: "Me gusta y la quiero mucho, solo que me he dado cuenta que es muy coqueta; no es que sea macho mexicano pero se la pasa tomando en los antros". Decido no casarme.

O bien dice ella: "Lo quiero mucho, me gusta; es mi primer gran amor; es un hombre que todo mundo respeta: trabajador, de buena familia… Me conviene; me caso". O Yo igual: "La quiero mucho, me encanta mi reina, es buena muchacha. Me conviene, me caso". ¿Quién decidió casarse? ¿El *Adulto* o el *Niño Interior*? El Adulto. Vamos a hacer un 'buen Matrimonio'".

¿Quién iba a decir? La respuesta está ahí en su trébol de cuatro hojas. En el Rol de Pareja, ¿qué es lo primero que sucede entre Yo y Claudia? Tenemos diálogo, hay respeto mutuo. Yo soy Yo. Tú eres Tú. Yo no voy a querer que sea como Yo quiero, y viceversa. Lo primero en la pareja es que tenemos diálogo, sigue el respeto: "Yo soy yo" y "Tú eres tú". "Yo no voy a buscar que tú seas como yo quiero que tú seas, y viceversa". ¿Qué sigue del respeto? Coincidir. No hay juegos de película romántica y misterio; yo la protejo, ella me protege. Disfrutamos la vida juntos. No hay juegos de carne asada. Ella disfruta sin mi presencia en el club de lectura de los martes y yo disfruto el club de dominó los viernes. Tenemos intimidad sexual placentera para ambos.

Ahora en el Rol Familiar, a los hijos les vamos dando esta información y si están más chicos de siete años, pues con nuestro *Niño Mágico*... con imágenes. Tenemos un Niño Mágico muy intuitivo y les vamos a dar a nuestros hijos información; lo que sabemos nosotros de la vida y del Tiempo Existencial, no Cronológico. Les vamos a dar *Caricias Positivas*, no Condicionales, no Agresivas. Hemos estado hablando de "Matrimonio bien", ahí no hay *mandatos* del *Cassette* (Padre).

Mal matrimonio

El problema es cuando se mete el *Padre* ya que cuando se mete contamina al *Adulto* y no tomamos buenas decisiones, hacemos un mal matrimonio.

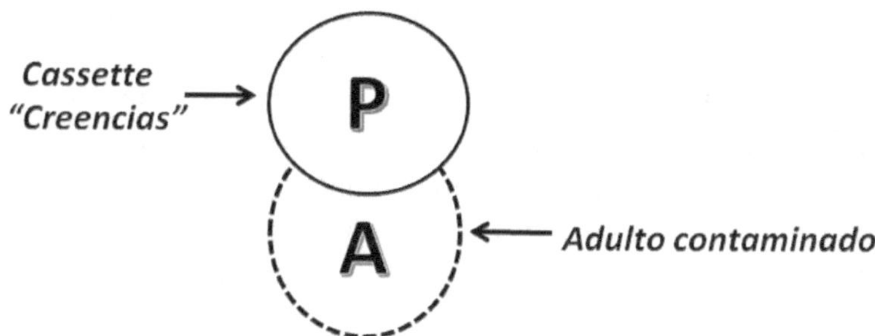

Es muy fácil verlo con los circulitos mágicos. Un Adulto contaminado funciona más o menos al cincuenta por ciento aunque sea muy inteligente. ¡Qué bueno que las parejas nos casáramos con ese grado de contaminación!

¿Cómo es posible que después de cinco años de noviazgo resulte en un matrimonio malo? ¿Cómo es posible que dos personas logren un buen matrimonio, con dos meses de noviazgo? Por lo general, el Adulto no funciona en la etapa del enamoramiento. El Adulto no ve la realidad está en la fantasía. Pasado el enamoramiento se empieza a ver la realidad y empiezan las broncas, se reactivan los prejuicios, que están en la *programación*, en el "*Cassette*". El prejuicio es un pre-juicio; el Padre *Cassette*, al contaminar al Adulto, no le permite hacer juicios de realidad, ¡pero resulta que el Adulto es quien decide el matrimonio! Entonces el Adulto contaminado hace una mala decisión y el matrimonio es malo. El Adulto se contamina por el Padre y no toma decisiones correctas, sino *programadas*. Un ejemplo de un prejuicio es: "Bueno, ¿y qué quieres que haga? ¡Ya estoy embarazada! Me tengo que casar". Aquí los *programas* en el Padre *Cassette* ordenan, y el Niño *Programado* obedece. O bien puede llegar el *mandato* del *programa* al Niño Sumiso o al Niño Opositor, que para el caso resulta en lo mismo. Niño Sumiso obedece ciegamente al Padre, o el Niño Opositor hace lo contrario. Esta es la razón por la que nos desenamoramos tan pronto. El problema es que durante la luna de miel y los primeros meses, tu comportamiento y tus acciones están controlados por la *mente consciente* que actúa en beneficio de tus anhelos y deseos. Cuando las mentes de dos amantes se entrelazan, juntos crean una fantasía mágica. ¡El Paraíso en la Tierra! Sin embargo, con el tiempo, tu *mente consciente* pasa de crear las experiencias de la luna de miel a los deberes y responsabilidades de la vida diaria. Y el resultado es que con la *mente consciente*, el Adulto le deja el control a los *programas* o "creencias" y se reactivan los prejuicios almacenados en nuestra *mente inconsciente*.

Veamos el caso de un mal matrimonio por obedecer al Niño Opositor. Se dice que uno está atado a los papás. Hace mucho que yo me salí de casa; mis papás viven en otra ciudad. Te puedes ir al otro lado del mundo y la Simbiosis va hasta allá. Ni a mi mamá ni a mi papá les gusta Claudia

Víctor Caraveo

y no quieren que me case con ella, ¡pues me caso con ella! Aquí ni siquiera es el Padre sino el padre físico; tanto mamá como papá le dicen que no se case y el Niño Opositor dice: "Me canso que me caso" y muchas veces digo: "¡Yo tomé la decisión!". La mayoría de las veces entra el Padre o se mete el Niño Opositor; nos cerramos, no nos damos cuenta de nada. "Yo he visto como que Claudia no le gusta a mi mamá: ¡Pues me caso con ella!".

Veamos el caso de un mal matrimonio por obedecer al Niño Sumiso. Claudia y mi mamá andan en El Paso, Texas. Tú sabes bien que mi mamá quiere mucho a Claudia y ella adora a mi mamá; la quiere más que a su propia mamá. Ellas creen que no me he dado cuenta de que andan escogiendo el ajuar de novia. ¡Ni la he pedido! ¡Viejas locas!". Pero, "me caso por órdenes directas de mi mamá".

Bueno, no porque una persona haya hecho un mal matrimonio quiere decir que todo está perdido; tiene muchas opciones para escoger la que más le convenga. Este es el menú: opciones que una persona tiene cuando ha hecho un mal casorio.

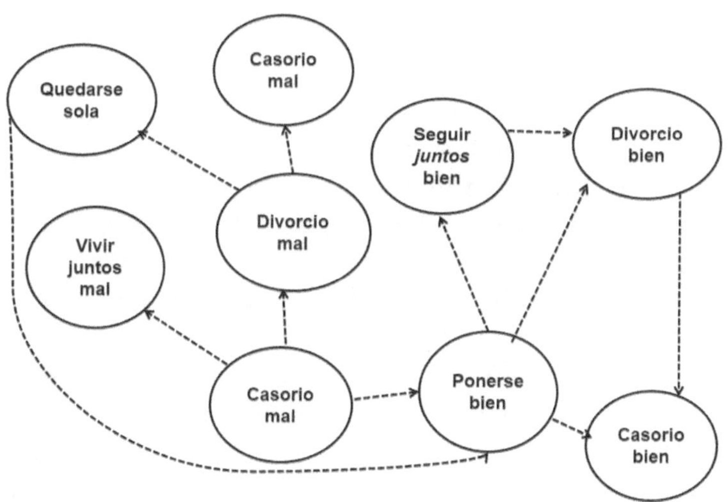

Primera opción. La primera frase en un mal matrimonio es la siguiente: "Desde que me casé… empezaron las broncas". Voy con mi amigo Luis a quejarme amargamente: "Ya me tiene harto esta vieja; si he sabido ni me caso. ¡Vieja méndiga!". Puede que ella ande haciendo lo mismo. Y después, ahí voy de nuevo: "¡Pinche vieja cabrona! ¿Para qué chingados me casé?". Bueno, ya lo tengo harto; hasta que Luis me dice: "Bueno cabrón, pues si tanto sufres, ¿entonces por qué no te divorcias?". Y yo le digo: "Párale, ¡qué te pasa! ¿Y mi moral?, ¿y mi religión?" Vamos a suponer que soy un hombre liberal; que me vale madre la religión y la moral. "Ah… ¿y mi corazoncito de oro?, ¿qué crees que no siente? ¡Sí! ¿Qué fácil! ¡Divórciate!

¡Qué chulada! ¿Verdad? Seguir juntos mal. Nada más que el mensaje inconsciente que los hijos reciben es otro: "¡Por culpa de ustedes cabrones, cabronas, yo sigo jodido aquí! Hay que aguantar; si no fuera por ustedes, ya me habría divorciado, así que no se casen nunca y si se casan, ¡divórciense por mí!" ("papas calientes") que los hijos van a repetir con sus parejas, porque ya está grabado en el Inconsciente, cuando se casan y pasa la etapa del enamoramiento se reactiva el *programa*.

Segunda opción. Otra opción cada vez más frecuente es: "¿Me casé mal? Pues me divorcio mal". ¿Qué sigue? Pues nuevamente un "mal matrimonio". Paso la energía del Niño Sumiso al Niño Opositor, o viceversa. ¿Qué emoción predomina entre la pareja? Rabia. Y cuando hay rabia, la meta es joder. Aquí los únicos que ganan son los abogados. Y hablo de abogados honestos. "Licenciado, he decidido divorciarme". Y me dice: "¿Ya la pensaste bien?, ¿estás segura?". Es una decisión transcendental. ¿Cuál es la meta del abogado? Ganar dinero; él está haciendo su trabajo; su meta es favorecer a su cliente: a este cabrón le quitamos la casa, medio sueldo, etcétera. La meta del abogado mío es

                                  Víctor Caraveo

la misma: "A esta cabrona no le damos ni madre, ¿para que ande gastando tu dinero?" Con el divorcio contencioso puede acabarse el patrimonio, sobre todo cuando los abogados son deshonestos.

Tercera opción. Ponernos bien y… ¿qué es ponerse bien? Pasarse del Circuito Negativo al Positivo; hacer una regrabación de los *programas* (*Cassette*). Al ponerse bien, la meta más grande es seguir juntos bien. Haya habido agresiones, mentadas de madre, infidelidades, etcétera.

Cuarta opción. Otra opción es divorciarse bien y me dirán: Si ya se pusieron bien, ¿entonces por qué decidieron divorciarse? Al ponerse bien, ya está el trébol de cuatro hojas completo y entre tantos procesos empieza la descontaminación del Adulto por el Padre y aparece el Adulto en todo su esplendor; es decir él ya regrabo las creencias (*Cassette*) y con su Adulto ya descontaminado se da cuenta de la realidad.

Ellos se pusieron bien, duraron juntos un mes y decidieron divorciarse bien, de común acuerdo. Ella volvió a la terapia y dijo: "He venido a divorciarme bien de Juan, porque me he dado cuenta de algo". Le pregunto: "¿Ya no lo quieres?". "No, sí lo quiero mucho; bailamos el vals juntos". "¿De qué te has dado cuenta?" "¡Pues yo me casé con mi papá!" Se parece mucho en el físico a mí papá; es ginecólogo igual que mi papá. Me he dado cuenta que me casé con mi papá, por órdenes de mi mamá". Ella identificó a su marido con su papá. De esto hablaré ampliamente en el capítulo de Árbol Genealógico Familiar. Le pregunto: "Dices que lo quieres mucho; entonces, ¿por qué decides divorciarte?" "Me he dado cuenta de algo: él es un excelente partero, tiene mucho trabajo, gana mucho dinero, trabaja mucho en la noche y pasa muy poco tiempo conmigo. Yo necesito un hombre que me acompañe en la noche y él casi nunca está, y eso a mí no me conviene". En un buen divorcio hay siempre tres emociones auténticas: tristeza, alegría y afecto. Y puede ser viudez o lo que sea, pero yo le llamo "separación". ¿Y por qué se siente tristeza? Porque toda separación causa tristeza; hasta los zapatos viejos… ¿Y por qué se siente alegría? Porque siente que se quitó un peso que traía encima. ¿Y por qué siente afecto? Porque no hay Estampillas, culpas ni *rebusques*; sigue habiendo el afecto como persona, como hombre, como mujer; "solo que como pareja no, porque no me conviene".

En un mal divorcio, a falta de estas tres emociones o en lugar de que aparezcan estas tres, aparecen otras de las que aquí les llamamos "*rebusques*": culpas, resentimiento, rabia, etcétera. ¿Pero qué va a pasar con estas pobres, inocentes víctimas del divorcio, que son los hijos traumados? Nada malo y cosas muy buenas: se llaman "permisos". Nada de "peléate por mí" y "¿por qué te divorcias de papá?". "Porque es un cabrón que se fue con una…". ¡No señor! "¿Por qué te divorcias de papá?". "Miren hijos, yo quiero mucho a su papá y papi me quiere mucho a mí; y tanto yo, como él, nos deseamos lo mejor y hemos tomado la decisión de que vamos a ser más felices si vivimos separados". Claudia va a encontrar un marido que la quiera mucho y yo también porque Claudia va a tener otros hijos y yo también; y ojo, no van a ser medios hermanos. A mí me da risa cuando me dicen: "Tengo un medio hermano". Esos medios hermanos es una "papa caliente" para que no se quieran, para aminorar sus culpas papá y mamá.

Quinta opción. Cuando hay un mal divorcio, que abundan, ¿qué sigue? Pues nuevamente un mal "matrimonio". Paso la energía del Niño Sumiso al Niño Opositor, o viceversa. Si estaba casado con una mujer opositora, es que soy un sumiso; me vuelvo a casar y me vuelvo un opositor y busco una mujer sumisa. Dios los hace y ellos se juntan.

Sexta opción. Otra opción muy frecuente después del divorcio es "quedarme sola o solo", sin pareja. Para quedarme sola o solo consagro mi vida a esas inocentes víctimas del divorcio que son mis hijos, con el *mandato* de "quédense solos como mamá y papá", o bien regreso a la Simbiosis Familiar. Quedarme solo o sola… ¿pues qué sigue? Ponerme bien en lo que implica el rol de pareja y un matrimonio bien.

Veamos el siguiente caso. Laura, mujer de 35 años, alta y muy bonita, tenía como treinta kilos de más. Ella vino para bajar de peso y por broncas con su pareja. Laura jugó: "a que no me curas", porque tomó la información; vino a la primera terapia y ya no siguió; volvió como a los seis meses y dijo que lo iba a tomar en serio. Volvió a tomar la información, vino a la primera terapia, a la segunda, a la tercera y a la cuarta… ya no volvió. El siguiente fin de semana vino a la terapia y dijo: "Yo fui hija de madre soltera; a los 16 años fui a buscar a mi papá –que no conocía– a Ciudad Juárez. Lo encontré y le dije: 'Vengo a decirle que usted es un hijo de... #"&/#%&?'". El fin de semana pasado falté porque fui de nuevo a Ciudad Juárez a buscar a mi papá; lo encontré en su Taller de Refrigeración y cuando lo tuve enfrente le dije: "¿Usted es fulano de tal?". "Sí". "¿No le es mi cara conocida?". "Discúlpeme señorita, ¡no recuerdo!". "Soy su hija". Lo cogí de los brazos y le dije: "Vine a decirte que me gustan mucho tus ojos, me gustan mucho tus manos, me gusta mucho tu cabello", etcétera. El viejo se fue aflojando y se me recargó llore y llore; perdió el control. Luego de un par de minutos, le dije: "Mire, yo no busco que sea para usted su hija; sé que está casado y no quiero que tenga problemas, pero me gustaría que fuéramos amigos". Él me contestó: "No señorita, usted es mi hija y la felicito mi reina; yo siempre quise hacer eso y nunca me atreví a buscarla porque me daba mucho miedo; es más, siento que la quiero mucho. La invito a comer". La llevó a comer a su casa y le presentó a su esposa. Laura le dio *Caricias Positivas* a la esposa de su papá y a sus tres hermanitos. Laura bajó más de veinte kilos sin dietas, sin pastillas, ¡sin nada! Solo con las ridículas y cursis *Caricias Positivas*. Claro que su meta no era enflacar porque si hubiera sido así entonces ella hubiera condicionado sus caricias, y esas no son *Caricias Positivas*, esas son *Caricias condicionales*. Al solucionar el problema con el papá, automáticamente mejoró la relación con su marido; en este caso ella hacía una identificación de su papá con su marido. Las broncas de sus papás eran las broncas de ella y su esposo. Generalmente la mujer busca en su pareja particularidades de su Padre y el hombre de su Madre.

La sexualidad y sus mitos

Relacionado con la pareja, el instinto de procreación sigue siendo un gran tabú; se dice que ahora estamos más abiertos pero no es cierto, está prohibido. La sexualidad no se enseña como una asignatura en ninguna facultad; un tema tan inmenso y poderoso, y todavía no se enseña cuál es la importancia en la vivencia de las personas. En los seminarios de sexualidad hablan de órganos genitales y órganos reproductores pero terminan diciendo cómo vienen los niños al mundo. Sin embargo no enseñan lo que es la sexualidad. Para hablar de sexualidad hay que saber de los *Círculos Mágicos*. No es que no me vayan a entender si no saben de los *Círculos Mágicos*; no voy a enganchar al Adulto sino al Padre Crítico y me van a querer quemar en leña verde.

La sexualidad está en mi Niño Libre *Ok*. El Niño Libre es mi cuerpo, mi parte arcaica, animal. La sexualidad negativa No-Ok está en un Niño *Programado* No-Ok, Sumiso u Opositor. El instinto sexual está en el Inconsciente; es una *programación* genética; nadie nos enseñó a tener hambre o frío. ¡Se siente! El miedo al sexo es la principal de las disfunciones sexuales. Una disfunción primaria es: Nunca he sentido deseo. Una disfunción secundaria es: En un momento disfruto y en otras ocasiones no. "El Niño Libre anda en el sótano". Al recuperarlo se acaba el problema. Todas las disfunciones sexuales están en el Niño *Programado*: Sumiso u Opositor.

El instinto sexual se despierta a través de los estímulos que son captados por los órganos sensoriales: vista, olfato, tacto, gusto y oído. Me gusta su Niño, que es su cuerpo y se transforma en deseo sexual, lo cual no es acostarme con la persona, es estar cerca de esa persona. Aquí vamos nuevamente con el proceso de intimidad; me gusta, me cae bien. Sintetizando: si la toco, si huele bonito, si oigo cosas agradables, aquello va subiendo y se transforma en excitación sexual. A mayor cantidad de estímulos, mayor respuesta.

Veamos un ejemplo. Cuando estoy recibiendo estímulos de mujeres hermosas y no estoy excitado, es porque en ese momento mi energía está en mi Adulto. Si la energía está en mi Adulto, no llegan los estímulos al Niño Libre. Los estímulos son captados por los órganos de los sentidos; en primer lugar, de la vista nace el amor; estímulo visual. A mayor cantidad de estímulos, mayor respuesta. Un ejemplo de esto es que algunos dicen "qué agasajadas se dan los médicos viendo tantas mujeres desnudas". Eso no es cierto, ya que su energía está en el Adulto, y no en el Niño Libre.

Hay que recordar que los estados de Yo, están fluyendo de Padre, Adulto, Niño, y se van a activar en sentido positivo o negativo de acuerdo a nuestras creencias. Por ejemplo, en el juego sexual previo, que es parte del erotismo, en esta etapa hay muchos cambios cardiovasculares y respiratorios; afluencia de sangre a determinadas partes del cuerpo; por ejemplo, a la piel le llega más sangre y esto hace que suba la temperatura y la piel se pone caliente. Si tengo cinco litros de sangre en el cuerpo, cómo es que llega más sangre, el cuerpo es sabio (tú aceleras mi corazón). El Niño Libre de ambos siente la necesidad básica de penetrar y ser penetrada. Cuando se consuma la penetración, la excitación ya no sube ni baja, se mantiene estable; hay una serie de contracturas musculares de todo el cuerpo.

En la sexualidad entra todo el cuerpo, todo el Niño Libre Ok. Cuando se pone el intelecto en el sexo, este se enfría. Toda la Energía está en el Niño Libre; es decir que el Niño Libre se ha quedado sin control. No hay Padre, no hay Adulto, no hay Niño Mágico, ¡solo Niño Libre! (nuestra parte animal); desaparecen todas las normas, todas las costumbres, prejuicios, ¡todo! ¡Puro Niño Libre! Dejar de lado lo racional. Todo esto es muy agradable y lo que sigue es aún más agradable, gracias a la pérdida de control. Cómo se gastan millones de dólares en disciplinas e instituciones que nos enseñan a controlarnos, si lo más hermoso del mundo es precisamente aprender a perder el control. Después de todo, como vamos a ver, nos enseñaron a controlarnos: "Da las gracias", "Saluda", "Límpiate los mocos", "No te orines", etcétera. Y todavía vamos a aprender a controlarnos más. Precisamente aquel niño era feliz porque no se controlaba.

Cuando se pierde el control vuelve a subir la excitación todavía más arriba. Aquí hay una compensación de toda la energía humana y se llama "Clímax". Se ha condensado la energía para lo que sigue; una verdadera explosión, una descarga de energía llamada "Orgasmo" sexual. No hay situación más agradable, más gratificante; por eso dura unos cuantos segundos. Estas contracciones expulsan un líquido seminal: los espermatozoides. Cada contracción es muy placentera, es el éxtasis. En la mujer hay contracciones muy placenteras en la parte externa que duran también unos pocos segundos; luego cae y desaparece la excitación, y aparece otro periodo que es la relajación. No hay ningún método que produzca una relajación tan agradable como esta. Hay una valorización muy grande y gratificante: "No me cambio por nadie".

Todos los problemas sexuales están en la *programación*, en los Juegos Psicológicos, Transacciones Dúplex, *rebusques*, emociones falsas, posición existencial. De ahí el por qué no se atacan las consecuencias del problema, sino las causas, al *Cassette* (Piporro). Haciendo una regrabación de los *programas*, desaparece el problema pero de estos, los más grandes son por las Estampillas Rojas de rabia: la competencia, los espadazos, la lucha de los sexos.

En su libro *En las alas de placer*, Barrios (2005) dice: "Claro que el amor romántico y el erotismo pueden ser coincidentes, incluso pareciera ser que la suma de ambos potencia los efectos de cada factor. Una persona que ama a otra suele ver incrementado su propio placer en la entrega erótica; asimismo la afectividad amorosa suele exacerbarse cuando hay riqueza en la vinculación erótica. Me parece importante que hombres y mujeres aprendamos a disociar los fenómenos de amor y erotismo; dicho de otra manera, que sepamos y entendamos que pueden presentarse juntos o separados. De esta manera podemos discernir con facilidad el caudal de intensas sensaciones que en ambos se presentan. También, con esta diferenciación, podemos elegir sin complicaciones el tipo de relación en el que nos involucramos, pues a menudo la confusión que suele imbricar amor y erotismo, nos podrían llevar a serios problemas y, según la frase común, "sentir el corazón roto ante las decepciones".

Veamos un ejemplo. Una mujer que siempre le decía a su esposo que le dolía la cabeza para no tener relaciones sexuales, en cierta ocasión este le llegó con unas copas de más y con muchas ganas de hacer el amor con ella pero piensa: "Me va a decir que le duele mucho la cabeza". En eso se le prende el foco y va al botiquín y toma una aspirina; se dirige a su recámara, entra y la esposa se encuentra dormida; él le introduce la aspirina en la boca y ella despierta sorprendida diciéndole: "¡Qué te pasa! ¿Por qué me pones esa aspirina en la boca, si no me duele la cabeza?". "¡Eso quería que me dijeras, mi amor!"

¿Quién inventó la virginidad? La virginidad la inventamos los hombres por nuestra inseguridad sexual. Ahí empiezan los tabúes porque en el fondo, viéndolo con mi Adulto, a mí qué diablos me importa si mi pareja tuvo relaciones sexuales con otro hombre. ¿Cuál es la bronca? Salvo que esté muy inseguro de mí mismo y me sienta mal, y con diálogos internos piense que el otro es mejor que yo. Esto trae como consecuencia miles de tragedias. Fíjense que las estadísticas dicen que más del cincuenta por ciento de las mujeres no sangra.

Veamos un ejemplo. Un ingeniero con veinte años de eyaculación prematura (precoz), se llenó de Estampillas Blancas (de pureza) porque su pareja no sangró en la noche de bodas. Él vino a consulta, tomó la información y con la primera terapia resolvió el problema. Es muy fácil hacerse señorita. Los hombres somos más pudorosos que las mujeres; a la mujer no le importa que su pareja tuviera relaciones sexuales con otra. Los hombres exigimos pudor, pero el pudor es una emoción falsa; un Rebusque.

En terapia, se le pregunta a una señora que padece de frigidez: ¿Cuánto dura tu marido, de la penetración al orgasmo? "Cinco minutos. ¡No! menos; tres minutos ¡No! menos; dos minutos ¡No! menos; un minuto ¡A veces! El problema no es tuyo, es de él, (eyaculación precoz). Ella le comenta al marido, quien se pone furioso y llama: "¡Qué chingados le dijo a mi esposa! ¡Yo soy muy hombre!". Ahora les digo: "Primero ponte bien tú y luego lo invitas a él a ponerse bien". Nada es por casualidad, ambos escogen inconscientemente esta relación de pareja, para sanar un conflicto emocional que hay que buscar en su *programación, "creencias"*.

Barrios (2005) nos habla del "placer como vivencia total del cuerpo". La experiencia de esta propuesta estriba en que muchas parejas, independientemente de su orientación erótica-afectiva, centran los encuentros eróticos en la genitalidad, más precisamente en la excesiva importancia que se le da al coito y a los órganos sexuales externos. El resultado empobrece la vivencia erótica, pues por un lado se prescinde de la necesaria sensorialización de todo el cuerpo, lo cual cancela o limita varias experiencias placenteras; por otro, la focalización de los órganos pélvicos, centrada en la penetración, reduce la práctica erótica a "un solo platillo en el menú" el coito. Si el hombre hiciese consciencia de la experiencia orgásmica de la ternura, no sólo la "degustaría", sino que además prolongaría la experiencia de caricias, compartiendo el placer completo con su pareja. Quizá la parte medular de estas prácticas de exploración sensitiva sea la notoria reducción de ansiedad o miedo por el desempeño, la cual frecuentemente es causa o por lo menos coadyuvante en múltiples disfunciones de la vida erótica.

Los orígenes psicosomáticos
de la homosexualidad

Sellam (2014) dice que en la mayoría de los casos la homosexualidad es de origen plurifactorial y cada uno de los diferentes factores posee su propio porcentaje de influencia. Algunas otras homosexualidades serían más bien "coyunturales", o sea después de un acontecimiento especial, generalmente traumático. Las demás, las más frecuentes, serían más bien "estructurales", formando parte integrante de la Estructura de la Personalidad del individuo en la Pequeña Infancia.

A propósito de los términos Innato y Adquirido, veamos su definición. La homosexualidad innata significa que ha nacido con nosotros; que no procede de nuestra experiencia. Generalmente el límite temporal de exploración abarca la novela familiar en el Árbol Genealógico a lo largo de varias generaciones y el Proyecto Sentido Gestacional. La homosexualidad adquirida significa lo que se obtiene a través de la experiencia; lo que no es innato ni hereditario. Aquí, el límite de exploración se inicia justo después del nacimiento a partir de lo largo de la estructuración de la personalidad, entre los 0 a los 7 años, y hasta la adolescencia. Algunos hablan de herencia. Para nosotros, esta herencia es más Psíquica que puramente genética. Una homosexualidad masculina de origen psicológico estaría en parte relacionada con la Estructura de la Personalidad del niño en la fase infantil edípica, con una identificación parental relacionada predominantemente con papá. Yo he observado que los homosexuales casi todos tienen un fuerte problema con el papá. Una homosexualidad femenina de origen psicológico estaría relacionada con la estructura de la personalidad de la niña en la fase infantil edípica, con una identificación parental predominantemente con la mamá.

Una homosexualidad de origen psíquico estaría en parte relacionada con un mensaje familiar Transgeneracional y del Proyecto Sentido Gestacional, basado en el Hijo de Reemplazo. Si yo soy un niño y sustituyo a una niña que falleció demasiado pronto, para cumplir con mi contrato tengo que parecerme a una chica y mostrarlo a la familia a través de mis actitudes y de mi comportamiento general, para que la familia me acepte; todo esto es Inconsciente. Recuerden que para nuestro Inconsciente el rechazo es la muerte. Me feminizo hasta un cierto grado en función de la potencia del mensaje Transgeneracional; existen los heterosexuales afeminados. En algunos casos la influencia de este mensaje puede sobrepasar los límites y llevarme a una homosexualidad (igual para la niña que sustituye a un

                                    Víctor Caraveo

niño). Todo esto está relacionado con la Vivencia Catastrófica de Supervivencia; si no sigo el *mandato*, la familia me va a rechazar.

Es importante distinguir entre sexo y género: "La palabra sexo se refiere a las características biológicas y fisiológicas que definen a hombres y mujeres. La palabra género se utiliza para describir los roles determinados socialmente, los comportamientos, las actividades y los tributos que la sociedad considera apropiados para hombres y mujeres (Sellam, 2014, Pág. 152). En nuestras sociedades, el sexo del niño se determina en el momento del nacimiento, esencialmente según criterios anatómicos. En cuanto nacen los niños y las niñas son educados basados en criterios y atributos llamados femeninos o masculinos, como las actividades domésticas, las lecturas, los deportes, los estudios, etc.

Sellam (2014) apuntó que es también importante reconocer las diferencias entre el sexo biológico, la apariencia y el carácter. Todos los casos son posibles. Es suficiente observar el mundo y las personas que nos rodean, sean estas homosexuales, bisexuales o heterosexuales. Hay mujeres con apariencia femenina y carácter femenino, mujeres con apariencia femenina y carácter masculino, mujeres con apariencia masculina y carácter femenino, mujeres con apariencia masculina y carácter masculino. Hay hombres con apariencia masculina y carácter masculino, hombres con apariencia masculina y carácter femenino, hombres con apariencia femenina y carácter masculino, hombres con apariencia femenina y carácter femenino. En la mayoría de los casos, el sexo biológico está en plena sintonía, con el sexo emocional. Las mujeres, sean éstas muy femeninas o muy masculinas; se sienten ante todo una mujer a nivel biológico. Asimismo la mayoría de los hombres, sean éstos muy masculinos o muy femeninos; se sienten ante todo un hombre a nivel biológico. Se nos propone, efectivamente, no confundir homosexual y femenino u homosexual y masculino. De hecho es una cuestión de matices y de proporciones entre nuestro lado masculino y nuestro lado femenino.

Guión de vida (argumento)

Nuestro "Guion de Vida" está grabado en el Niño Mágico, la Grabadora o el "disco duro" de una computadora. Esto explica la película que hicimos en nuestro Inconsciente, cuando estábamos pequeños. Además de los *mandatos* que traemos del Proyecto Sentido Gestacional, la película se basará en lo que traemos grabado. El niño grabó con Pensamiento Mágico antes de los siete años; ahí quedan grabadas todas las "*programaciones* o *mandatos*" y para captar el guion de vida es necesario dejar fuera al Adulto "Consciente". Esto es un caso del Niño Mágico.

Los *mandatos* son estímulos negativos que quedaron grabados como *creencias negativas incuestionables*. Los *mandatos* son más emocionales que verbales. El *Niño Mágico* lo graba en este orden: gestos, actitudes, emociones y por último palabras. Los mensajes positivos y negativos de los padres serán aceptados por los niños, pues es la única manera que tienen para conseguir las caricias, que es el alimento afectivo que permite su Supervivencia. No se puede vivir sin caricias, sean positivas o negativas. Todos tenemos el Pensamiento Mágico de que hay un destino que nadie puede cambiar pero, ¡me canso que se puede! "Hasta que el Inconsciente no se haga Consciente, el Inconsciente seguirá manejando tu vida y tú lo llamarás Destino" (Carl G. Jung).

El Guion de Vida es como la trama de una película; tiene los personajes principales: el héroe, la muchacha de la película, el villano, etcétera. Si es un libro y se adapta a la pantalla, se respeta el tema, no se cambia.

                                        Víctor Caraveo

La mayoría de los *mandatos* son prohibitivos. Palabrita que usamos mucho los papás con los hijos. "No, no, no, no". Los *mandatos* nos llegan como prohibiciones: "No crezcas", "No triunfes", "No seas mujer", "No seas hombre", "No sientas", "No existas", "No vivas", "No logres", "No disfrutes", "No pienses", etcétera. Los *mandatos* son códigos que nos impiden ser lo que somos; que están situados en lo más profundo de nuestras mentes en forma de *"creencias"* y de todo tipo de inhibiciones que nos paralizan. Los *mandatos* impositivos son menos frecuentes como: "Sé gordo", "Sé alcohólico", "Sé drogadicto", "Sé loco" "Sé perfecto", "Sé fuerte", "Date prisa", etcétera.

Por ejemplo, un *mandato* de "no seas mujer" por lo general el *mandato* en el caso de las mujeres viene del padre, y la madre le dice cómo llevar a cabo el *mandato* o *programa*. Ella va a repetir lo que hace su mamá en su relación de pareja. En el caso de los hombres el *mandato* "no seas hombre" puede venir de la madre, y el padre de dice cómo llevar a cabo el *mandato* o *programa*; él va a repetir lo que hace su padre en su relación de pareja.

Veamos algunos ejemplos de *mandatos*:

No vivas: abandono, falta de *Caricias Positivas*, "no sé para qué naciste".

No pienses: cuando el niño es descalificado e ignorado. Se le presta atención sólo cuando obedece sin cuestionar.

No crezcas: madre sobreprotectora negativa, impide la autonomía.

No seas niño: la persona asume roles que no le pertenecen, roles parentales.

No disfrutes: mensajes de que a esta vida se vino a sufrir. "La felicidad no existe".

Veamos el ejemplo de lo que nos enseñan sobre el parto. Nos enseñaron que el parto es doloroso pero es solo una *programación*. Una niña de veinte meses de nacida escucha eso y lo graba. Esta niña, ya mujer embarazada, reactiva la *programación* que está inclusive desde la concepción, el embarazo y el nacimiento. El dolor es por las contracciones del útero de la matriz; esas contracciones producen dolor. A muchas mujeres no les duele el parto; ellas no fueron *programadas* a eso.

Veamos un ejemplo de un argumento de vida. Alejandra tiene cinco años de casada y no se embaraza. Ya ha visitado varios médicos especialistas y el diagnóstico es esterilidad psicógena, no encuentran el o los motivos del por qué no se embaraza. Vamos a investigar en su Pequeña Infancia. El *Cassette* le prohibe embarazarse: "Si tú te embarazas, yo no te quiero". "Vivencia Catastrófica". Supervivencia. Aquí hay que buscar la razón. ¿Quién grabó el guion? Papá, Mamá y todas las personas que rodearon al niño antes de los siete años. Vean cómo van a descubrir ustedes, por qué no se embaraza Alejandra. Si yo estoy con mi Adulto, captando lo que me dice el Adulto de Alejandra, quizá descubra la causa posible en unas treinta sesiones de una hora; pero si estoy con mi Niño Mágico intuitivo captando, no lo que dice el Adulto de Alejandra, sino lo que me transmite el Niño Mágico de Alejandra, pues no me tardo ni cinco minutos. No, no soy muy chingón, van a ver que ustedes también van a ser capaces de detectar la causa.

Le pregunto a ella: ¿Cómo era tu mamá, cuando tenías menos de siete años? Resumiendo: "Mamá era muy linda, a veces se enojaba, me regañaba, hacía rica comida, vestía muy bien, se peleaba con mi papá…". Pero en un momento, en unos cuantos minutos, capté por qué tenía esterilidad psicógena, y ustedes lo van a captar también. Ella siguió diciendo: "Mamá me quería mucho; es más, fíjate cuánto me quiere: *¡Todavía conserva mi ropón azul!*". ¡Ah, cabrón!-dije- pues ahí está la causa. ¿Ya la pescaron?

La magia no es tan difícil. ¿Qué le transmitió? ¡Qué quería un hombrecito! Aquí el Niño de mamá le está enviando un mensaje al Niño Mágico de su hijita Alejandra: "No te quiero porque eres mujer". Ahí está la *Vivencia Catastrófica* y toma de opciones: "Si soy mujer, mamá no me quiere y me muero". Entonces lo que hace el Niño Mágico de Alejandra, de menos de siete años, es grabar: "No seas mujer", ahí está el *mandato* prohibitivo. Ella graba una *programación* prohibitiva: "No seas mujer". No necesariamente se va a volver lesbiana. Esto depende de la potencia del *mandato* y, hablando de potencia, una mujer con ese *mandato* va a tener que estar demostrándole al *Cassette* (Piporro), que ella no es mujer.

¿Cómo irá a demostrar en su Rol Laboral, que no es mujer? "Mira *Cassette*, las mujeres generalmente no son policías, no son guardias aduaneras, piloto de aviación; así que yo no soy mujer y por lo tanto, ¡quiéreme! (piensen en mágico)". En sus pasatiempos: "Mira *Cassette*, las mujeres generalmente no se tiran del paracaídas, no corren motos ni juegan al póker, así que no soy mujer. ¿Quiéreme!". O bien su Rol de Pareja: son mujeres *baygoneras* pero también hay hombres *baygoneros*. ¿Saben cuál es el Baygón? (*El Matacucarachas*). Una mujer es *baygonera* cuando se acerca el peligro –recuerden que ella trae el *mandato* de "no ser mujer"–. Pero piensan mágico cuando se acerca un buen prospecto, un Príncipe Azul guapo, rico, simpático, exitoso, etcétera. Sin embargo, le echan "insecticida" (Baygón), lo rechazan porque hay peligro de casorio y las mujeres se casan con hombres; o bien, seducen a hombres casados con los que no hay posibilidad de casorio. Recuerden: tiene prohibido tener pareja. Una cosa es una mujer seductora y otra muy distinta, una mujer que hace juegos de seducción. Estas mujeres juegan a seducir; recuerden, Juegos Psicológicos (Inconscientes). Seducen a sacerdotes, homosexuales, hombres casados; ahí no hay posibilidad de casorio. De mil maneras hay que estarle demostrando al *Cassette* que no es mujer; incluso se casan pero no sienten el orgasmo sexual, "porque las mujeres sienten el orgasmo sexual con un hombre", o llegan a sentir el orgasmo pero no se embarazan. O pueden embarazarse pero abortan. La solución es cuando ella hace una Re-grabación del *Cassette*, entra en circuito positivo Ok, y pues se embaraza.

¿Por qué el nombre de Alejandra? Porque la mamá de Alejandra no hizo el duelo de su hijo muerto llamado Alejandro, y veía a su hijo muerto en su hija. En este caso hay también un *mandato* en el Proyecto Sentido Gestacional; es lo que se llama un "Hijo de Sustitución" cuando los Padres "hacen" un bebé para sustituir al hijo muerto; esto trae graves consecuencias como el caso de Alejandra, que le pusieron el nombre del hermano. Alejandra, al ser chica e Hija de Sustitución de un chico se pregunta: ¿Cómo puedo jugar mi papel a la perfección para que, de forma Inconsciente, me admitan en la familia y en el Clan? Me veo obligada a no embarazarme porque las mujeres se embarazan de los hombres. El *mandato* es: "No seas mujer".

Si yo soy una chica, ante el dolor familiar tras la pérdida de un hermano –sobre todo el dolor de mi madre que no puede hacer el duelo–, me las arreglo para traer de vuelta a casa al difunto. Es muy común que en la terapia de grupo haya alguna mujer que tuvo problemas para embarazarse y ante la desesperación adoptan un niño pero… ¿qué es lo que pasa? Luego se embaraza, se rompe el *programa* inconsciente de no tener hijos.

Veamos otro caso. Juan, de treinta años, médico cirujano y su esposa, tambíen médico cirujano, tienen tres hijos. Vamos a ver qué tiene grabado Juan en el Guion de Vida (Argumento). Esto se descubre no en uno o dos años de psicoanálisis, sino en cinco o diez minutos. Resumiendo:

     Víctor Caraveo

¿Cómo era tu mamá? "Era muy linda, ¡vieran cómo me quería mi mamá! Me cogía en brazos, me daba pecho aun cuando ya no tenía leche, y como era muy querendona, yo con tres o cuatro años e incluso de cinco, me daba de comer y me decía: 'Abra boquita mi bebito'". En mi grabación: "Yo te quiero, siempre y cuando seas bebé". El *mandato* es: "No crezcas, si creces yo no te quiero". El Poder Ejecutivo (la energía) se fue al Niño y se quedó con poca Energía en el Adulto y el Padre.

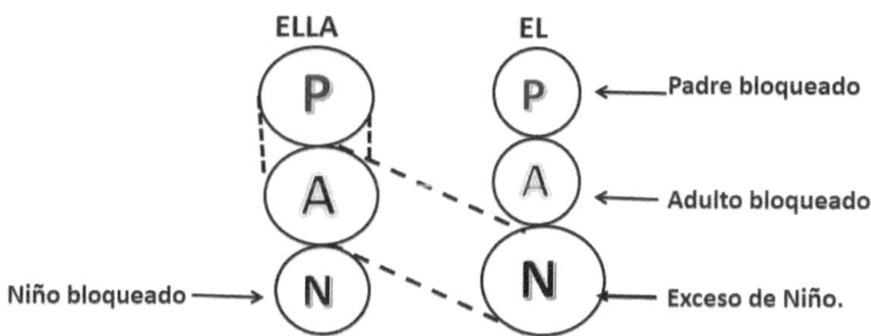

¿Cómo soy en mi trabajo?: sentimental, bromista, juguetón… si me cuentan un chiste me río mucho. Este tipo de personas tienen mucho carisma, mucha suerte con las mujeres; tienen mucho Niño Libre. Si llega un paciente y tiene qué operar, necesita la decisión de un Adulto y el permiso de un Padre que no funciona; necesita un Padre y Adulto de cualquier persona. Hace un Juego Psicológico (inconsciente) y le dice a un pasante de Medicina: "¿Qué hay que hacer?". "Operarla" (ahí está el permiso).

Adivinen qué edad tiene su esposa; tiene más de treinta años. Es la jefa de la sala de cirugía. ¿Qué gustos tiene? La buena lectura; es muy intelectual, muy responsable, etcétera. Su energía está en el Padre y el Adulto. Los gustos de él son:

la música, la pachanga, el deporte, contar chistes, etcétera. Él, ¿cómo es con sus hijos cuando se pone a jugar con ellos? Les quita los juguetes para que no los descompongan y les dice: "Van a ver con su mamá". Como ven, ella no tiene tres hijos; tiene cuatro hijos. Cuando discuten ella dice: "Deberías ser responsable como mi papá". Él le dice: "Deberías hacer las tortillas de harina como mi mamá" (Simbiosis). Se casó con su mamá. Él usa el Adulto y el Padre de su esposa, y ella usa al Niño de su esposo. No hay Transacciones Niño Libre-Niño Libre ni tampoco Adulto-Adulto. Naturalmente que en la sexualidad es un desastre. Para mi inconsciente es mi mamá pero, ¿cómo voy a tener relaciones sexuales con mi mamá?

La solución es que él recupere su Adulto y su Padre; ella recupere su Niño y entonces los dos estén completos. Ya no habría simbiosis. Yo soy yo y tú eres tú.

Ejemplo: Un hombre con exceso de Niño, buscará una mujer con exceso de Adulto y Padre. Una mujer con exceso de Niño, buscará un hombre con exceso de Adulto y Padre. (Simbiosis)

Podemos hacer el diagnóstico desde dos diferentes puntos de vista. Desde el Argumento de Vida de la persona que grabó en su Pequeña Infancia como en este caso; y desde el análisis del Árbol Genealógico Familiar; que lo veremos en el siguiente capítulo, en el tema de la Psicología Transgeneracional, que son el Complejo de Edipo para los hombres y Complejo de Electra para las mujeres, de la Psicología Freudiana.

CUARTA PARTE

Análisis del Árbol Genealógico Familiar (Transgeneracional)

"Lo que se calla en la primera generación,
la segunda la lleva en el cuerpo"

(Françoise Dolto)

En los años ochenta un grupo de psicoanalistas en París iniciaron el estudio del Transgeneracional (Árbol Genealógico Familiar). Nicolás Abraham, María Torok, Françoise Dolto y Anne A. Shützenberger descubrieron del Inconsciente Colectivo del Clan. Ya Sigmund Freud había estudiado el inconsciente personal, y Carl G. Jung el incons-

ciente colectivo. Los nuevos descubrimientos nos condujeron al inconsciente familiar *transgeneracional*.

El Árbol Genealógico es donde cada miembro guarda información (memoria) y esa información se hereda; está demostrado científicamente que heredamos información de nuestros ancestros. La Epigenética Conductual investigada principalmente en la Universidad de McGill en Montreal, Canadá es un nuevo campo biológico que investiga cómo el entorno (la naturaleza) influye en el comportamiento de las células sin alterar el código genético (ADN); y cómo activa o desactiva los genes de acuerdo a nuestras *creencias* y el ambiente. También comprueba que el ambiente afecta a nuestras células y de que éstas responden adaptándose. Lo que ocurre es que este entorno ambiental va más allá de lo físico, trasciende al ambiente emocional. Esto comprueba por qué funcionan las *Caricias Positivas*; re-grabamos y entramos en coherencia emocional entre lo que pienso, lo que siento, y lo que hago (Circuitos Positivos Ok), cambia mi entorno ambiental y se modifica el comportamiento de mis células, logrando así una sanación integral.

Para hacer un análisis del Árbol Genealógico, en mí experiencia es necesario primero tomar la información que te proporciona este libro e identificar los problemas que tengo en todos mis roles: pareja, familiar, social, laboral, tanto físico como mental. El objetivo es *conocerse a sí mismo*, para "darse cuenta" y tomar conciencia del propio Proyecto Sentido Gestacional, de la Pequeña Infancia, y del Árbol Genealógico Familiar. Luego ya con toda la información se hace el análisis del Árbol Genealógico. Aquí nos vamos a dar cuenta que los tres "archivos" tienen relación y una lógica.

Luego vamos a aplicar las herramientas para hacer una re-grabación de los *programas*, "*creencias*", y lograr una sanación integral. La terapia es de preferencia grupal ya que

                                        Víctor Caraveo

es más efectiva por la retroalimentación que puede haber entre los participantes.

El estudio del Árbol Genealógico es un diagnóstico, una herramienta muy valiosa que nos permite encontrar las pistas que emplea el inconsciente; y por supuesto hay que tener en cuenta que en el Transgeneracional todo se refiere a tendencias, y cada caso es particular. El objetivo es darte cuenta que lo que te está pasando, no es producto de la casualidad o de la mala suerte; porque nuestros problemas corresponden a nuestros *programas* ocultos en nuestro inconsciente. Es importante tener conciencia de la historia de la familia y poder comprender el rol al que estamos inconscientemente invitados a jugar a lo largo de nuestra vida; se trata de la información que el Inconsciente Biológico guarda y que el clan familiar transmite de generación en generación. Conocer nuestro Árbol es importante para resolver los conflictos en generaciones posteriores. "Tener un Árbol Genealógico y no estudiarlo, es como tener un mapa del tesoro y no ir por él" (Alejandro Jodorowsky).

Creemos que somos libres, que vivimos la vida que elegimos… pero si miramos nuestro Árbol Genealógico, vemos cómo repetimos patrones, conductas, enfermedades, historias y conflictos. Hay que darnos cuenta de que nuestras vidas tienen muy poco libre albedrío. Investigadores han demostrado que la *mente consciente* solamente controla el 5 por ciento de nuestras vidas, y que el 95 por ciento es totalmente inconsciente. Esto quiere decir que en la mayor parte de la información, haya drama o no, la *mente inconsciente* es la que tiene el control. Ante un acontecimiento cargado de emoción, de drama, el inconsciente lo graba todo, hasta el más mínimo detalle, y lo guarda por sí se hace necesario avisar al consciente de un posible peligro.

Cada uno de nosotros recibe de los padres y ancestros, *programas* inconscientes que nos transmiten todos aquellos problemas disfuncionales que no pudieron o no supieron solucionar: creencias, prejuicios, tabúes, costumbres, hábitos, valores, etcétera. El Inconsciente personal hereda todas las creencias familiares de nuestros ancestros (inconsciente familiar).

Es importante preguntarnos, ¿dónde empezó nuestra vida? Empezó en el vientre de la abuela; esta señora es muy importante para ti. ¿Por qué? Porque es la clave a la hora del traspaso de información genética y de *programas*. Resulta que cuando ella estaba embarazada de tu mamá, el feto ya tenía los óvulos formados y de esos óvulos saldrán los dos millones de óvulos que ella tendrá durante su vida. Uno de estos óvulos lleva tu nombre. Así que este óvulo lleva la información de la abuela. ¿A qué información me refiero? A todo lo que la abuela vivió, sintió y cómo lo vivió: sí era el momento adecuado para tener hijos, sí deseaba su embarazo, sí se sentía protegida por su marido, etcétera. Esta información se queda grabada en cada célula del feto y es por eso que llevas información de la abuela cuando estaba embarazada de tu mamá. ¿Has oído hablar alguna vez que la genética se salta una generación? Pues es justamente esto. El óvulo del que sales lleva la información de la abuela materna, ¿por qué de la abuela y no del abuelo? Porque la abuela pone el óvulo y el abuelo el espermatozoide. Y el óvulo parte de la información genética, lleva la información mitocondrial, que está en la membrana celular. Mientras que el abuelo, la información mitocondrial está en la cola del espermatozoide y en el momento de la fecundación, la colita se queda fuera. En la mitocondria es donde está guardada la información a niveles de *programas* que se heredan. Información biológica"[8]. En la Biblia está escrito: "Los padres comen uvas verdes y a los hijos les rechinan los dientes" Cuando Jesús curaba a los enfermos, sus apóstoles le preguntaban: "Maestro, ¿Quién ha pecado, él o sus padres?"

---

[8] https://www.youtube.com/watch?v=KdmlbfeeC24

     Víctor Caraveo

Las reparaciones
en el Árbol Genealógico Familiar

Yo puedo ser *"doble"* de alguien en mi Árbol Genealógico, sí tengo la misma fecha de nacimiento, concepción, defunción. Se puede también ser *doble* de alguien del Árbol Genealógico por llevar el mismo nombre, parecido físico, enfermedad, profesión. Para nuestro inconsciente es lo mismo. Ser *doble* en el Árbol Genealógico significa que tengo afinidad con un ancestro y que puedo heredar *programas "creencias"* de nuestro ancestro, y que esto condiciona mi vida; por lo tanto es muy importante averiguar cómo fue su vida. Cuando somos doble de alguien, puede haber mucha afinidad, o rechazo. En el Árbol Genealógico todo es polaridad.

Cuando se es *doble* de alguien en el Árbol, normalmente es para "reparar" un conflicto de esa persona, haciendo lo contrario. También puede ser en sentido inverso generando el mismo problema. Todo esto es inconsciente. Hay distintas formas de reparación: a través de las parejas que es la manera más común, por ejemplo: la abuela es obligada a casarse con alguien que no quiere y la nieta es *doble* de la abuela y lleva el *programa* de estar con alguien que no quiere. Está con su esposo y está pensando en el otro. Aquí la reparación es por fidelidad familiar hace lo mismo que la abuela. Otro ejemplo sería el de una mujer que no logra quedar embarazada sin causas fisiológicas encontradas. Vemos que es *doble* de su abuela que fue obligada a casarse y a tener muchos hijos. En este caso está reparando a la abuela. Es decir haciendo lo contrario, no teniendo hijos. Otro ejemplo sería el de una quiebra familiar; mi abuelo se arruinó y yo estoy relacionado con él en el Árbol Genealógico, soy su *doble*, heredo ese problema y lo vivo con carencia de dinero, aquí reparo haciendo lo mismo, manteniendo esa fidelidad familiar (Sellam, 2015).

Las polaridades en en Árbol Genealógico Familiar. Ejemplo: Cuando madre/hijo son "Dobles" (Polos opuestos), si la madre es (Sumisa) y sobreprotectora, el hijo cambia la polaridad y es victimario (maltratador), va a buscar una víctima. Otro ejemplo: Cuando padre/hija son "Dobles" (Polos opuestos), si el padre es victimario (Maltratador), la hija cambia la polaridad y es víctima (sumisa), va a buscar un victimario.

Cuando padre/hijo son "Dobles" (misma polaridad) el hijo hace lo mismo o lo contrario que el padre; y cuando madre/hija son "Dobles" (misma polaridad) la hija hace lo mismo o lo contrario que la madre. Estas son tendencias, no es una ley.

En el análisis de nuestro Árbol, vamos a encontrar, por ejemplo, las causas por la que nos enamoramos de personas completamente diferentes a nosotros pero que llevan el mismo *programa* polarizado de forma especular (espejo). La víctima con el victimario, la sumisa con el maltratador, el creyente con el ateo, el reprimido sexual con la liberal en el sexo, etcétera.

Las parejas podemos preguntarnos: ¿qué hacemos juntos?, ¿cuáles son los cimientos conscientes o inconscientes sobre los que se basa nuestra relación de pareja?, ¿bajo qué influencias nos hemos encontrado y para qué?, ¿qué reparamos estando juntos?, ¿a qué fidelidades de nuestras respectivas historias familiares estamos aún vinculados sin saberlo?, ¿qué es lo que les ha atraído de su pareja? Me gusta físicamente, su personalidad, su sentido del humor, etcétera. Las parejas no las elije la *mente consciente*, las elige la *mente inconsciente* y muchas veces –relacionado con el Árbol Genealógico– desean repetir la historia (buena o mala).

Los conflictos de pareja representan el ochenta por ciento de las consultas. En un estudio y análisis del Árbol

                                    Víctor Caraveo

Genealógico, podemos tomar conciencia y darnos cuenta del para qué de un conflicto, ya sea una enfermedad o de comportamiento. Por ejemplo, cuando una mujer tiene problemas de ovarios, vamos primero a revisar cuál es el *sentido biológico* de los ovarios: la reproducción. La persona puede tomar consciencia de que la enfermedad no es algo que le ocurre así porque sí; el síntoma siempre está en relación con la fuente del conflicto emocional. Este conflicto emocional puede ser diferente para varias mujeres, por la historia de vida de cada una que está en su Inconsciente, la *programación*, las *"creencias"*. Una mujer lo puede vivir como un conflicto sexual con su pareja al no querer tener relaciones sexuales con ese macho, otra mujer lo puede vivir como un conflicto de no querer tener hijos. Vuelvo a recordar que el síntoma siempre está en relación con la fuente del conflicto emocional. En este caso el problema de ovarios tiene que ver con la sexualidad y la reproducción. También pueden ser problemas como: "No puedo conseguir pareja", "Mi pareja no me ama", "Mi vida es una sucesión de fracasos de pareja", "Mi pareja no desea tener relaciones sexuales", "Tengo una pareja con la cual no me llevo bien", "No logro disfrutar el sexo", "Yo no sé qué es un orgasmo", "Sufro una enfermedad o síntoma que me impide tener relaciones sexuales", "No puedo tener hijos", "Estoy casada con un hombre violento y no puedo dejarlo", "Tengo miedo de comprometerme en una relación seria", "Tengo eyaculación precoz o impotencia sexual", "Me llevo mal con mis Hijos, mis padres y hermanos", "No consigo trabajo", "Por más que trabajo no gano dinero", "El trabajo que hago no me gusta". Como dije arriba, todo esto me pasa para que me dé cuenta que detrás de este problema hay un conflicto emocional. Y estos conflictos los encontramos en el Árbol Genealógico Familiar, el Proyecto Sentido Gestacional y la Primera Infancia.

Los secretos que guarda
el Árbol Genealógico Familiar

Corbera (2013) nos habla de la relación entre las enfermedades, los comportamientos y los secretos familiares que se hacen bastante evidentes en el estudio de los árboles genealógicos. Todos sabemos que heredamos de nuestros ancestros el color de pelo, la altura, la forma de nuestro cuerpo, etcétera, pero pocos saben que heredamos también sus conflictos no resueltos. La familia es como una olla psicológica llena de secretos, tabúes, silencios, vergüenzas, asesinatos, adulterios, robos, infidelidades, suicidios, enfermedades vergonzosas, incesto, abortos, agresión sexual, hijos "fuera del matrimonio", herencias, violaciones, abusos... Así, una enfermedad o un comportamiento no son la solución de los problemas, sino una invitación a enfrentar un conflicto familiar que se ha mantenido en secreto.

¿Cómo se pueden observar los secretos en el Árbol Genealógico? La repetición es uno de los aspectos más importantes, por ejemplo, accidentes que se repiten en la misma fecha, personas que se enamoran de hombres o mujeres que son estériles, personas que se mueren de la misma enfermedad, muertes de maridos en todas las mujeres del clan alrededor de las mismas fechas, personas violadas a la misma edad, o acontecimientos parecidos.

El estudio de árbol genealógico arroja comprensión sobre el tipo de relaciones de violencia. Mujeres que no se aman a sí mismas atraen a hombres que no se aman a sí mismos. El resultado de esto es la violencia de género, por memorias en el árbol no sanadas. El hombre no es el malo de la película ni la mujer es la víctima. No hay víctimas ni victimarios ya sea hombre o mujer, son *programaciones* inconscientes.

Víctor Caraveo

Cuando llega a consulta una persona con problemas de violencia, lo primero que tenemos que hacer es liberar a la persona de su culpabilidad. Si la persona violenta toma conciencia de que lleva unos *programas*, y que esos *programas* no son suyos, sino que tienen que ver con un ancestro suyo, esa descarga de culpabilidad le permitirá tomar conciencia y hacer cambios emocionales. Se han hecho pruebas y los resultados son excelentes. Son muchas las personas que no vuelven a reincidir, y si lo potencializamos con la Bio-Regrabación, es mucho más rápido y efectivo.

Hay que tener en cuenta que tanto las casualidades como los accidentes no existen; detrás de un accidente, desde el más leve hasta el más dramático, siempre hay un mensaje del inconsciente. Lo que no se dice, se va a manifestar en enfermedades físicas o psicológicas.

Estos secretos se guardan por vergüenza, por pudor, por proteger a los niños o por autoprotección ante la sociedad. El Árbol guarda secretos, apareciendo en un momento determinado en que un héroe los sana y se sana; ese héroe es aquel que se atreve a construir su Árbol Genealógico. No existen los árboles sanos porque vivimos en una sociedad enferma. Es importante contarles a los nietos las historias de la familia. "Lo que no se ha podido poner en lágrimas ni en palabras se expresa después en dolores, por falta de palabras para decirlo" (Anne A. Schützenberger).

Conflictos bloqueantes para no sanarnos

El principal bloqueo para no sanarnos es la fidelidad familiar inconsciente, este bloqueo no le permite a la persona tomar decisiones en su vida. Hay un sentimiento de traición a la familia. La persona soporta situaciones sin tener en cuenta lo que desea para sí mismo; la potencia e intensidad de los *programas* o creencias inconscientes son muy fuertes. Se ve incapaz de desvincularse de su familia y de cambiar las *creencias* por miedo al rechazo, por evitar la Vivencia Catastrófica. Miedo a que no me quieran. Otro tipo de bloqueo es el victimismo y las ganancias secundarias. El objetivo es culpabilizar a los otros para obtener su atención. En las enfermedades crónicas o degenerativas, la persona podría no tener la intención de sanarse; gracias a la enfermedad todos alrededor de la persona enferma la atienden, es una manera de mantener a su familia atada; una forma muy sutil de manipulación. Viven en la sumisión y creen que son los otros los que tienen que cambiar. El paciente se identifica con la enfermedad, le da una especie de estatus social; hablar de ella le llena su vida, le da sentido. "La sanación del Árbol consiste en quitar la repetición, comprenderla o repetirla en una forma positiva" (Alejandro Jodorowsky).

Síndrome del aniversario

Es una frase acuñada por Anne A. Schützenberger, pionera en el estudio del Árbol Genealógico. Para ella, el Inconsciente tiene buena memoria y marca acontecimientos importantes del ciclo de vida por repetición de fecha o edad; por ejemplo un recuerdo que se activa plurianualmente es el día de algún aniversario. Es como si el cerebro se acordase del pasado en una relectura inconsciente de un impacto emocional. Por ejemplo, una mujer de 54 años con cáncer de mama cuya madre y abuela murieron a los 54 años de cáncer de mama, nos conduce a buscar la problemática en la abuela, que es el primer cáncer familiar. Esta mujer tiene una fidelidad familiar con esa historia porque el drama de la abuela no se resolvió. La enfermedad de hoy me permitirá sanar esa memoria. El fenómeno del doble aniversario se da

Víctor Caraveo

cuando coinciden la edad en que se produce la enfermedad y la fecha de la repetición.

Cualquier contrato de los que hablamos se cumple siempre por lealtad y por miedo a dejar de pertenecer al clan, es decir, por miedo a que me rechacen.

También nos *programamos* para vivir el mismo número de años que nuestros padres. Pongamos como ejemplo a una abuela que muere joven, a los cuarenta y cinco años, y la hija cuando llega a esa edad hace una crisis fuerte y tiene un accidente, luego la nieta cuando llega a esa edad también cae enferma. Son lealtades inconscientes hacia una figura de autoridad en el árbol.

Ciclos biológicos celulares memorizados

El psicólogo francés Marc Frechét se inspiró en los trabajos de la psicoanalista Anne A. Shützenberger para estudiar los ciclos biológicos celulares memorizados, que son conjunto de situaciones que se repiten ordenadamente en el tiempo. Lo que descubrió no son leyes inmutables, sólo son tendencias que nos hablan de los *programas* del inconsciente personal y familiar. La naturaleza que vivimos es cíclica, en la que se establecen periodos: día-noche, estaciones, ciclo lunar, etc. El tiempo es cíclico, así como también el universo es cíclico.

Un conflicto no resuelto marca nuestra vida y el inconsciente genera un ciclo para revivirlo y dar una nueva oportunidad de solución. Por ejemplo, un conflicto ocurrido a la edad de cinco años y que no fue resuelto, tendrá tendencia a repetirse a los diez años, a los veinte, a los cuarenta, a los ochenta años… el reloj biológico Inconsciente repite el conflicto. Veamos otro ejemplo. Mi abuelo murió a los 59 años de un infarto; mi padre a los 59 años, también de infarto; yo tengo 57 años y ya tengo dos infartos. Buscaremos el conflicto en el abuelo que es el primer infarto. Se puede tomar consciencia, hacer una Bio-Regrabación integral, y dejar de repetir esa historia. Es importante tomar conciencia de nuestro Árbol Genealógico. Nosotros traemos toda esa información a nivel celular, muchas veces –con sólo trabajar con él– encontramos explicación a nuestras enfermedades y comportamientos.

Significado de las palabras en el Árbol Genealógico Familiar

Gemelos simbólicos

Es el caso de dos hermanos con la misma fecha de nacimiento o de concepción. Cuando encontramos gemelos simbólicos en el Árbol, sabemos con toda seguridad que en el Árbol Genealógico hay incestos, hijos fuera del matrimonio, hijos no reconocidos, hijos ilegítimos, infidelidades, amantes… y que esto se encuentra a nivel de los abuelos. En el Árbol, se considera hijo ilegítimo todo miembro que fue concebido o nacido fuera del matrimonio, pues son las *creencias* del clan.

Incesto Simbólico

El Incesto Simbólico, es parte de lo que se ha llamado, gracias al Dr. Salomón Sellam, desórdenes amorosos. Que básicamente consiste en todos los problemas de pareja que se pueden presentar en nuestra vida debido a una afinidad en las fechas del árbol genealógico de nuestra familia. Cuando existen problemas de relación de pareja ya sean de tipo sexual o de entendimiento, podemos estar frente a un desorden amoroso.

Se produce cuando dos personas que se unen para formar una familia son "dobles". El *sentido biológico* es no tener hijos. La solución al conflicto de no querer tener hijos puede consistir en no tenerlos o en tener muchos. Los hijos de parejas con Incesto Simbólico acostumbran tener problemas en sus relaciones de pareja.

Heredero Universal

Es cuando una persona fue concebida o nació en la misma fecha en que murió un miembro del clan. Dicho miembro del clan debe haber muerto cuando el consultante ya había sido concebido o ya había nacido. Ser Heredero Universal implica ser el preferido del difunto y, de alguna manera, se hereda su cariño y sus *programas*. Es como si el difunto pidiera al consultante que siga su mismo camino y por el contrario, que haga aquello que él no supo hacer.

Fantasma horizontal (niño de reemplazo)

El descubridor del Síndrome del Yaciente en el Árbol Genealógico Familiar es el Dr. Salomón Sellam, al estudiar los duelos *transgeneracionales*. En algunos libros aparece con el nombre de Síndrome del Fantasma, es lo mismo. Para buscar un fantasma, hay que tener en cuenta que éste puede ser horizontal o vertical. El niño de reemplazo fantasma horizontal es esto: muere un niño, el que viene después es el niño de reemplazo automáticamente. Primero veamos el caso de las muertes no admitidas, injustificadas, como por ejemplo, la muerte de un niño. Si una madre no puede hacer el duelo de la muerte de su hijo, es un duelo bloqueado. Después tiene otro hijo que se convierte en hijo de reemplazo, es un fantasma horizontal. Sólo es fantasma horizontal si ha sido concebido o nació después de la muerte de su hermano. Por ejemplo, muere un niño que se llamaba Juan, y los padres tienen otro niño, y le ponen el mismo nombre que su hermano muerto Juan. El segundo niño es más que probable que nunca se sienta querido ni reconocido por su familia. El motivo es claro, todo lo que los padres le dan al segundo niño, inconscientemente se lo están dando al primero. El segundo no tiene identidad, ni siquiera nombre propio, hereda el de su hermano fallecido.

Otra forma de fantasma horizontal se produce por los abortos. Utilizaré una metáfora para explicar esto. Imagina que la concepción es igual a comprar un billete de avión. La mayoría sabemos que en los aeropuertos, una vez que vas a embarcar, enseñas tu billete y pasas por un tubo que te lleva a la puerta del avión. En este caso llegar al avión es el nacimiento, enseñar el billete es la concepción y el rato que vas al tubo es el embarazo. Cuando hay un aborto, el bebé compra el billete, lo enseña y pasa por el tubo… pero cuando llega al final… ¡sorpresa!… no hay avión… ¿y ahora qué?… pues aquí me espero. Así que, cuando viene un bebé después de un aborto, ese bebé compra su propio billete, lo enseña y al pasar por el tubo se encuentra a su hermano o hermana esperando en el tubo, y cómo no, lo invita a subir con él al avión. Dicho de otra forma, si hay un aborto, el inconsciente de ese bebé que no nace no se pierde, y cuando nace el siguiente hermano o hermana, éste hereda el inconsciente del bebé que no llegó a nacer: un cuerpo y dos mentes.

Fantasma vertical

Esto ocurre cuando la persona está vinculada a un miembro del clan muerto antes de que el naciera. Las fechas de nacimiento o muerte del ancestro deben guardar relación con las de nacimiento o concepción de la persona consultante. Es ir a buscar el difunto hasta la tercera o cuarta generación. La parte más importante del fantasma son las fechas.

El Fantasma vertical se llama así porque viene de arriba hacia abajo del árbol. La persona está bloqueada y dice sentirse triste desde que tiene uso de razón. Esto es la expresión de un duelo no realizado. La persona que lleva un fantasma suele manifestar que se prohibe el placer, es como si divertirse estuviera prohibido; tengo la impresión de no vivir mi vida; cuando me divierto me siento culpable.

Veamos ejemplos. Tus abuelos tuvieron una hija que se llamaba María y falleció siendo niña. Tu padre (hermano de María) te pone de nombre María, entonces llevas el fantasma de tu tía María. Otro ejemplo. Tus abuelos maternos tenían un hijo que murió de niño. Se llamaba Pedro y falleció el 3 de noviembre con apenas 4 meses. Tú te llamas Juan, y naciste el 6 de noviembre. Tienes relación con tu tío Pedro por la fecha de nacimiento. Llevas el fantasma de tú tío Pedro.

Estos tipos de Síndrome de Fantasma, los vamos a encontrar a través de las fechas de muerte. Cuando tú eres doble de alguien por su fecha de fallecimiento, y éste murió antes de que tú nacieras, su inconsciente vive en ti, y esto puede condicionar tu vida. Llevar un fantasma puede ser muy complicado, porque la persona se siente como si su mente estuviera dividida, y presenta comportamientos peculiares, por ejemplo, pueden dormir con los brazos cruzados o al lado, apenas se mueven mientras duermen, les gusta el color negro, hablan bajito, algunos son sonámbulos, etc. Estas son posibilidades, no quiere decir que tenga que ser así.

El síndrome del fantasma también presenta predisposición a ciertas enfermedades, como esclerosis, hiperactividad, o párkinson. Por ejemplo, la diabetes significa tener que hacer vivir a un muerto que llevo dentro, necesito muchas reservas de azúcar para que se mueva.

El Síndrome del Fantasma también puede tener tendencia a ciertas profesiones: actores, fisioterapeutas, pilotos, gimnastas, médicos forenses. Por ejemplo, las bailarinas pueden sentir: "tengo que mover al muerto, cuanto más me muevo, más muertos muevo".

Recuerden que sólo deben ocuparse si hay algún conflicto, si tiene síntomas, etcétera. Si no, no hay problema. En toda regla hay excepciones… y depende de cada persona y cada caso.

Debemos comprender que hay *programas* en nuestro inconsciente que gobiernan nuestra vida. Los *programas* que heredamos de nuestros ancestros necesitan ser comprendidos, trascendidos y liberados, con un acto de conciencia, perdón y auténtico amor. Un duelo no vivido, un muerto no despedido de forma sana y adecuada, o la no aceptación de la muerte del difunto, es un duelo bloqueado y origina un conflicto emocional y espiritual que contamina todo el Árbol por varias generaciones. Si nuestros ancestros no pueden hacer el duelo, no nos autorizan a nosotros para realizarlo. Sin embargo, nos toca hacerlo "cuando tomamos conciencia". Cuando yo soy capaz de comprender que mi madre no me amaba, no me quería y hasta me quería abortar, pero luego cuando nací me cuidó, estoy *programado* con un *mandato* de no existir o con el sello de la desvalorización, este desamor inicial (rechazo) es un *mandato* que se queda grabado a nivel celular. Cuando observo mi Árbol Genealógico me puedo dar cuenta que mi madre y mi padre no podían hacer otra cosa que lo que hicieron por sus propios *programas*. Podemos liberarnos nosotros y a nuestra madre, a nuestro padre, abuelo, abuela, de todos esos *programas* con algo tan supremo como el perdón. Pero no el perdón de "porque soy bueno y como soy bueno te perdono", sino el perdón de comprender que no hay nada qué perdonar porque todos somos víctimas de una *programación*.

Cuando la persona se da cuenta y se identifica con algún o algunos miembros de la familia en el árbol y siente que tiene alguna relación con su vida y su problemática, hay que hacer un duelo. Se puede hacer mediante una carta dirigida al ancestro en cuestión. Una carta de despedida y liberación donde quede expresada la toma de conciencia y de no seguir reparando nada del ancestro. Porque al liberarse la persona, se libera el ancestro (Sellam, 2015).

Veamos un ejemplo de carta: A mi ancestro, gracias por todos los *programas*, conflictos e historias que herede de tí, pero yo no soy tú. Ya no necesito seguir duplicando o reparando tus *programas*, conflictos e historias. Acepto la vida tal como se me ha dado y a partir de ahora sigo yo, para hacer de mi vida lo que yo desee hacer. Me libero como un acto de amor, ya que al liberar los *programas*, también te libero a ti y al clan. ¡Gracias!

También hay duelos simbólicos que son las historias de amor, las separaciones, los divorcios; si me encuentro solo estoy enojado, no comprendo nada, no puedo integrarlo. Es lo que se llama un duelo simbólico bloqueado.

Las emociones auténticas son la respuesta adecuada y realista a un estímulo. Un duelo bloqueado es una emoción prohibida, falsa, aprendida, lo que llamamos rebusque, si estoy bloqueado en la tristeza, ¿cómo voy a salir de esto? Con la Bio-Regrabación integral, tomando la información, dándome cuenta, tomando conciencia y utilizando las herramientas, la principal, las *Caricias Positivas*, para hacer una regrabación de los *programas* del *Cassette*.

Estos tratamientos son rápidos porque se van hacia el Niño, hacia lo más importante en la vida, que es el sentir. Casi todos los tipos de psicoterapia son del Adulto, y esto no funciona. Sentir y vivir la Vivencia Catastrófica, resuelven las broncas a veces en minutos, incluyendo los duelos. Es muy importante que la sanación sea integral, que la persona esté bien en todos sus roles: pareja, familiar, social, laboral, físico y mental. Hay que entrar en el Argumento de Triunfador. Recuerden que basta que ande mal uno de los roles para contaminar a los demás.

Las afinidades en el Árbol Genealógico Familiar

El Árbol es una herramienta que nos ayuda a tomar conciencia de la influencia que la familia ejerce sobre nosotros e identificar cuatro tipos de afinidades: naturales, afectivas, freudianas y *transgeneracionales*.

Las afinidades naturales son las que unen a personas que son del mismo clan. Por ejemplo, imagínense que alguien llama a la puerta y les dice: "¡Hola! Yo soy el hijo del primo segundo que se ha casado con su tía". En su cabeza no han entendido nada pero ya saben que forma parte del clan; entonces lo dejan pasar. Y por el contrario, si viene una persona desconocida que dice que vende computadoras, cerramos la puerta.

La afinidad afectiva ocurre cuando, por ejemplo, si mi abuela es quien me ha criado, hubo mucho cariño, cuando era pequeño iba mucho a su casa, también puede ser un tío/a, o un maestro, que puede ser como un padre simbólico para la familia, y que tiene mucha importancia en mi vida.

La afinidad freudiana la veremos más adelante a través de Edipo y Electra, cuando abordemos la psicología *transgeneracional* de Sellam. Aquí se encuentran muchos de los conflictos de pareja.

Las afinidades *transgeneracionales* son un lazo inconsciente que puede ser visualizado en el Árbol Genealógico y es lo que vamos a buscar para encontrar las relaciones entre dos o más personas a nivel *transgeneracional*.

Víctor Caraveo

En función de la problemática de la persona, la importancia de un tipo de afinidad aumenta. En el caso de las afinidades *transgeneracionales*, se busca un lazo inconsciente, buscar el drama. Cuando hablamos del *transgeneracional* es inevitable hacer referencia al fenómeno de la "reparación", que vendría a ser el resultado de la transmisión de una información (un drama) vivido por un ancestro. Este ancestro no pudo superar/asimilar las intensas emociones vividas y proyecta esa información/*programa* en algún descendiente con el objeto de que sea éste quien retorne el equilibrio *transgeneracional* logrando lo que él no había podido hacer.

Una persona puede estar en "fidelidad familiar", es decir, repitiendo el mismo problema. O por "reparación", en el sentido opuesto, haciendo lo contrario. Esto dicho de otra manera, con tu Niño Sumiso No Ok, estás en fidelidad familiar, o con tu Niño Opositor No Ok, haces lo contrario. De cualquier manera vas a sufrir, la solución es hacer una toma de conciencia y una Re-grabación de todos los *programas*, cualquier forma de reparación ya sea por fidelidad familiar o haciendo lo contrario que el ancestro, la persona está en Circuitos Negativos. No eres libre porque sigues un *programa*. No seguir reparando significa que lo que hagas sea en plena consciencia, con el Adulto para hacer lo que me convenga, y no obedeciendo a la *programación*.

La mayoría confunde la "toma de conocimiento" y la "toma de consciencia". Aquí ustedes están tomando conocimiento de su Árbol Genealógico, pero tomar consciencia es darse cuenta que un problema de adicción tiene que ver con la madre; que un problema de pareja tiene que ver con el padre, que un problema de infertilidad tiene que ver con la abuela. Es toma de consciencia porque algo pasó emocionalmente. Esto es un avance para una regrabación integral en todos los roles.

En la metodología terapéutica llamada Bio-Regrabación, yo doy una información, y no les digo andas mal en esto o aquello, la persona solita se va dando cuenta cómo anda, y la persona va tomando consciencia, a veces es instantáneo, se puede tardar horas, días, años, o nunca. Estoy de acuerdo con lo que dice el Dr. Salomón Sellam: "todo es posible".

¿Qué analizar en el Árbol Genealógico?

Las repeticiones son uno de los aspectos más importantes, por ejemplo los accidentes que se repiten en la misma fecha; la persona que se enamora de hombres o mujeres que son estériles; que se mueren de la misma enfermedad; muertes de maridos en todas las mujeres del clan; personas violadas a la misma edad. Hay que prestar atención a las fechas.

Cuando una persona que consulta por una enfermedad, por ejemplo de piel, hay que buscar en árbol genealógico alguien que también tenga el problema de piel. Es tan simple como esto.

Veamos otro ejemplo. Una mujer nunca siente placer. Al buscar en el Árbol Genealógico se descubre que es *"doble"* de su abuela que fue violada cuando era joven y murió cuando dio a luz. El mensaje inconsciente que se instaura en la persona es: "Hacer el amor es peligroso, puedes morir". Esta mujer no siente placer, porque está reparando el conflicto de la abuela. Está en fidelidad con la abuela.

¿Por qué tenemos mejor relación con algunos miembros de la familia que con otros? Los rangos de hermandad son la razón por la que ciertos miembros de la familia tengan una relación especial, una mayor unión, simpatía o afinidad o incluso a veces un fuerte parecido.

Marc Fréchet fue quien descubrió que los miembros de una familia que comparten el mismo rango de hermandad están en resonancia. Durante muchos meses, desarrollo un experimento muy interesante. Pidió a un granjero de cerdos de la región parisina que, en el momento del nacimiento, marcase con un distintivo rojo al quinto cerdito que nacía en cada camada. El experimento consistía en que los cerditos se reprodujeran entre ellos y observar lo que sucedía. Entre sus descendientes, el quinto cerdito, (que tenía el mismo rango que sus padres) siempre tenía privilegios si se los comparaba con el resto de la camada. Eran los primeros en mamar, tomaban más cantidad de leche, era más fuertes y los favoritos de la madre. Repitió el experimento decenas de veces, con parejas distintas, y siempre verificó que este fenómeno se repetía (el número cinco fue elegido al azar).

¿Cómo se calcula el rango de hermandad? Para saber con qué miembros de la familia se está en rango de hermandad, se le pregunta qué número de hijo es. Después, hay que averiguar qué número de hijo es el familiar con el que se quiere comparar. Se debe recordar que se cuentan todos los hijos: vivos, muertos, abortos. Esta ley no la podemos aplicar a todo el mundo, porque no siempre sabemos lo que ha pasado.

Luego se utiliza el llamado cuadro mágico. Hay que ver la columna en la que está la persona y seguir la dirección de las flechas, siempre de la misma columna. El orden dentro de la columna es independiente y aleatorio.

Veamos un

ejemplo. Una familia está formada por un padre que es el hijo número 4 y una madre que es la hija número 5. Tienen dos hijos. El padre (número 4) favorece al mayor, o sea al número 1 (el 4 y el 1, están en la misma columna) y la madre (número 5) favorece al menor que es el número 2 (el 5 y el 2 están en la misma columna). Así pues el rango de hermandad del padre o de la madre está en afinidad con el hijo que corresponda numéricamente a la misma columna del cuadro mágico.

Dicho de otra manera: si alguien es número 1 de la familia, se identifica más con todos los números 1, 4, 7, y 10 de su familia con los que comparte la misma columna. Esto funciona tanto en las relaciones horizontales (hermanos, primos, etc.), como en las verticales (padres, tíos, abuelos, etcétera). Por ejemplo un niño que es el hijo mayor, estará muy a gusto y se identificará con los tíos o tías que sean los primeros o cuartos hijos en la familia. Insistimos en que esto no es una ley, sino una tendencia una inclinación (Flétche, 2009).

El nombre, los apellidos y las semejanzas físicas. El nombre es una mina de oro. En cambio, el apellido solo lo tomamos en cuenta cuando hay algo especial. Por ejemplo, te llamas igual que tu abuela, entonces tienes la memoria de tu abuela por el nombre, en positivo y en negativo. Eres su *doble*. Si tienes un problema, te voy a pedir que me describas el problema de tu abuela y escuchándote voy a empezar a buscar vínculos. Lo ideal es tener un nombre que nunca haya sido usado en nuestro árbol genealógico, algo que nos concederá mayores márgenes de libertad.

Hay que tener en cuenta también las semejanzas físicas que en la familia se expresan con frases como: "Eres igual que tu abuela", "Tienes los mismos ojos de tu abuelo", etc. Eso te hace doble de ese ancestro.

Las Profesiones. La profesión es un signo *transgeneracional* muy importante. Hay personas que eligen una

                                                    Víctor Caraveo

profesión porque sienten en lo más profundo de su ser que tienen que hacerlo. En realidad, hay un *programa* detrás. Fue el caso de una comadrona cuya abuela, con la que estaba relacionada en el árbol por fecha de nacimiento, había muerto al dar a luz, entonces ella repara el drama de la abuela siendo comadrona. Otro ejemplo es cuando los padres no consiguen algo en su vida y lo viven como un drama, pueden *programar* a sus hijos a ejercer determinada profesión. Otros ejemplos se relacionan con la reparación derivada de un acontecimiento en el pasado, como podría ser un bombero que está reparando el drama por un incendio sufrido en su familia.

La identidad sexual. Es muy importante saber si los padres querían un hijo o una hija. También hay que averiguar si fue un hijo deseado, lo que no es lo mismo que ser querido. Uno puede ser querido y cuidado, pero en primera instancia no haber sido deseado. Su madre pudo pensar: "Ahora no es el momento", "Yo no quiero tener hijos", etc. Por ejemplo, soy un hombre, pero mis padres querían una mujer. Para realizar el deseo de mis padres, yo me feminizo, inconscientemente para que me quieran. Es una Vivencia Catastrófica de supervivencia. A nivel hormonal sigo siendo un hombre, a nivel de la testosterona. Pero a nivel del funcionamiento psicológico de comportamiento, puedo ser más femenino. De la misma manera, soy una chica y mis padres querían un chico; entonces me puedo masculinizar, una chica "marimacho". (Corbera, 2013).

Afinidades numéricas

La fecha de nacimiento. Con la fecha de nacimiento vamos a entrar en el inconsciente genealógico, simplemente porque el inconsciente familiar del clan retiene los dramas con sus fechas. Por ejemplo, si un niño tiene la misma fecha de nacimiento que su abuelo. ¿Qué significa? Pues que el chico es el *doble* de su abuelo. Es muy sorprendente, porque si queremos en plena consciencia, *programar* un niño para que nazca determinado día, es muy difícil. Sin embargo, se hace de manera inconsciente.

Podemos empezar con conocer la fecha de nacimiento de la persona y veremos con quién se está relacionando en el Árbol Genealógico. Es algo fantástico porque una fecha de nacimiento no puede ponerse en duda. El impacto de las fechas es muy importante. Pero hay que poner unas limitaciones en el abanico de las fechas, para ver si estamos en relación con tal o cuál persona. En psicogenealogía hablamos de ejes mensuales. Todos los meses que están en línea vertical y del mismo color, son afines en el Árbol Genealógico. Por ejemplo, las personas nacidas en el mes de enero, abril, julio y octubre, tienen afinidad en el Árbol Genealógico. Asimismo los meses de febrero, mayo, agosto y noviembre, y los meses de marzo, junio, septiembre y diciembre.

Si yo nací en enero, voy a buscar a las personas que nacieron en enero, y de la fecha exacta en qué nací tomo también 7 días antes y 7 días después. Si alguien nació el 30 de julio, buscará a los que nacieron 7 días antes del 30 de julio y 7 días después, aunque sea de otro mes. Vamos a poner un ejemplo muy sencillo. Si yo nací el 15 de enero, voy a buscar todos los familiares que han nacido 7 días alrededor de esa fecha, entre el 8 de enero y el 22 de enero. Aquí el rango de los 7 días antes y después queda dentro del mismo mes. Por ejemplo si yo nací el 28 de enero, voy a buscar gente que nació entre el 21 de enero y el 4 de febrero. Si yo nací el 3 de enero, voy a buscar gente que nació entre el 28 de diciembre y el 10 de enero.

Veamos un ejemplo. Carlos nació el 12 de abril. Pedro y Marcela son los papás de Carlos. Tiene un tío que también se llama Carlos y nació el 15 de enero. Abril y enero están en la misma línea de afinidades según el cuadro que vemos arriba, y están en el rango de los siete días. Carlos tomó la historia de su tío. Ellos tienen doble afinidad natural por el nombre y por la fecha de nacimiento. Carlos tiene un hermano que se llama Marcelo, que nació el 20 de junio y la mamá de ambos, que se llama Marcela, nació el 18 de diciembre. Junio y diciembre están en la misma línea de afinidades, y están en el rango de los siete días. Marcelo y Marcela son *dobles* por el nombre y por la fecha de nacimiento. Marcelo tiene que ver mucho con la historia de su madre.

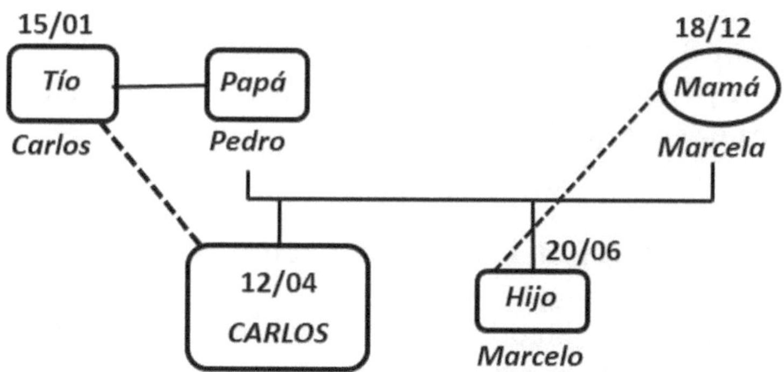

(15 de Enero y 12 de Abril en el mismo eje mensual. 20 de junio y 18 de Diciembre en el mismo eje mensual. Tomar en cuenta 7 días antes y 7 días después)

Fecha de concepción

Este mismo cuadro les va a facilitar encontrar la fecha de concepción.

Ejes mensuales

1	2	3	
4	5	6	*Meses del año*
7	8	9	7 días antes
10	11	12	7 días después

Veamos un ejemplo. Si yo nací en agosto, he sido concebido nueve meses antes, es decir, en noviembre. Pero es más fácil añadir tres meses que quitar 9 meses. Si yo nací el 15 de agosto, mi fecha de concepción lo calculo sumando tres meses; es decir, mi fecha de concepción es el 15 de noviembre. Si mi fecha de concepción es el 15 de noviembre, voy a buscar a todos los familiares nacidos alrededor de esa fecha, entre 8 de noviembre y el 22 de noviembre, que son 7 días antes y 7 días después, y sería el doble de esta persona por fecha de concepción (Sellam, 2015).

Psicología Transgeneracional

Según Sellam, en su libro El secreto de los amores difíciles (2013), la más difícil de todas las relaciones del ser humano es la relación de pareja. El origen puede estar antes o después del nacimiento. Cuando decimos antes del nacimiento nos referimos

Víctor Caraveo

al Transgeneracional y al Proyecto Sentido Gestacional. Después del nacimiento nos hallamos en la Pequeña Infancia de los 0 a los 7 años (Psicología *Freudiana*). Cuando el origen viene antes del nacimiento, quiere decir que hay un *programa* del Proyecto Sentido Gestacional o Transgeneracional, como un mensaje familiar de amor imposible o difícil; es algo que no nos pertenece. ¿Dónde vamos a investigar si existe un conflicto de pareja? En nuestra Pequeña Infancia, de los 0 a los 7 años, en el Proyecto Sentido Gestacional y en el Árbol Genealógico Familiar.

El Incesto Simbólico se produce cuando se forma una pareja simbólicamente incestuosa, en la cual dos personas pasan a ser parte de un mismo clan, cuando en realidad provienen de clanes diferentes. Por ejemplo, a través de los nombres cuando Patricia se casa con Patricio, o el señor García se casa con la señorita García.

¿Qué pasa si soy *doble* de mi pareja? Veamos un ejemplo. Raymundo es "*doble*" de su pareja por los nombres y por la fecha de nacimiento: él nació el 9 de enero y ella el 12 de octubre. Están en la misma línea de afinidades (están en el mismo eje mensual) y en el rango de los 7 días. Tienen más importancia la afinidad por fechas que por los nombres.

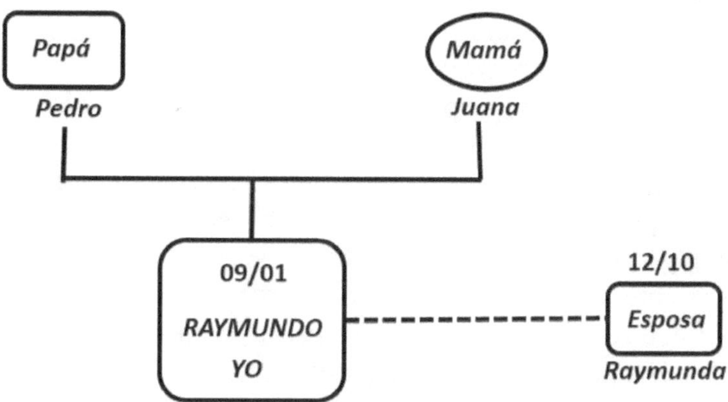

(9 de Enero y 12 de Octubre. Están en el mismo eje mensual.
Tomar en cuenta 7 días antes y 7 días después)

El hecho de que después de tener hijos ya no tengas ganas de tener sexo, se puede deber a que vives en Incesto Simbólico, el cual en ocasiones está activado y en otras no. ¿Cuál es la diferencia? Si haces el amor con tu marido dentro de lo "normal", el incesto no está activado pero si lo haces con menos frecuencia es que está activado. Esto sucede regularmente después de tener al primer hijo. En las parejas que son *dobles* hay que saber que cuando dos hermanos se juntan, no es para tener hijos; es por eso que muchas parejas que son *dobles* tienen problemas para tener hijos y cuando sí pueden tener hijos, existe la tendencia de que venga un hijo o una hija que herede este *programa* de "no tener hijos" (todo esto es inconsciente). Lo que tienes que tomar en cuenta es que para el inconsciente son hermanos. Es lo que se llama un Incesto Simbólico y en estos casos la relación suele ser más de hermanos, que de pareja, y esto puede traer conflictos en la sexualidad, etcétera. Estas son algunas frases que emplean las parejas que lo sufren: "Somos como dos hermanos", "En realidad nos sentimos como dos amigos", "No puedo vivir sin él (ella) aun cuando no tengamos relaciones sexuales", "El único problema es que dormimos en habitaciones separadas", "Después del nacimiento de nuestro hijo, dejamos de tener relaciones sexuales", "No siento pasión, deseo, pero lo amo".

Son relaciones en las que pueden llevarse muy bien o muy mal (como los hermanos), son relaciones normalmente duraderas, e incluso para toda la vida (aun cuando haya conflicto); el motivo es que "para que yo me separe de mi hermana tiene que pasar algo muy grave". Además, hay que tener en cuenta lo que pasa a nivel sexual; suele perderse el interés muy pronto el uno por el otro e incluso en algunos casos se puede sentir culpa después de tener sexo con tu pareja.

En la Psicología Transgeneracional se recurre a las fechas de nacimiento y fallecimiento de los familiares. En poco tiempo podemos hacer un diagnóstico en el que los psicoanalistas pueden tardar años. En los casos en que está activado el *programa* de forma potente y hay problemas de relaciones sexuales, estos se pueden manifestar también en ciática, depresión, problemas de erección, impotencia, cándidas, herpes, etcétera.

Ante un desorden amoroso, lo más práctico es ir en busca de un Incesto Simbólico porque este fenómeno posee signos clínicos muy precisos, sobre todo después de la llegada del primer hijo; se pueden observar casos frigidez en la mujer o impotencia en el hombre, ambos instalándose progresivamente.

En el caso de ausencia de Incesto Simbólico y que la pareja diga: "Siempre ha sido así", nos podemos orientar al Proyecto Sentido Gestacional y al Argumento de Vida en la Pequeña Infancia, por ejemplo con mensajes como: "No seas mujer", "No seas hombre", "No amar", "No ser amado", etcétera.

Análisis de un Árbol Genealógico (básico)

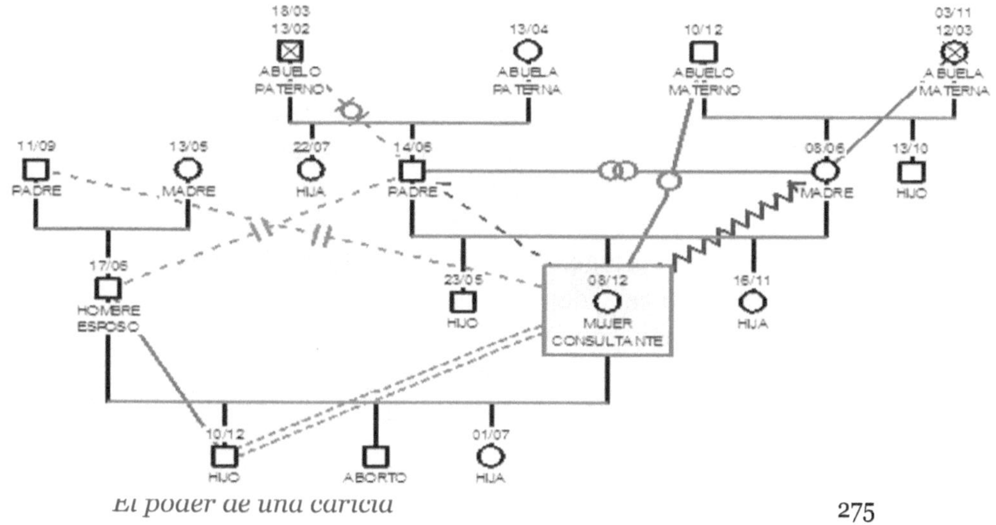

Complejo de Edipo y Electra

Las relaciones de pareja son las más comunes en la consulta. En la mayoría de los casos están presentes los conflictos de Edipo y Electra (Sellam, 2013). Durante la infancia nos identificamos con nuestro padre, nuestra madre, nuestro hermano... Mi *Niño Interior* sigue buscando a su madre, a su padre, a su hermano, a su hermana, etcétera, y vamos a estar buscándolos toda nuestra vida. A veces los encontramos a la primera, o bien los buscamos constantemente; lo más importante es detectar, a través del Árbol Genealógico, con quién me identifiqué cuando era pequeño; si era mi papá, mi mamá, mi hermano, etc., y sanar esa relación. Porque si hay un conflicto, lo voy a repetir con mi pareja.

En la Primera Infancia, entre los tres y los cinco años, se desarrolla nuestra sexualidad, dentro de nuestra personalidad, en el estadio genital. En ese periodo el niño se enamora de su madre: "Complejo de Edipo". Es normal y natural; el problema es si la madre, de manera inconsciente, lo sobreprotege y lleva más allá de la infancia esa relación amorosa y lo tiene como una segunda pareja; ese niño no desarrolla su propia sexualidad porque está castrado por mamá y en un futuro buscará a alguien que sustituya a su mamá, porque eso es lo que ha grabado.

En el complejo de Edipo, se da la relación entre madre e hijo. Nuestro inconsciente siempre va a buscar la carencia para solucionar ese conflicto emocional. En la mayoría de los casos, la madre tiene un marido ausente, y si está es como si no estuviera, y entonces proyecta en el hijo la necesidad de protección. Lo sobreprotege, "lo castra", no lo deja crecer emocionalmente, y lo hace depender de ella. Estos hijos son emocionalmente inmaduros. A menudo buscan parejas que se parezcan a su mamá, y que son dobles de sus madres, es decir, buscan una madre para que lo siga cuidando. Son

Víctor Caraveo

personas muy propensas a las adicciones, y se preguntan: si no está mamá, ¿qué hago? Para evadirme de la *realidad*, me refugio en las drogas.

El complejo de Electra tiene que ver con la relación de la hija con su padre, normalmente éste se haya ausente y la hija tiene una necesidad de protección y de reconocimiento. Busca en su marido esa protección que no ha tenido en casa. Se casa con su papá.

Una consultante dice en la terapia grupal que todos los hombres de los que se enamora son muy parecidos y que sólo se diferencian por el físico; luego resultó que buscaba inconscientemente a su padre en todos los hombres. En el estudio de su Árbol Genealógico Familiar se encontró que por sus fechas de nacimiento, estos hombres eran *dobles* de su padre. Ser *doble* de alguien quiere decir que heredamos *programas* positivos y negativos de nuestro ancestro y que estos *programas* condicionan nuestra vida. Aquí ella tiene un conflicto con su padre, problema que debe solucionar. Sólo de esta manera podrá solucionar el conflicto con su pareja.

En el complejo de Edipo, imaginemos el caso de un hombre que no se siente reconocido y querido por su mamá y que tiene una pareja que es *doble* de ésta. En este caso, él busca a su mamá en su pareja y lo hace inconscientemente. El problema aquí es que si inconscientemente su pareja es su mamá, él espera que ella haga al menos las cosas que su madre hacía por él. Muchas de las discusiones y conflictos no son con tu pareja, sino los que tienes con tu madre. La atracción sexual por la pareja suele perderse tan o más rápido que cuando son *dobles*, pues él no quiere tener relaciones sexuales con "su madre". Para su inconsciente, su pareja es su madre. En el sexo, la diferencia con respecto al caso de los *dobles*, es que la ausencia del apetito sexual es por parte de él (en este caso). Lo que habría que trabajar aquí sería primero des-identificar a la pareja con la madre, y segundo, la comprensión profunda de la codependencia con la madre.

La palabra clave es: ¿Cómo son ahora las relaciones con tu padre o con tu madre? Si la respuesta es "conflictiva", el *programa* sigue activo… la próxima pareja que encontrarás será representante de tu padre o de tu madre. Si estamos bloqueados en nuestra primera infancia, si estamos en busca de nuestro padre o madre o hermana, quiere decir que aún somos niños, quiere decir que no somos adultos, quiere decir que las relaciones de pareja de algún modo seguirán siendo de niños.

Un estudio y análisis del Árbol Genealógico Familiar es una gran herramienta para "darme cuenta" y tomar conciencia, pero es necesario seguir un proceso terapéutico para hacer una regrabación integral de los *programas*, de las "*creencias*".

Aquí la solución como en todos los casos es primero el conocimiento de sí mismo, darme cuenta, tomar consciencia, y aplicar las herramientas para hacer una Bio-Regrabación. Las *Caricias Positivas* son una herramienta maravillosa para sanar cualquier conflicto en las relaciones de pareja. Tu *Niño Interior* ya no va a tener la necesidad de andar buscando a papá y a mamá. El resultado es que rompes esas simbiosis y obtienes muchas otras cosas que ni te imaginabas.

Sellam (2013) nos presenta cuatro situaciones asociadas a los complejos de Edipo y Electra que se identifican a través de las fechas de nacimiento de los padres y de nuestra pareja, y que se agudizan cuando incluso comparten el mismo nombre. Los complejos de Edipo y Electra están muy relacionados con el cáncer de seno. Son conflictos de pareja que están vinculados a la falta de apoyo y protección.

Complejo de Edipo: *el hijo que se casa con su mamá*

Aquí la esposa representa a la madre. El *Niño Interior* busca a mamá y esto podemos identificarlo mediante la fecha de nacimiento de la pareja. Para identificarlo es importante tomar la fecha de nacimiento del cónyuge y compararla con la fecha de nacimiento o concepción de los padres. Por ejemplo, la fecha de nacimiento de mi esposa coincide con la fecha de nacimiento o concepción de mi mamá; entonces me casé con mi mamá. Son dobles por fecha de nacimiento. Veamos otro ejemplo: la esposa de Juan, María nació el 4 de marzo y la fecha de nacimiento de su mamá es el 4 de diciembre. Ellas son dobles por fecha de nacimiento, ya que están en el mismo eje mensual: 3 (marzo) y 12 (diciembre). Aquí el Niño Interior de Juan busca a mamá a través de su esposa. Esto quiere decir que Juan tiene un conflicto con su mamá, y tiene que resolver ese problema, para no seguir identificando a su esposa con su mamá.

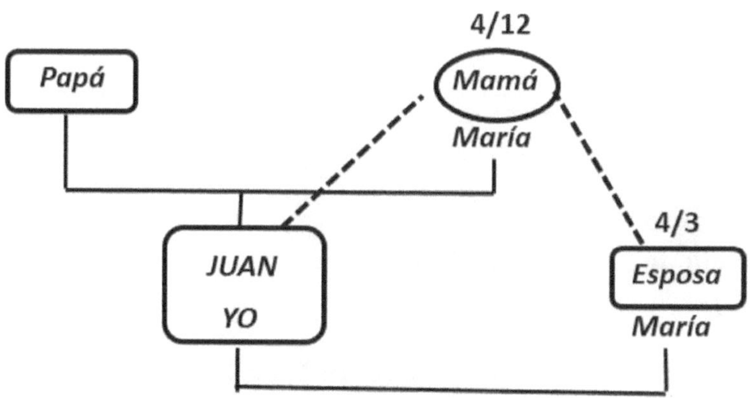

(4 de Marzo y 4 de Diciembre. Están en el mismo eje mensual.
Tomar en cuenta 7 días antes y 7 días después)

El poder de una caricia

Complejo de Electra: *la hija que se casa con su papá*

Aquí el marido representa al padre. El *Niño Interior* busca a papá a través de la pareja y esto se identifica mediante la fecha de nacimiento. Por ejemplo, el esposo de María nació el 2 de febrero y la fecha de nacimiento de su papá es el 2 de noviembre. Ellos son dobles por fecha de nacimiento ya que están en el mismo eje mensual: 2 (febrero) y 11 (noviembre). Aquí el Niño Interior de María busca a papá a través de su esposo. Esto quiere decir que María tiene un conflicto con su papá, y tiene que resolver ese problema, para no identificar a su esposo con su papá.

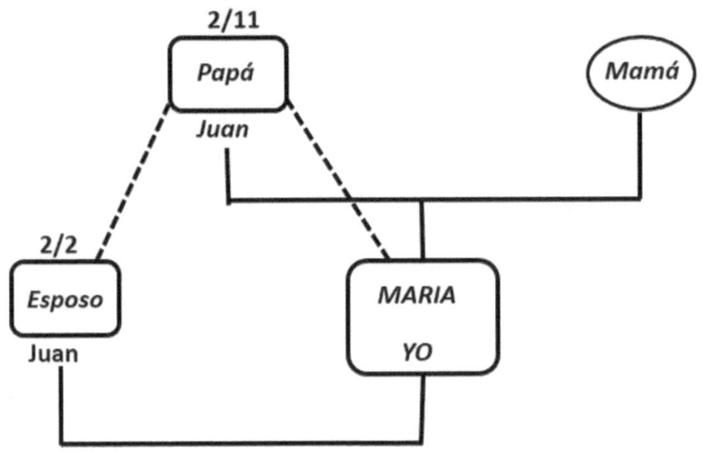

(2 de Febrero y 2 de Noviembre. Están en el mismo eje mensual.
Tomar en cuenta 7 días antes y 7 días después)

Complejo de Edipo Invertido:
el hijo que se casó con su papá

Aquí la esposa representa al padre. El Niño Interior busca al padre a través de la pareja y esto se identifica mediante la fecha de nacimiento. Hay padres que satisfacen funciones

                         Víctor Caraveo

maternas y el niño desarrolla una atracción amorosa hacia su padre; si se exceden los límites y el varón no supera a lo largo de su desarrollo esa vinculación amorosa con papá, le condicionan su futuro y podría optar por la homosexualidad. Por ejemplo, Juana, mi esposa, nació el 2 de diciembre, y la fecha de nacimiento de mi padre es el 4 de marzo. Ellos son dobles por fecha de nacimiento ya que están en el mismo eje mensual. Aquí mi Niño Interior busca mi papá a través de mi esposa. Esto quiere decir que tengo un conflicto con papá, y tengo que resolver ese problema, para no identificar a mi esposa con mi papá.

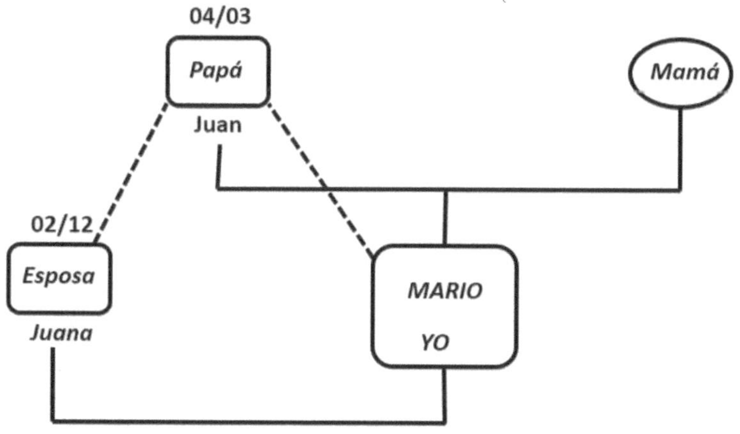

(2 de Diciembre y 4 de Marzo. Están en el mismo eje mensual.
Tomar en cuenta 7 días antes y 7 días después)

Complejo de Electra Invertido:
la hija que se casó con su mamá

Aquí el esposo representa a la madre. El Niño Interior busca a la madre a través de la pareja y esto se identifica mediante la fecha de nacimiento. La niña que se enamora de la madre porque cumple funciones paternas y tiene esa figura a la cual sentirse atraída, o bien porque el padre está ausente y no cumple ese rol dentro del desarrollo de la personalidad de esa niña. En este caso también se puede optar por la homosexualidad. Todo depende de la potencia del *mandato*. Por ejemplo, el esposo de María, Juan, nació el 4 de octubre, y la fecha de nacimiento de la mamá de María es el 4 de enero. Ellos son dobles por fecha de nacimiento ya que están en el mismo eje mensual. Aquí el Niño Interior de María busca a mamá a través de su esposo. Esto quiere decir que María tiene un conflicto con mamá, y tiene que resolver ese problema, para no identificar a su esposo con su mamá. (Sellam 2013)

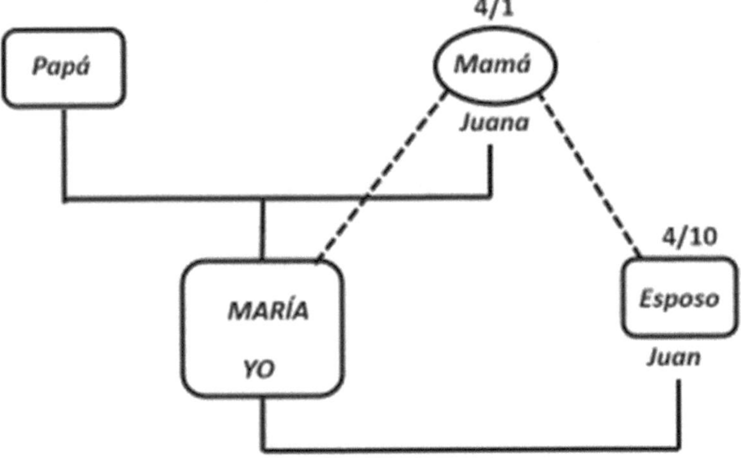

(4 de Octubre y 4 de Enero. Están en el mismo eje mensual.
Tomar en cuenta 7 días antes y 7 días después)

                                    Víctor Caraveo

Psicología Transgeneracional y homosexualidad

Llegados a este punto podemos ir más allá para determinar con más precisión algunos orígenes infantiles de la homosexualidad. Hay muchos casos posibles pero estos son los principales y más verosímiles. Podemos mirar nuestro Árbol Genealógico y sacar las primeras conclusiones sobre nuestra propia identificación intrafamiliar.

Identificación familiar a través de la fecha de nacimiento

Ejemplo para los chicos: Mi pareja nació el 12 de julio. Mi madre nació el 17 de julio (Edipo Directo). Mi *Niño Interior* busca a mamá a través de mi pareja mediante la fecha de nacimiento.

Para las chicas: Mi pareja nació el 15 de agosto. Mi padre nació el 12 de agosto (Electra Directo). Mi *Niño Interior* busca a papá a través de mi pareja mediante la fecha de nacimiento.

Para los chicos: Mi pareja nació el 10 de octubre y mi papá el 14 de octubre (Edipo Invertido). *Mi Niño Interior* busca a papá a través de mi pareja mediante la fecha de nacimiento.

Para las chicas: Mi pareja Nació de **7** de enero y mi mamá el 11 de enero (Electra Invertido). Mi *Niño Interior* busca a mamá a través de mi pareja mediante la fecha de nacimiento.

En los casos de Edipo Invertido, en algunos casos se encuentran casos de homosexualidad, si hay un conflicto muy fuerte entre el papá y el chico, o entre la mamá y la chica. Es muy común que un padre homofóbico tenga un hijo varón homosexual, aunque no siempre es así, depende de la potencia del *mandato*. En los casos de Electra Invertido (las chicas lesbianas) la identificación es con el mismo procedimiento. También hay identificación familiar a través del nombre, de la fecha de concepción y de la fecha de defunción (Sellam, 2014).

En el curso-taller *Nacer de nuevo*, Bio-Regrabación, los participantes elaboran y analizan su Árbol Genealógico Familiar. Ya tienes la información integral, ya conoces las herramientas para hacer una regrabación de tus *programas*, "*creencias*", puedes darte cuenta e identificar todos los problemas que tienes en todos tus roles: pareja, familiar, social, laboral, físico y mental. La terapia grupal es la más rápida y efectiva por la retroalimentación que se genera entre los participantes.

Bibliografía

La mayor parte de la información que contiene este libro fue obtenida de los cuatro Seminarios de Información del Dr. Guillermo Villatoro Chacón, (1986) de los cuales tengo las grabaciones que él personalmente me permitió utilizar.

Bradshaw, J. (1991), *Volver a la Niñez.* Selector. México.

Corbera, E., Bases de la BioNeuroEmoción. Dado en Rosario Argentina. 4 de Oct. 2013. Por el Instituto Español de Bioneuroemoción. Enric Corbera Institute.

Corbera, E. Batlló. M., (2014), Tratado de Bioneuroemoción. Editorial Kier.

Barrios D., (2005), *En las Alas del Placer.* Pax. México.

Daillie, L. (2014), *La Lógica del Síntoma.* Bérangel. Francia.

Lipton, B. (2005), *La Biología de la Creencia.* Palmyra. España.

Osho. (2003), *El libro del niño*, Grijalbo. México.

Sellam, S. (2015), SBR Formaciones y Programas de Crecimiento Humanista. Diplomado: Proyecto Sentido Gestacional. Instituto de Psicosomática Clínica.

Sellam, S. (2015), SRB Formaciones y Programas de Crecimiento humanista. Diplomado: Lugar en la familia, en el Clan, y en la vida social. Transgeneracional. Instituto de Psicosomática Clínica.

Sellam, 2014, Proyecto Sentido Gestacional. https://www.youtube.com/watch?v=YTVzpkiZVK0

Sellam, S. (2009), *Las enfermedades de los senos*. Bérangel. Francia.

(2010), *Bulimia-Anorexia*. Bérangel. Francia.

(2010), *Psicosomática clínica de las alergias*. Bérangel. Francia.

(2013), *El secreto de los amores difíciles*. Bérangel. Francia.

(2014), *La Homo Sex Dualidad*. Bérangel. Francia.

(https://www.dianaarbol.org/2015/03/24/el-proyecto-sentido-o-como-nuestra-misi%C3%B3n-de-vida-se-graba-antes-de-nacer/)

El poder de una caricia
Regrabar y sanar mi niño interior

se terminó de imprimir el segundo semestre del año 2017

Chihuahua, Chihuahua

La edición consta de 200 ejemplares

Formación electrónica y diseño
Leticia Carrillo Girón